SARA NURU

ROOTS

GOLDMANN
Lesen erleben

Das Buch

Sara Nuru ist Tochter äthiopischer Einwanderer und wächst in Bayern in einfachen Verhältnissen auf. Mit 19 Jahren gewinnt sie als erste dunkelhäutige Kandidatin die Castingshow *Germany's Next Topmodel*. Seitdem steht sie im Scheinwerferlicht, Jobangebote und Reisen um die Welt folgen. Doch nach einigen Jahren beginnt sie ihren Weg zu hinterfragen. Die Suche nach ihren Wurzeln führt Sara immer wieder nach Äthiopien, dem Heimatland ihrer Eltern – und des Kaffees. Durch viele Gespräche mit den Frauen vor Ort findet schließlich auch Sara den Mut, sich von den Erwartungen anderer zu befreien. Sie gründet mit ihrer Schwester Sali ein Social Business, nuruCoffee, und einen Verein, nuruWomen. Mithilfe von Mikrokrediten ermöglichen sie äthiopischen Frauen ein selbstbestimmtes Leben und können so etwas von dem zurückgeben, das ihre Eltern ihnen in der neuen Heimat Deutschland ermöglicht haben.

Eine Geschichte über Integration, die Suche nach Identität und das Erwachsenwerden einer selbstbewussten jungen Frau, die ihren eigenen Weg gefunden hat.

SARA NURU

mit Sarah Borufka

ROOTS

*Wie ich meine Wurzeln
fand und der Kaffee
mein Leben veränderte*

GOLDMANN

 Dieses Buch ist auch als E-Book erhältlich.

Verlagsgruppe Random House FSC® N001967

1. Auflage
Originalausgabe November 2019
Copyright © 2019 by Wilhelm Goldmann Verlag, München,
in der Verlagsgruppe Random House GmbH,
Neumarkter Straße 28, 81673 München
Umschlaggestaltung: UNO Werbeagentur, München,
unter Verwendung eines Fotos von © Puria Safary
Copyright der Fotos im Innenteil: © privat, © Immo Fuchs
und © *Menschen für Menschen* (Foto der alten Schule auf S.4: © Rainer Kwiotek).
Lektorat: Doreen Fröhlich
DF • Herstellung: KW
Satz: Vornehm Mediengestaltung GmbH, München
Druck und Einband: GGP Media GmbH, Pößneck
Printed in Germany
ISBN: 978-3-442-14245-3
www.goldmann-verlag.de

Besuchen Sie den Goldmann Verlag im Netz

Für dich, für mich, für uns.

»Schaue nie auf die, denen es besser geht,
sondern auf die, die noch weniger haben als du,
und sei dankbar für das, was du hast.«

Mulu Nuru

Inhaltsverzeichnis

Vorwort

Ich habe lange mit mir gehadert, bis ich bereit war, ein Buch zu schreiben. Worüber soll ich, eine junge Frau, kaum 30, denn bitte schreiben? Es fiel mir schwer, diese Selbstzweifel beiseitezuschieben. Aber dann erinnerte ich mich an eine Zeit vor einigen Jahren, in der ich ins Wanken geraten war und mir viel mehr Geschichten von Frauen gewünscht hätte, die ihren Weg gegangen sind, obwohl sie sich nicht immer sicher waren, ob es der richtige ist.

Während ich dieses Buch geschrieben habe, bin ich nun 30 geworden – gewiss, das ist kein hohes Alter, und von echter Weisheit, das weiß ich, bin ich noch weit entfernt. Aber ich hoffe trotzdem, dass meine Geschichte, mein beruflicher Weg, der nicht immer geradlinig war, und die auf diesen Seiten beschriebene Reise in mein Inneres und zum Kern meiner Identität anderen helfen können.

Im Schreibprozess habe ich mich mit meiner Familie, alten und neuen Weggefährten, meiner Teilnahme an der Castingshow *Germany's Next Topmodel*, der Gründung von nuruCoffee und nuruWomen so gründlich auseinandergesetzt wie noch nie zuvor – und so nicht zuletzt auch mit mir selbst. Es war nicht immer angenehm, all das noch einmal zu durchleben und mir dabei neben vielen Glücksmomenten und Erfolgen auch meiner Zweifel, Unsicherheiten und Fehler bewusst zu werden. Aber es hatte etwas

Befreiendes. Mit der neu gewonnenen Klarheit kamen auch Luft, Raum für Liebe und Dankbarkeit gegenüber den Menschen, die mich begleitet haben, und ein Gefühl von Hoffnung und Zuversicht für die Zukunft.

Ich hoffe, dass meine jüngste Schwester Suleen, die heute 16 Jahre alt ist, und später hoffentlich auch meine Kinder dieses Buch gerne lesen und etwas über mich erfahren werden, das sie bereichert und ermutigt. Es würde mich freuen, wenn es auch vielen anderen Menschen – die, die mich nicht persönlich kennen, aber sich vielleicht trotzdem in meiner Geschichte wiederfinden – Mut macht, ihren Weg zu gehen, sie beflügelt, anspornt und berührt. Egal ob jung oder alt, weiblich oder männlich, mit oder ohne eine Migrationsgeschichte.

In dieser Geschichte geht es nicht nur um meinen gegangenen Weg, sondern auch um meine Herkunft, meine äthiopischen Wurzeln, meine Identität und letztlich auch um Integration. Deshalb hoffe ich, dass sich gerade Menschen, die noch mit ihrer Identität hadern, angesprochen und weniger alleine fühlen und sich mit dem Geschriebenen identifizieren können.

Als ich vom Model zur Unternehmerin wurde und mich auch mehr mit meiner deutschen und äthiopischen Identität auseinandergesetzt habe, gab es für mich eine unglaublich wertvolle Lektion: Mut lohnt sich, immer. Und es ist immer, wirklich immer gut, auf das eigene Bauchgefühl und seinen Instinkt zu hören.

Jetzt, wo ich Unternehmerin bin, weiß ich, wie schwer es Frauen auf diesem Gebiet immer noch haben. Umso wichtiger finde ich es, Netzwerke zu knüpfen und sich Vorbilder zu suchen, vor allem weibliche.

Frauen neigen immer noch dazu, ihr Licht unter den Scheffel zu stellen und ihren Ehrgeiz zu verstecken. Auf den Bühnen und

Podien dieser Welt stehen immer noch vor allem Männer. Wir meiden das Rampenlicht. Umso wichtiger ist es, nach vorne zu gehen und zu zeigen: Wir sind da.

Wie oft wurde ich am Anfang belächelt, und selbst heute sehen mich Menschen im ersten Moment als schönes Beiwerk. Deswegen ist es mir umso wichtiger, als gutes Beispiel voranzugehen und anderen jungen Frauen zu zeigen: Es ist möglich, ich habe es geschafft, warum solltest du es nicht auch schaffen? Auch hier geht es um Sichtbarkeit.

Ich würde mich freuen, wenn meine kleine Schwester Suleen und alle anderen Mädchen und Frauen nicht mehr einem derartigen Druck ausgeliefert sind wie so viele Frauen vor ihnen. Als ihre große Schwester denke ich bei vielen Entscheidungen an sie und daran, was meine Handlungen bei ihr auslösen. Ich möchte Suleen und allen Leserinnen vermitteln: Ihr müsst euch nicht für eine und gegen eine andere Sache entscheiden. Ich würde mich freuen, wenn es für Frauen dieser Generation ganz selbstverständlich wird, mehrere Rollen zu vereinbaren.

Ich empfinde es heute als befreiend zu wissen, dass ich mich stetig weiterentwickeln werde, auch wenn gelegentliche Selbstzweifel Teil dieses Prozesses sind. Wer Risiken eingeht und alte Komfortzonen verlässt, wächst daran und lernt Neues. Das ist viel mehr wert, als sich in Sicherheit zu wiegen und niemals in Frage zu stellen. Denn der Mut, seinen eigenen Weg so zu gehen, wie man es für richtig hält, wird belohnt.

Die Seifenblase, in der wir leben

Seit ich denken kann, fühle ich mich meiner Schwester Sali besonders verbunden. Wir haben schon als kleine Mädchen ein Zimmer geteilt. Jetzt leben wir wieder unter einem Dach, in einer Wohnung in Berlin. Wir sind gemeinsam durch die Welt gereist und haben einander nach nicht bestandenen Prüfungen getröstet. Sali war stolz auf mich, als ich *Germany's Next Topmodel* gewonnen habe, und hat mich verstanden, als ich das Modeln satthatte. Wir waren füreinander da, wenn Beziehungen in die Brüche gingen. Haben miteinander gelacht, wenn der Herzschmerz vergessen war. Wir sind in Tel Aviv die Strandpromenade entlangspaziert, haben in New York die Nacht durchgefeiert und in Erding am Esstisch unserer Eltern verhandelt, wer das letzte Stück Kuchen essen darf. Sali reicht ein Blick, um zu erkennen, wenn es mir nicht gut geht, und wenn ich eine wichtige Entscheidung treffen muss, dann ist sie die Erste, die ich anrufe. Und seit Kurzem sind wir auch noch Geschäftspartnerinnen und importieren mit unserer Firma nuruCoffee gemeinsam Kaffee aus Äthiopien.

Und doch gibt es etwas, das ich mit Sali nicht teilen kann. Seit fast zehn Jahren komme ich als Botschafterin für *Menschen für Menschen (MfM)* in das Heimatland unserer Eltern. Ich besuche Dörfer, besichtige Schulen in marodem Zustand und rede mit Landwirten. Mein Bewusstsein über die Lage in Äthiopien und die

Sorgen der Menschen dort macht es mir möglich, in Deutschland glaubwürdig für die Arbeit von *Menschen für Menschen* zu werben, Fundraising zu betreiben und die Organisation nach außen zu vertreten. Seit ich das erste Mal mit der Stiftung in Äthiopien war und gesehen habe, wie die Menschen dort leben, mit welchen Widrigkeiten sie aufwachsen und wie es ihnen doch gelingt, mit Stolz und Hoffnung durchs Leben zu gehen, fühle ich mich meinen Eltern in einer Tiefe verbunden, die ich nie mit Sali und meinen Geschwistern teilen konnte.

Wie erklärt man jemandem, der noch nie in das Landesinnere gefahren ist und gesehen hat, wie die Menschen in Äthiopien abseits der großen Metropole Addis Abeba leben, dieses Land? Afrika, mit all seinen Widersprüchen, ein Kontinent, der von Armut gezeichnet ist, aber auch von stolzen Kulturen und einem Reichtum an Leben, den viele nicht sehen können, nie zu sehen bekommen, weil man immer wieder zurückkommen muss, um zu begreifen, dass kleine Veränderungen so unendlich groß sein können. Die Schönheit Äthiopiens erschließt sich nicht sofort, zu weit weg ist das Leben hier von dem, das wir kennen. Viele sehen nur das Elend und Leid, sind erschüttert von der Armut und Entbehrung und bekommen keinen Zugang zu dem, was das Leben in Äthiopien eben auch prägt: die Wärme der Menschen, der Duft des Kaffees, der ständig in der Luft liegt, die Gastfreundschaft, mit der man in die Häuser eingeladen wird. Die Dankbarkeit für die kleinen Dinge: eine funktionierende Dusche, eine warme Mahlzeit, ein neuer Brunnen im Dorf.

Es ist 2017, vor acht Jahren habe ich die Sendung *Germany's Next Topmodel* für mich entschieden. Seit einigen Monaten arbeiten Sali und ich gemeinsam an der Verwirklichung eines Lebenstraums: Wir wollen mit den Erlösen unserer Firma nuruCoffee Mikrokredite für Frauen in diesem Land finanzieren. Aber wie das genau funktionieren könnte, ist uns noch nicht klar. Wir stehen noch ganz am Anfang unserer Reise, und wenn wir ehrlich sind, begeben wir uns mit dem, was wir da gerade tun, oft auf Glatteis und verlassen fast täglich unsere Komfortzone, aber wir wissen genau, dass es das Richtige ist und dass wir es tun müssen. In uns reift der Beschluss, gemeinsam in das Landesinnere zu reisen, dahin, wo die Kredite besonders dringend benötigt werden. Also trete ich an *Menschen für Menschen* heran und frage, ob es möglich wäre, mit Frauen ins Gespräch zu kommen, die schon Mikrokredite bekommen haben. Ich bin überglücklich, als aus der Münchner Zentrale eine positive Antwort kommt.

In den Wochen vor unserer Abreise planen meine Kollegen von der Stiftung und ich akribisch unsere Route. Zu meiner Überraschung lässt mich Sali einfach machen. Sie ist die Ältere, und es ist ein ziemlicher Rollentausch, dass ich dieses Mal sie an die Hand nehme. Sonst war Sali meist diejenige, die sich um alles gekümmert hat. Für unsere Reise nach Äthiopien packt Sali ihre eigene Bettwäsche in den Koffer, dazu einen regelrechten Medikamentenschrank inklusive Desinfektionsspray. Sie hat sich schon Monate vorher impfen lassen, gegen so ziemlich alles. Ich nehme für diese Reise noch nicht einmal die Malarone-Tabletten gegen Malaria, denn mittlerweile finde ich deren Nebenwirkungen schlimmer als die geringe Chance, mich anzustecken. Am Abend vor der Abreise schmeiße ich meistens nur ein paar Sachen in den Koffer: Flip-Flops, bequeme Hosen, einen Kapuzenpullover, meine Kamera, mein Tagebuch. Irgendwann steht Sali im Türrahmen unseres Wohnzimmers und fragt mich mit todernstem Blick: »Haben wir eigentlich genug Mückenspray?« Ich bin fertig mit Packen, liege auf der Couch und surfe auf meinem Laptop im Internet. Als ich sie so sehe, mit diesem fragenden Gesichtsausdruck, bricht es aus mir heraus. Ich kann nicht anders, als lauthals zu lachen. Die Frage ist typisch Sali. Als sie mich lachen sieht, verdreht sie die Augen, schüttelt theatralisch den Kopf und muss selbst über die Situation lachen.

In der Nacht vor dem Abflug machen wir kein Auge zu. Irgendwann klopfe ich an Salis Tür und lege mich zu ihr ins Bett. Wir reden darüber, wie verrückt es ist, dass wir endlich unseren Traum verwirklichen. »Seit Jahren sitzen wir im Wohnzimmer und reden davon, wie toll es wäre, Frauen in Äthiopien zu unterstützen, irgendetwas Eigenes zu starten«, sage ich. »Ich weiß, und jetzt ist es endlich so weit«, antwortet Sali. Wir erinnern uns an unsere erste und einzige gemeinsame Reise nach Äthiopien, als Teenager, mit unseren Eltern. Ich war 14, Sali war 18, und für mich war es der erste Besuch in der Heimat meiner Eltern. Sali, die als Säugling das Land verlassen hatte, konnte sich nicht erinnern. Damals war es für uns einfach nur Urlaub, vielleicht ein bisschen der Versuch, den eigenen Wurzeln nachzuspüren. Jetzt knüpfen wir an diese lange vergessene Tradition an, aber dieses Mal geht es um so viel mehr.

Es ist ein schönes Gefühl, mich am nächsten Morgen nicht wie sonst an der Wohnungstür von Sali zu verabschieden, sondern mit ihr ins Taxi zu steigen. Auf der Fahrt denke ich an meine erste richtige Äthiopienreise zurück. Ich war 19, als ich das erste Mal mit *Menschen für Menschen* ins Landesinnere reiste und sah, wie die Mehrzahl der Menschen im Heimatland meiner Eltern lebt. Diese Reise sollte mein Leben verändern. Ich sah, mit wie wenig die Leute dort auskommen müssen und wie aufrecht sie trotzdem durch ihr Leben gehen. Mit welcher Wärme sie Gästen begegnen. Seitdem haben die jährlichen beruflichen Reisen in die Heimat meiner Eltern Priorität für mich. Sie sind Fixpunkte, auf die ich mich freue. Denn nichts erdet mich so sehr, bringt mich wieder in Einklang mit dem wahren Leben, mit den Dingen, die zählen, nichts verschafft mir so schnell ein Bewusstsein für das Wesentliche. Ich freue mich, dass Sali all das nun ebenfalls durchleben wird. Manchmal wünschte ich, ich könnte selber noch einmal an diesen Punkt zurück. Ich bin gespannt, was diese Erfahrung wohl mit ihr macht.

Im Flugzeug sinken wir in unsere Sitze, machen ein Selfie und schicken es an unsere Eltern und unserer älteren Schwester Susann. Wir sind voller Vorfreude. Als wir das letzte Mal gemeinsam in Äthiopien waren, waren wir noch Teenager. Und irgendwie fühlt es sich auch für mich jetzt so aufregend an wie damals, obwohl ich seitdem so oft alleine nach Äthiopien geflogen bin. Weil wir auf einmal in eigener Sache unterwegs sind: als Unternehmerinnen, die mit ihrer neu gegründeten Firma Gutes tun wollen. Wir freuen uns auf alles, was wir auf dieser Reise erleben, auf die Geschichten, die uns die Frauen erzählen werden, die mit so viel weniger zufrieden sein müssen als Frauen wie wir, die das Glück haben, im Westen, in einer Industrienation geboren zu sein.

Als wir um kurz nach ein Uhr nachts in Addis Abeba aus dem Flieger steigen, fühle ich mich sofort wohl. Ich gehe routiniert in Richtung Immigrationsschalter, Sali folgt mir. »Weißt du noch, als wir das erste Mal hier waren«, sagt sie. »Da sind wir noch direkt vom Flugzeug auf das Rollfeld gelaufen.« Ich nicke und fühle mich sofort zurückversetzt zu dieser Reise, als mich die Wärme und Luftfeuchtigkeit regelrecht erschlagen haben. Die Luft roch für mich damals nach Abenteuer, ganz anders als in Deutschland, nach verbranntem Holz, frisch geröstetem Kaffee und Berbere, einer landestypischen Gewürzmischung aus Chili, Ingwer, Zimt, Piment und Nelken.

Wie sehr sich der Flughafen seitdem doch verändert hat. Jetzt hat jede Maschine eine Gangway. Früher gab es nur ein Terminal, keine Restaurants und Cafés, keine Boutiquen, nur einen Shop. Heute spürt man, wie international und aufstrebend Äthiopien geworden ist. In den Läden in Addis Abeba werden jetzt Spiegel, Duschgel, Shampoo und Make-up verkauft. Was für uns selbstverständlich klingt, war hier noch vor knapp fünfzehn Jahren undenkbarer Luxus. Selbst im Landesinneren tragen die Menschen jetzt Schuhe, auch das war früher nicht der Fall. Je weiter man sich von der Hauptstadt entfernt, desto größer wird die Armut, das ist auch heute noch so, aber das Elend ist weniger geworden. Jetzt, wo ich seit acht Jahren hierher komme, kann ich diese Entwicklung sehen. Ich denke an mein Entsetzen zurück, als einer der Mitarbeiter von *Menschen für Menschen* zu mir sagte: »Wir machen hier gute Fortschritte.« Und ich nicht anders konnte, als zu entgegnen: »Was für Fortschritte? Ich sehe nur Bedürftigkeit und Leid.«

Sali und ich laufen weiter, in die Ankunftshalle. Ich scanne die Dutzenden Menschen, die hier warten, auf der Suche nach einem bekannten Gesicht. Da steht Gebeyehu! Ich winke ihm zu. Als ich vor ihm stehe, fallen wir uns in die Arme und müssen grinsen. »Wie geht es dir?«, frage ich. »Gut, gut, jetzt wo du da bist«, sagt er. Gebeyehu und ich kennen uns eine gefühlte Ewigkeit. Er arbeitet als Fahrer für *Menschen für Menschen*. Schon als ich das erste Mal als Botschafterin nach Äthiopien kam, war es Gebeyehu, der mich und meinen Vater vom Flughafen abholte. Damals, mit 19, traute ich es mir nicht zu, ganz allein nach Äthiopien zu fliegen, und bat ihn, mich zu begleiten und zu unterstützen. Seitdem sind Gebeyehu und ich uns mit jedem Jahr, mit jeder ewigen Fahrt ins Landesinnere nähergekommen. Seine braunen Augen glänzen voller Wärme hinter seiner Brille, und sein Gesicht strahlt, als er Sali sieht. »So langsam lerne ich die ganze Familie kennen«, sagt er. Sali lächelt zurück, er küsst sie dreimal an der Wange vorbei, wie es der Brauch ist in Äthiopien. »Schön, dich kennenzulernen. Sara hat schon so viel von dir erzählt«, sagt sie.

Wir steigen in Gebeyehus Wagen und fahren durch Bole, einen Stadtteil mit mächtigen Wolkenkratzern mit verspiegelten Fassaden, Einkaufszentren, vor denen Obdachlose schlafen und Menschen betteln. Addis Abeba ist eine Millionenstadt, in der viele Menschen ums Überleben kämpfen. Die Bevölkerung ist in den letzten Jahren rapide gewachsen. Äthiopien ist ein junges Land, und die Zeichen stehen auf Aufbruch. Neue Gebäude, Straßen, die auf einmal ausgebaut sind, Restaurants, die eben erst eröffnet haben. Es wird wirklich überall gebaut. Vor den Fassaden spannen sich Baugerüste aus Eukalyptuszweigen dem Himmel entgegen, die aussehen wie gewagte Konstruktionen aus überdimensionierten Zahnstochern. Über den würzigen Geruch von früher legen sich der Smog und der Geruch von Abgasen.

Gebeyehu bringt uns zu unserem Hotel und wartet aus Respekt und Höflichkeit im Wagen, bis wir durch den Metalldetektor gegangen sind, den es aus Sicherheitsgründen in jedem Hotel in Äthiopien gibt, dann höre ich, wie er Gas gibt und davonfährt. Sali und ich sind hundemüde, als wir einchecken und die Treppe zu unserem Zimmer hochsteigen. Obwohl es schon fast zwei Uhr ist, als wir endlich ankommen, macht Sali sich die Mühe, ihr Bett fein säuberlich zu beziehen. Als sie fertig ist, schüttelt sie ihre Decken und ihr Kissen auf und wirft einen befriedigten Blick auf ihr Nachtlager. Ich habe mich in die Hotelbettdecke gewickelt und schaue zu ihrem luxuriös bezogenen Bett hinüber. Verdammt, denke ich, das sieht tatsächlich ziemlich gut aus, warum habe ich eigentlich noch nie Bettwäsche mitgenommen? Sali ist währenddessen schon ins Bad gegangen, wahrscheinlich putzt sie sich die Zähne und räumt ein bisschen auf. Auch deswegen habe ich immer gerne mein Zimmer mit Sali geteilt: Wo sie ist, ist alles blitz und blank. Während ich darüber nachdenke, dass das hier für meine Schwester eine Ausnahmesituation und eine völlig neue Erfahrung ist, fallen mir auch schon die Augen zu.

Am nächsten Morgen wartet Gebeyehu um sieben Uhr auf uns vor dem Hotel. Wir haben eine lange Fahrt vor uns: In der nächsten Woche werden wir in Mekane Selam wohnen, 470 Kilometer von Addis Abeba entfernt. Eine Distanz, die man in Deutschland in vier Stunden zurücklegt. Aber die Straßen in Äthiopien sind schlecht und der Verkehr chaotisch. Es wird mindestens zehn, vielleicht zwölf Stunden dauern, bis wir da sind. Im Auto sitzen schon Erik, der in der Presseabteilung der Stiftung arbeitet, und Christina, die Fotografin, die diese Reise für *Menschen für Menschen* dokumentieren wird. Wir lassen die Wolkenkratzer und das wilde Gewirr Addis Abebas hinter uns. Am Stadtrand hält Gebeyehu an einem der farbenfrohen Obststände, die aussehen wie Motive aus einem Reisemagazin. Wir kaufen Proviant für die Reise: Avocados und Bananen, Wasserflaschen und Limetten. Dann verlassen wir mit jedem Kilometer die Zivilisation, wie wir sie kennen, ein bisschen mehr.

Zu Beginn der Fahrt stellt Sali Erik Fragen über Fragen zur Arbeit der Stiftung. Sie will alles ganz genau wissen: Wie viele Mitarbeiter hat *Menschen für Menschen*? Was sind Modelldörfer? Und wie ist es für die *Social Workers*, in den Modelldörfern über Monate getrennt von ihren Familien zu leben? Wo genau liegt der Fokus der Arbeit? Erik gibt bereitwillig Auskunft, auch wenn er dazu gegen das Brummen des Motors unseres Jeeps anschreien muss. Er erklärt Sali, dass in Modelldörfern die Hilfsmaßnahmen der Stiftung, wie zum Beispiel der Anbau neuer Gemüsesorten, umgesetzt werden und sich im besten Fall auch auf angrenzende Dörfer verbreiten. Die Social Worker ziehen in diese Dörfer, um bei der Umsetzung zu helfen, und haben oft nicht die Möglichkeit, ihre Familie zu besuchen – die Infrastruktur im Land ist zu schlecht, ein eigener Fahrer zu teuer. Nach einhundert Kilometern endet die Asphaltstraße. Wir fahren jetzt nur noch über Schotterwege. Irgendwann, nach ein, zwei Stunden, schweigen wir alle und schauen auf die Straße vor uns. Sali wirkt in sich gekehrt. Ich kenne diesen Gesichtsausdruck. Ich sehe ihr an, dass sie alle Eindrücke in sich aufsaugt und versucht, das Gesehene und Gehörte zu verarbeiten. Der Lärm des Motors hüllt uns ein. Der Wagen ächzt und knattert, und es fühlt sich an, als säßen wir auf einer Waschmaschine im Schleudergang. Jede Faser unserer Körper wird auf dieser Fahrt durchgeschüttelt.

In zwei Wochen beginnt die Regenzeit, doch auf der Fahrt verwandelt auch jetzt schon der Platzregen den roten Schotterweg immer wieder in eine Schlammpiste. Am Straßenrand stehen umgekippte Autowracks, die von ihren Fahrern zurückgelassen wurden, als es nicht mehr weiterging. Lkws, Busse und Motorräder rasen uns entgegen. Immer wieder versinken Wagen im Schlamm. Dann bilden sich Menschentrauben, und Männer eilen aus den Dörfern am Straßenrand zur Hilfe und schaufeln die Autos frei. Jetzt bekomme ich doch etwas Angst, weil ich noch nie zu dieser Jahreszeit, kurz vor der Regenzeit, hier war und nicht einschätzen kann, wie gefährlich die Fahrt bei Regenwetter ist. Aber ich lasse mir nichts anmerken. Ich möchte Sali nicht beunruhigen. Ich drücke mein Gesicht in das Kissen, das ich immer dabeihabe, um die turbulente Fahrt etwas erträglicher zu machen. Die Luft im äthiopischen Hochland ist dünn, und wie immer werde ich auf der Fahrt so müde, dass ich nicht anders kann, als wegzudösen. Ich wache davon auf, dass mein Kopf seitlich gegen die Glasscheibe der Autotür schlägt. Wir sind gerade dabei, ein Dorf zu durchqueren. Um uns herum laufen Hunde, Esel und Kühe über die Straßen. Jede Minute kann ein Tier oder ein Mensch vor den Wagen stürzen, und Gebeyehu muss sich sehr konzentrieren, niemanden umzufahren. Immer wieder halten wir an, weil eine Ziege oder ein anderes Tier den Weg blockiert. Uns umgibt rote Erde und kahles Land, ab und. zu säumen einzelne Eukalyptusbäume die Straße. Vor dem Wagen sehen wir Frauen, die die Straße entlanglaufen und Berge von Holz auf ihrem Rücken transportieren, kleine Mädchen, die ihre noch kleineren Geschwister tragen, Jungen, die Esel an einer Leine führen. Eine Frau sitzt am Straßenrand auf einer Plastiktonne und flicht ihrer kleinen Tochter die Haare. Immer wieder kreuzen Kinder den Weg, die riesige gelbe Wasserkanister schleppen. Das Leben findet hier auf der Straße statt, Frauen kochen über offenen Feuerstellen Essen oder bereiten Kaffee zu. Alles Alltagshandlungen, bei denen man wildfremde Menschen in Deutschland niemals beobachten könnte.

Es ist schon später Nachmittag, als wir unseren ersten Stopp machen. Kurz vor Mekane Selam halten wir in Foffy Village, einem kleinen Dorf, und besuchen Zeandi Legese. Seit einigen Monaten ist Zeandi Modellfarmerin. So heißen die Bauern in den Dörfern, die offen für Neues sind und an Trainings von *Menschen für Menschen* teilnehmen. Viele Landwirte in Äthiopien sind zunächst argwöhnisch, wenn es darum geht, neue Methoden auszuprobieren, denn das Neue trägt immer auch ein Risiko in sich. Modellfarmer jedoch profitieren von ihrer Offenheit, sie lernen bessere landwirtschaftliche Methoden kennen und bekommen Saatgut und Hühner von der Stiftung gestellt. Im besten Fall geben sie ihr Wissen an die anderen Dorfbewohner weiter, so dass die ganze Gemeinschaft von dem Fortschritt Einzelner profitiert. Ein Ansatz, der Sali und mir gefällt, schließlich möchten wir mit unserer Arbeit etwas Ähnliches erreichen: dass die Menschen aus eigener Kraft ihr Leben verändern, anstatt von Spenden aus dem Westen abhängig zu sein. Zeandi, eine verschmitzt dreinblickende Frau Anfang vierzig, die einen leuchtend roten Umhang trägt, freut sich, als sie unseren Jeep sieht. Vor dem Haus stehen Kühe, die so abgemagert sind, dass man ihre Rippen erkennen kann. Zeandi begrüßt uns herzlich und führt uns in ihr Haus: eine Lehmhütte ohne Putz an den Wänden, ohne Wellblechdach, ohne Licht oder Möbel. Im Wohnzimmer kocht ein Eintopf auf dem offenen Feuer. Zeandi hebt den Topfdeckel an und rührt mit einem Stock das Essen um, als wollte sie uns präsentieren, wie gut es ihr geht. Ihre Tochter kommt dazu, sie hat ein paar Eier gesammelt, die die Hühner vor dem Haus gelegt haben, und auch sie zeigt uns voller Stolz ihre Ausbeute, die für sie schon Wohlstand bedeutet. Zeandis Mann führt uns nach draußen und deutet auf einen Wasserkanister mit einem angeschraubten Duschkopf. Er erzählt uns, wie knapp das Wasser ist und dass die Dusche nur zu besonderen Anlässen genutzt werden darf. »Nicht viele hier haben eine Dusche«, sagt er, und auch er wirkt stolz.

Wir gehen zurück in das Wohnzimmer und erleben die erste von vielen Kaffeezeremonien unserer Reise. Wenn man in Äthiopien zu einem Kaffee eingeladen wird, schlägt man diese Einladung niemals aus, das wäre äußerst respektlos. Eine Kaffeezeremonie dauert eine Stunde, manchmal zwei. Alles Wichtige wird bei einem Kaffee besprochen. Die Zubereitung ist Frauensache, Männer und Frauen sitzen dabei im Kreis und schauen der Gastgeberin zu, die ihre Persönlichkeit mit einbringt. Jede hat ihre ganz eigene Art, die Bohnen zu rösten, den Weihrauch zu verteilen und den Kaffee einzuschenken. Manch eine macht es in einer flüssigen Bewegung über alle Tassen hinweg, die andere schenkt sorgfältig Tasse für Tasse ein, und je nach Gastgeberin läuft das mehr oder weniger schwungvoll ab. Der Raum füllt sich mit Kaffeeduft. Unsere Augen tränen, so rauchig ist die Luft hier drin. Zeandis Tochter zerstößt die duftenden Bohnen in einem Mörser aus Holz. Es dauert bestimmt zehn Minuten, bis sie den Kaffee so gemahlen hat und ihrer Mutter reicht. Es ist, als wären wir aus der Zeit gefallen. In gewisser Weise sind wir das auch: Zeandi und ihre Familie leben in einem anderen Zeitalter. Die wenigen Kleider, die sie haben, sind abgenutzt, die Küchenutensilien alt und oft kaputt, und wir sitzen nicht auf Stühlen, sondern auf aus Lehm geformten Sitzflächen. Zeandi erzählt, dass sie gerade auf ein Wellblechdach spart und hofft, es in ein paar Monaten bauen zu können. Dass sich ihr Leben schon jetzt sehr verbessert habe und sie dankbar sei, am Modellfarming teilnehmen zu können. Sali ist ganz still, und als wir nach einer Stunde wieder in den Jeep steigen, sagt sie leise: »Wie wenig hier schon reicht, um nicht mehr als arm zu gelten.« Ich nicke und merke, dass es ihr ganz ähnlich geht wie mir damals, als ich das erste Mal mit echter Armut konfrontiert wurde.

Als wir in Mekane Selam ankommen, bin ich überrascht davon, wie grün es ist. Vor dem Ort passieren wir goldene Weizenfelder und sattgrüne Bäume. Wir steuern das Guesthouse an, das Herz jedes Dorfs, in dem *Menschen für Menschen* tätig ist. Der Projektleiter Mekonen nimmt uns in Empfang. Erik und er kennen sich schon und begrüßen sich mit einer herzlichen Umarmung. Mariam, die junge Köchin, wirkt schüchtern und befangen, als sie Sali und mich sieht. Sie senkt den Blick, als wir sie ansprechen, und lächelt verlegen, als sie uns zu unserem Zimmer führt. Wir sind so gewohnt daran, im gleichen Raum zu schlafen, dass ich auch bei dieser Reise gesagt habe, wir brauchen keine zwei Zimmer.

An diesem ersten Abend sitzen wir völlig erschlagen von der langen Fahrt und den vielen Eindrücken am Esstisch. Kaum hat Mariam das Essen serviert, huscht sie in die Küche zurück, fast so, als hätte sie Angst vor uns. Ich nehme mir vor, in den nächsten Tagen auf sie zuzugehen. Wir essen Salat, Reis, frisches Gemüse und trinken kühles Bier. Mir schmeckt das Essen in Äthiopien immer besonders gut. Bei jeder Reise wird mir aufs Neue klar, dass es nicht selbstverständlich ist, keinen Hunger zu haben. Sali und die anderen führen schon bald fast familiäre Gespräche anstelle des Small Talks, mit dem man sich üblicherweise an fremde Menschen herantastet. Hier haben Belanglosigkeiten keinen Platz.

Nach dem Essen bezieht Sali ihr Bett wieder mit ihrer Bettwäsche, aber irgendwie sehen ihre Handgriffe jetzt anders aus. Sie hebt ihr Kissen hoch und schaut es an, als sehe sie zum ersten Mal in ihrem Leben ein Kissen. Ich ahne, welches Wechselbad der Gefühle sie durchlebt. »Wie unvorstellbar, dass Menschen so am Existenzminimum leben, Sara«, sagt sie. »Bei Zeandi, das hätten auch wir sein können, wenn Mama und Papa nicht geflohen wären.« Ich nicke. Sali schüttelt den Kopf. Ich merke, wie sie mit sich hadert. Es ist, als sei sie hier das erste Mal mit ihrem Privileg, ohne Armut aufzuwachsen, und der ganzen Tragweite ihrer Sozialisation in einem Land wie Deutschland konfrontiert. Ich spüre, dass es ihr zusetzt, dass sie sich über sich selber ärgert und sich wünscht, sie wäre härter im Nehmen.

Am nächsten Tag haben wir den wohl wichtigsten Termin unserer Reise: Wir wollen die Frauen treffen, die sich zur *Mekane Selam Women's Credit Association* zusammengetan haben. In Gruppen wie dieser tauschen sich Unternehmerinnen aus, die Mikrokredite aufgenommen und Geschäftsideen realisiert haben. Sie geben ihr Wissen an andere Frauen weiter, die noch ganz am Anfang stehen. Sie entscheiden, wer einen Kredit bekommt, erstellen Finanzpläne und unterstützen einander bei diesem Start in ein neues, selbstbestimmtes Leben. In der Theorie wissen wir, wie Mikrokredite funktionieren, aber so richtig können wir es uns trotzdem nicht vorstellen.

Wir sind gespannt, als wir vor dem Haus von Birtikan Abebe halten. Birtikan arbeitet als Getränkelieferantin und hat schon mehrere Kredite aufgenommen. Man sieht, dass sie es damit zu Wohlstand gebracht hat: In ihrem Wohnzimmer steht eine Couch, vor den Fenstern hängen Vorhänge, der Boden ist mit einem dunkelroten Teppich bedeckt. Als Sali und ich eintreten, blicken wir in die Gesichter von acht Frauen, die uns mit einer Mischung aus Neugier und Ehrfurcht betrachten. Alle sitzen zusammengedrängt auf der Couch und wirken etwas verschüchtert. Ich verstehe sofort, wieso. Es ist nicht üblich, dass dunkelhäutige Frauen so auftreten wie Sali und ich: selbstbewusst und nicht verlegen. Dass der Social Worker, den sie schon kennen und der eine hohe Stellung genießt, für uns dolmetscht, flößt ihnen zusätzlich Respekt ein. Er erklärt ihnen, dass wir ihre Geschichten in Deutschland erzählen wollen, um Aufmerksamkeit für das Thema Mikrokredite zu generieren. Dass sich jemand, den sie gar nicht kennen, überhaupt für ihre Geschäftsideen interessiert, scheint für sie ungewohnt zu sein, und es dauert, bis sich die Erste traut, von ihrem Leben als Unternehmerin zu berichten. Ich sage ein paar Worte auf Amharisch, um das Eis zu brechen. Manche der Frauen beginnen zu lachen, weil meine Aussprache so ungewohnt klingt, und langsam lockert sich die Stimmung. Birtikan fragt, welche von uns beiden die Ältere ist, und ich antworte: »Ratet mal!« Jetzt lachen alle und beteiligen sich an dem Ratespiel.

Birtikan schenkt uns Cola ein und deutet auf Melka Tadessa, mit 25 Jahren die Jüngste in der Runde. Melka erzählt, dass sie *Injera* backt, das äthiopische Fladenbrot, das zu jeder Mahlzeit gehört. Dass sie und ihr Mann gut davon leben können und sie mittlerweile ein Dutzend Restaurants und Hotels beliefert. Nach und nach erzählen sie alle, wie der Mikrokredit ihr Leben verändert hat. Mir fällt auf, wie respektvoll die Frauen in dieser Gruppe miteinander umgehen. Wenn eine spricht, sind die anderen still und hören aufmerksam zu. Da ist Almas, die sich mit Mitte 30 als Wirtin selbstständig gemacht hat. Sie sagt, wie glücklich sie jeden Morgen ist, wenn sie in ihr Café geht und den ersten Kunden bedient. Almas sagt, es waren die Geldsorgen, die ihre Ehe zerstört haben. Als ihr Mann sich von ihr trennte, stand sie mittellos da. »Heute verdiene ich an einem Tag so viel wie früher in einem Monat«, sagt sie. »Früher hatte ich Angst vor der Zukunft, Angst vor jedem Tag, an dem mein Geld vielleicht nicht für Essen reicht. Das ist jetzt anders, jetzt freue ich mich darauf, dass mein Geschäft weiter wächst. Ich stehe jetzt gerne auf.« Während Almas spricht, blicke ich immer wieder zu Sali. Sie scheint den Tränen nahe. Ich kann in dem Gesicht meiner Schwester lesen und weiß meistens genau, was sie empfindet. Doch selbst wenn es nicht so wäre: Ich verstehe schon deswegen genau, wie sie sich fühlt, weil ich vor acht Jahren bei meinem ersten Besuch genauso empfunden habe. Eine Mischung aus Demut, Rührung und Dankbarkeit für alles, was unsere Eltern für uns getan haben. Gefühle, die so stark sind, dass sie einen völlig aufwühlen und man Mühe hat, sie auszuhalten.

Meine und Salis Blicke kreuzen sich immer wieder. Ich weiß, dass wir das Gleiche denken: Unser Bauchgefühl war richtig. Das ist die Entwicklungshilfe, die wir leisten wollen. Vor uns sitzen keine hilflosen Frauen, die auf Barmherzigkeit angewiesen sind, sondern Äthiopierinnen, die stolz auf das sind, was sie aus sich und ihrem Leben gemacht haben. Nach zwei Stunden sind wir uns sicher: Es ist diese Art zu helfen, an die wir glauben. Keine Almosen, keine Fürsorge von oben herab, sondern Hilfe zur Selbsthilfe. Die Frauen, mit denen wir reden, haben aus eigener Kraft ein Auskommen aufgebaut, und die Kredite haben ihnen nicht nur eine Möglichkeit geboten, ihren Lebensunterhalt zu bestreiten, sondern neues Selbstbewusstsein in ihnen gestiftet, ihnen den Glauben daran zurückgegeben, dass sie wertvolle Menschen sind, die ihr Leben selbst in der Hand haben.

Unser Treffen ist schon fast vorbei, als Erkabe spricht. Sie ist die Älteste im Raum und sitzt am Rande der Couch. Auf den ersten Blick wirkt sie schüchtern und viel jünger, als sie ist. In Erkabes Gesicht liegt etwas, das mich nicht loslässt. Sie sieht aus, als habe sie viel durchgemacht, aber da ist auch ein Stolz in ihren Augen, eine Würde, die ich sonst selten gesehen habe, vielleicht, das wird mir später klar, weil ich noch nie jemanden getroffen habe, der so viel Leid ertragen musste wie sie. Sie ist sehr schmal und zierlich. Die Tränensäcke unter ihren Augen sind deutlich sichtbar, und ihre Hände verraten, dass sie in ihrem Leben viel gearbeitet hat. Erkabe spricht leise, aber die anderen Frauen im Raum hängen an ihren Lippen. Sie erzählt, dass sie mit elf zwangsverheiratet wurde und in ihrer ersten Ehe so unglücklich war, dass sie ihren Eltern damit drohte, sich umzubringen. Dass sie sich scheiden lassen konnte, weil sie noch Jungfrau war. »Meine zweite Ehe ging auch in die Brüche, da war ich erst 15, und auch danach war es lange Zeit kein glückliches Leben«, erzählt sie. »Wenn ich ehrlich bin, habe ich nicht daran geglaubt, dass es mir irgendwann einmal gut gehen wird.« Erkabe hat sich von ihrem ersten Mikrokredit ein Schaf gekauft. Heute kann sie gut davon leben, die Tiere zu mästen und gewinnbringend weiterzuverkaufen. Mittlerweile hat sie sechs Schafe und ist eine der wohlhabendsten Frauen im Ort. »Dabei wusste ich nicht, wie ich überleben sollte, als meine zweite Ehe zerbrach«, schiebt sie hinterher. Die anderen nicken, jede von ihnen kennt das Gefühl, als alleinstehende Frau nichts wert zu sein, kennt die Angst, von der Gesellschaft verstoßen zu werden.

Als wir am Ende ein Gruppenfoto mit allen machen, sind wir geradezu euphorisch. Jede einzelne dieser Frauen hat eine

Geschichte, die erzählt werden muss. Wir verabschieden uns mit einer Reihe von Umarmungen und versprechen, dass wir wiederkommen. Sali und ich steigen in den Jeep, bestärkt in dem, was wir erreichen wollen. »Wie selbstbewusst sie alle sind«, sagt Sali, und ich nicke. Viele der Frauen sind geschieden und sagen, sie brauchen keinen Mann. Manche verdienen so gut, dass ihre Männer für sie arbeiten. Es ist, als steige mit dem Selbstbewusstsein der Frauen auch ihre Stellung in der Gesellschaft.

Wir sind eigentlich schon auf dem Weg zurück in das Guesthouse, als uns Erkabe auf der Hauptstraße entgegenkommt und in unsere Richtung winkt. »Kommt doch zu mir, auf einen Kaffee«, sagt sie, als wir halten. Ich freue mich sehr über die Einladung. Sie wirkte eben noch so zurückhaltend. Schon von außen sieht man, dass Erkabe reicher ist als viele ihrer Nachbarn. Die Fassade ihres Hauses ist türkis gestrichen und sticht zwischen den sonst eher schlichten, lehmfarbenen Hütten hervor. In ihrem Wohnzimmer steht eine Vitrine voller Geschirr, ein Sofa, mehrere mit Kissen gepolsterte Hocker und sogar ein kleiner Fernseher. Erkabe ist sichtlich stolz, als sie sieht, wie beeindruckt wir von ihrer Einrichtung sind, und bedeutet uns mit einer Handbewegung, dass wir uns setzen sollen.

Während die Bohnen auf dem Holzofen rösten und sich der Duft von Kaffee im Wohnzimmer ausbreitet, beginnt Erkabe, sich uns anzuvertrauen und ihre Lebensgeschichte zu erzählen. Sie war früher Beschneiderin und beschreibt, wie sie Säuglinge mit glühender Kohle und einer Rasierklinge beschnitten hat. Wie laut die Babys dabei geschrien haben. »Das sind Schreie, die man sich nicht vorstellen kann«, sagt sie und wirkt traurig und beschämt. Erkabe fährt fort. Heute wisse sie, dass es falsch war, es zu tun. In Äthiopien wurde seit Mitte der Neunzigerjahre von westlichen NGOs viel zu dem Thema weibliche Beschneidung aufgeklärt, und so begriffen immer mehr Frauen, dass diese alte und grausame Tradition wirklich nur das ist: ein Überbleibsel aus der Zeit, in der eine Frau außerhalb der Ehe nichts wert war. Mittlerweile ist die Genitalverstümmelung von Mädchen in Äthiopien gesetzlich verboten – strafrechtlich verfolgt werden Beschneiderinnen allerdings nicht, und in manchen Regionen ist die Beschneidung deswegen immer noch gang und gäbe. Jungen werden ohnehin, unabhängig von ihrer Religionszugehörigkeit, beschnitten. »Damals war mir nicht klar, wie schlimm es für die Mädchen ist und welche gefährlichen Folgen es haben kann. Wir haben das nie in Frage gestellt, ich dachte sogar, ich tue etwas Gutes, weil die Mädchen ohne Beschneidung keinen Mann finden.« Fast entschuldigend fügt sie hinzu, sie habe nur die Kinder von Verwandten und engen Freunden beschnitten. Sali und ich müssen schlucken, als wir ihrer detaillierten Beschreibung dieser für uns so unvorstellbaren und grausamen Tradition lauschen. Wir schweigen und sehen Erkabe dabei zu, wie sie den Kaffee zermahlt und das Kaffeepulver in ein bauchiges Tongefäß gibt, die *Jebana*, in der in Äthiopien der Kaffee gebrüht wird. Ich habe mich also nicht getäuscht: Erkabe hat tatsächlich viel mitgemacht, viel Leid erlebt – und es geschafft, zahlreiche der Traditionen, mit denen sie aufgewachsen ist, hinter sich zu lassen. Als sie uns den Kaffee einschenkt, strahlt sie eine tiefe Ruhe aus. Sie wirkt, als sei sie ganz bei sich. Schweigend trinken wir den Kaffee und versinken in Gedanken. Am Ende bedanken wir uns mehrmals bei ihr. Christina, Erik, Sali und ich sind beeindruckt von ihrer Offenheit und ihrer Gastfreundschaft. »Wir sehen uns wieder, Erkabe«, sagt Sali, und ich spüre, wie viel sich in ihr gerade verändert hat.

Auf dem Weg zum Guesthouse sprechen wir kein einziges Wort. Wir sind damit beschäftigt, das zu verarbeiten, was wir gerade gehört haben. Ich spüre, dass die Eindrücke dieses Tages

Sali überwältigt haben und sie es kaum erwarten kann, in eine Umgebung zu kommen, in der sie sich sortieren kann. Nach dem Abendessen sind wir noch lange wach und schreiben Erkabes Geschichte auf, damit wir nichts von dem vergessen, was sie uns erzählt hat. »Sie ist ungefähr so alt wie Mama, oder?«, sagt Sali. Ich nicke. Es ist wirklich nur Zufall, dass wir so anders aufgewachsen sind als die Frauen, die wir heute getroffen haben.

In den nächsten Tagen weihen wir die 400. Schule von *Menschen für Menschen* in Wogdi, einer Stadt rund 580 Kilometer nordöstlich von Addis Abeba, ein. Aus dem Jeep sehen wir die unglaublich beeindruckende Berglandschaft Borenas. Wir besuchen noch andere Mitglieder der *Women's Association*, und auch bei diesem Äthiopienbesuch verfliegt die Zeit für mich zu schnell.

Der letzte Abend endet wie immer mit einem großen Fest. Erik hat drei Ziegen organisiert, um die Social Worker zu überraschen, die das Osterfest ohne ihre Familie feiern mussten. Die Tiere werden am Nachmittag geschlachtet, davon bekommen wir aber nichts mit. Darüber bin ich ganz froh, denn als Teenager sah ich einmal bei einer solchen Schlachtung zu, und das Bild des ausblutenden Tieres begleitet mich noch heute.

Vor dem Guesthouse lodert am Abend ein riesiges Lagerfeuer. Mariam, die tatsächlich schon etwas weniger reserviert gegenüber mir und Sali ist als noch zu Beginn der Woche, kocht groß auf, trägt Platten mit Ziegenfleisch, Schüsseln voller Salat und Reis, Injera und Obstsalat nach draußen. Alle essen und unterhalten sich, irgendwer hat von irgendwoher Boxen organisiert, wir trinken Gin und Bier, bis alle tanzen. Jeder versucht, sich auf der Tanzfläche hervorzutun, vor allem, wenn es ein Lied des eigenen Stammes ist, das gespielt wird. Sali und ich tanzen mit und ernten anerkennende Blicke. Ich sehe, wie sich Sali darüber freut, dass sie mühelos mit den anderen mithalten kann. Auf der Tanzfläche macht ihr so schnell keiner etwas vor. Gelernt ist gelernt. Die Musik und das Tanzen versetzen auch mich zurück in meine Kindheit, und ich habe so viel Spaß, dass ich erst auf die Uhr schaue, als es schon weit nach Mitternacht ist. Später, in unserem Zimmer, als wir schon fast schlafen, dreht sich Sali in ihrem Bett zu mir. »Jetzt verstehe ich deine Zerrissenheit«, sagt sie, und der Satz bedeutet mir in dem Moment alles.

Diese Zerrissenheit spüre ich immer besonders stark, wenn ich aus der einen Welt wieder in die andere reise. Immer, wenn ich in Äthiopien bin, ist es, als würde ein innerer Kompass neu justiert werden, als würden sich die Koordinaten verschieben, nach denen ich mein Leben ausrichte. Es ist, als würde ich neu geerdet werden. Danach weiß ich auf einmal wieder, wo oben und unten ist, was wichtig, was weniger wichtig ist. Auch dieses Mal merke ich am Flughafen, dass ich eine andere bin als die, die hier vor einer Woche aus dem Flieger gestiegen ist. Als ich mit Sali das Terminal betrete, nehmen mich die hellen Lichter und die hektische Betriebsamkeit sofort wieder ein, entfernen mich von den Erfahrungen, die ich in dieser Woche gemacht habe. Wir setzen uns auf eine Bank im Wartebereich unseres Gates. Als ich mein Handy aus der Handtasche fische und es das erste Mal nach einer Woche wieder einschalte, prasseln die Nachrichten nur so auf mich ein. Hunderte E-Mails mit Presseanfragen, Kaffee-Bestellungen, Modeljobs, Werbung, Newslettern. SMS und Anrufe in Abwesenheit von meinen Freunden, meiner Familie. Ich scanne sie nur kurz, dann öffne ich Instagram.

Ich scrolle durch den unendlichen Strom aus Bildern. Menschen in perfekten Posen, Frauen am Strand, Paare beim Frühstück, Babyfotos, Aufnahmen perfekt eingerichteter Wohnungen. Ein Bild von einem Sonnenuntergang. Modelshootings, Bilder, die Handtaschen und Schmuck bewerben sollen. Gefühlt jedes zweite

Bild ist ein Selfie. Selfies beim Mittagessen, Selfies im Auto, Selfies auf dem roten Teppich. Nach dieser Woche erscheint mir die Selbstdarstellung auf einmal ungelenk, absurd, ja, fast lächerlich.

Ich sehe diese Bilder, diese Eindrücke von emotionalen Momenten, die inszenierte Schönheit auf diesen Fotos, und ich finde jedes einzelne so unglaublich banal. Verglichen mit dem echten Leben, das ich hier gesehen habe, wirken sie künstlich, unglaubwürdig, zu glatt und perfekt. Aber sofort steigt auch in mir das Gefühl auf, mitmachen zu müssen bei diesem Spiel. Ist es nicht das, was die Menschen sehen wollen? Und eben nicht die Lehmhütte, die Armut, das Leben derer, die nicht viel haben? Bin ich nicht auch Teil dieser Welt, in der so belanglose Sachen wie ein schönes Kleid oder ein Selfie beim Abendessen mit Freunden so viel Gewicht haben? Wie kann ich es schaffen, beides zu vereinen, in beiden Welten zu Hause zu sein, ohne mich an ihren Widersprüchen aufzureiben?

Nach wenigen Minuten lege ich das Handy weg. Ich möchte das alles nicht sehen, nicht hier, nicht jetzt. Ich bin in Gedanken noch zu sehr bei Erkabe und den anderen Frauen und will mich gar nicht von dieser Realität ablenken lassen. Ich weiß, dass auch ich bald wieder Teil der Seifenblase sein werde, in der wir in der westlichen Welt leben. Sali schaut mich an. »Ich habe mich immer gefragt, was du in Äthiopien eigentlich erlebst, wie du es schaffst, dort zu sein und eine Woche später wieder als Model vor der Kamera zu stehen«, sagt sie, als könnte sie in meinen Kopf gucken. »Jetzt verstehe ich, wie schwer das manchmal sein muss.« Und in diesem Moment hilft es mir, dass wir uns jetzt beide ein bisschen zerrissen fühlen.

Als wir in den Flieger steigen, mischt sich noch etwas anderes zu diesem Rückkehrschmerz und dem Gefühl der Wehmut, das ich mit den Jahren den »Äthiopien-Blues« getauft habe. Es überkommt mich immer, wenn ich aus Äthiopien zurückkehre und aufgewühlt bin von den vielen Problemen dort und der Tatsache, dass mein Leben so viel privilegierter ist. Der Wille, etwas zu ändern, wirklich etwas dazu beizutragen, dass sich die Lage der Frauen in dem Land meiner Eltern verbessert. Noch nie waren Sali und ich so wild entschlossen und voller Tatendrang. Es ist der Anfang von nuruWomen, von unserem gemeinsamen Traum.

»Das erste schwarze Baby von Erding«

Ich war »das erste schwarze Baby von Erding«. Als ich am 19. August 1989 gegen 16 Uhr im Erdinger Kreiskrankenhaus geboren wurde, kam ein Redakteur der Lokalzeitung vorbei und berichtete über meine Geburt. Heute ist es unvorstellbar, aber damals, im Deutschland der Achtzigerjahre, war es eine kleine Sensation, dass in einem bayerischen Krankenhaus ein dunkelhäutiges Baby zur Welt gekommen war.

»Besondere Aufmerksamkeit erregte die kleine Sarah: Sie ist das erste schwarze Kind, das im Kreiskrankenhaus geboren wurde. Mutter Molu und Vater Hsen Nuru, beide aus Äthiopien, leben mit den zwei Geschwistern der kleinen Dame in Grünbach«, stand in dem Artikel. Keiner unserer Namen war richtig geschrieben, aber den Ausschnitt haben meine Eltern bis heute aufbewahrt. Auf dem Foto schaute meine Mutter Mulu mit einem Gesichtsausdruck voller Stolz und Erleichterung in die Kamera, und ich, Sara ohne »h«, schlief in ihren Armen.

Deutschland, in den Achtzigerjahren: In Bayern war 1986 das letzte Jahr des Kabinetts unter Franz Josef Strauß. Bis zum Jahresende kamen fast 100 000 Geflohene nach Deutschland, die man damals noch Asylanten oder Asylbewerber nannte. Das war ein enormer Anstieg: Im Jahr 1983 waren es nur knapp 20 000. Innenpolitisch entbrannte Streit darüber, wie man mit dieser Masse an zugewanderten Menschen umgeht, von denen viele über Ostberlin in die Bundesrepublik kamen. Zum Jahresende drosselte eine Änderung im Verfahrensrecht den Zustrom der Asylbewerber, die hierherkamen, um ein besseres Leben zu beginnen. Wenige Monate nach meiner Geburt fiel die Mauer, in Berlin lagen sich Menschen aus Ost und West in den Armen, und ein geteiltes Land machte sich auf den Weg, wieder zusammenzuwachsen.

Ich wurde in einem deutschen Bilderbuchsommer geboren: Das Wetter war traumhaft. Statt nach Italien zu fahren, beschlossen viele deutsche Touristen, der Heimat den Vorzug zu geben. An den Stränden der Nord- und Ostsee sah man vor lauter Strandkörben kaum den Sand. Es war ein anderes Deutschland: eines, in dem Fernreisen für viele noch unerschwinglich waren und die meisten Menschen sehr selten mit anderen Kulturen in Berührung kamen. Da war ein »schwarzes Baby« im weiß-blauen Bayern eben ein ziemliches Ding.

Ich finde es auch heute eher amüsant als verwerflich, dass meine Geburt der örtlichen Zeitung ein Bericht wert war. Später werde ich oft auf die Frage antworten müssen, ob ich in meinem Leben viel Rassismus erlebt habe. Journalisten wirken meist erstaunt und enttäuscht, wenn ich das verneine. Wie schade, dass meine wahre Geschichte nicht so schlagzeilentauglich ist, wie es eine negative wäre! Gerade am Anfang meiner Modelkarriere dachten viele, dass ich als kleines dunkelhäutiges Mädchen sicherlich oft gehänselt und diskriminiert wurde. Doch das Gegenteil war der Fall. Ich erlebte in den Achtziger- und Neunzigerjahren in Bayern kaum Rassismus. Ich wuchs behütet auf, meine Herkunft spielte sowohl in der Schule als auch bei meinen Freunden erstaunlich selten eine Rolle, und heute fühle ich mich sehr deutsch, obwohl meine äthiopischen Wurzeln ein ebenso wichtiger Teil meiner Identität sind. Doch vielen in meinem Bekanntenkreis ging es anders: Sie hatten weniger Glück und wurden immer wieder mit subtilem Rassismus, aber auch Anfeindungen, Diskriminierung und Gewalt konfrontiert. Ich hatte einfach nur Glück, das nicht erleben zu müssen.

Die Geschichte meiner Familie war auch eine Geschichte gelungener Integration. Es stimmt: Wir sind heute sehr deutsch, wenn man so will. Meine Eltern wissen, wie man Weißwürste zuzelt und schätzen es inzwischen, dass in Deutschland eine gewisse Ordnung und verbindliche Regeln für alle gelten. Sie fühlen sich mittlerweile in Bayern zu Hause. Sie haben viele Freunde in der äthiopischen Community, aber sie sind nicht isoliert und haben genauso viele Kontakte zu deutschen Familien. Anders als manche Migranten, die weniger Glück und Chancen hatten, sind sie nicht in einer Parallelwelt aufgewachsen, sondern haben Anschluss gefunden. Das liegt auch an den Umständen, unter denen meine Mutter und später mein Vater nach ihrer Flucht ihr neues Leben beginnen konnten.

Meine Mutter kam im September 1986 mit meinen Schwestern Susann und Sali in Deutschland an. Mein Vater blieb in Afrika zurück, er würde später nachkommen – ein Visum und Flugtickets für beide waren zu teuer, und es war auch eine strategische Entscheidung, denn eine Frau mit zwei Kindern hat es immer leichter, in einem neuen Land aufgenommen zu werden. Der Weg meiner Mutter führte sie in einem Flieger vom Sudan nach Ägypten, von Kairo über Ostberlin in den Westen, mit dem Flugzeug von Tegel nach Hannover und von dort mit dem Zug weiter nach Düsseldorf. Nach einigen Wochen in Deutschland kam sie schließlich mit einem Bus im Erstaufnahmelager im fränkischen Zirndorf an. Dort teilte sie sich für einige Tage ein

Zimmer mit vier anderen Familien aus dem Libanon, aus Rumänien und Afghanistan. Sie schlief mit meinen Schwestern Sali und Susann in einem Bett, dicht an ihre Kinder gedrängt. In diesen ersten Tagen in Europa, diesem fremden Kontinent, fühlte sich meine Mutter etwas überfordert. Zur Ungewissheit, was wohl alles auf sie zukommen würde, gesellte sich das graue, kalte Septemberwetter, das sie nicht gewohnt war. Selbst an Tagen, an denen sich ein paar Sonnenstrahlen durch die herbstliche Wolkendecke kämpften, war es sehr viel kälter als in Afrika. Als meine Mutter sich aus dem Spendenraum des Roten Kreuzes im Erstaufnahmelager passende Kleidung ausgesucht hatte, war sie überrascht, wie schwer sich die vielen Schichten Stoff auf ihrem Körper anfühlten. Noch dazu konnte sie sich mit den anderen Asylbewerbern in der Unterkunft nicht verständigen. Auf einmal war sie, die immer einen Weg wusste und nie ängstlich war, verloren und hilflos.

Nach zehn Tagen wurde ihr schließlich eine Unterkunft in Grünbach zugeteilt, einem kleinen Dorf in der Nähe von Erding. Nach zwei Stunden Busfahrt musste sie in Erding umsteigen. Dort erlebte sie das erste Mal, wie gütig Menschen in diesem neuen Land sein können: Als sie mit meinen zwei Schwestern darauf wartete, dass der Bus kommt, der sie in ihr neues Zuhause auf Zeit bringen würde, kam eine Frau auf sie zu, die ein Babybettchen mit kleinen Rädern in den Händen hielt. Sie hatte meine Mutter offenbar vom Fenster aus gesehen und beschlossen, ihr zu helfen. Meine Mutter sprach kein Deutsch, aber sie verstand auch so, dass ihr die Frau dieses Bettchen schenken wollte. Sofort schossen ihr die Tränen in die Augen. Das hatte sie nicht erwartet. Sie nickte und lächelte, faltete die Hände zusammen, um ihrer Dankbarkeit auch ohne Worte Ausdruck zu verleihen. Als meine Mutter etwas genauer hinsah, erkannte sie, dass die Fremde auch ein dunkelhäutiges Baby in den Armen hielt, in etwa so alt wie meine

Schwester Sali, die zum Zeitpunkt der Flucht noch nicht einmal ein Jahr alt war. Wahrscheinlich, so erzählte sie es mir Jahre später, hatte diese Fremde einfach Mitgefühl mit der dunkelhäutigen Frau, die mit zwei kleinen Töchtern ganz alleine und verloren auf der Straße stand.

Wie es für sie gewesen sein muss, so oft die einzige Schwarze zu sein? Diese Frage stellte ich mir – und ihr – viele Jahre später. In der Erstunterkunft sei es nicht so aufgefallen, weil da viele Menschen aus aller Welt untergebracht waren, sagte sie. Aber in Grünbach, diesem 400-Seelen-Dorf in Bayern, hätten sie und meine Schwestern zu Beginn schon sehr viel Aufmerksamkeit auf sich gezogen. »Susann hat mich gleich gefragt, warum wir so dunkle Haut haben und die anderen so helle. Warum die Haare aller anderen Menschen um uns herum so fein und glatt sind und nicht so lockig wie unsere«, erzählte sie mir. Sie habe Susann dann gesagt: »Weil wir etwas Besonderes sind. Du kannst es jetzt noch nicht sehen, aber in ein paar Monaten werden sich all die weißen Menschen in der Sonne bräunen, damit sie so aussehen wie wir. Wir sind schwarz, weil Gott uns so gemacht hat.« Es sei ungewohnt gewesen, so aufzufallen, nur weil man eine dunklere Hautfarbe hat, aber sie habe sich nie, wirklich nie, gewünscht, weiß zu sein.

Das Beste, was meiner Mutter passieren konnte: Gleich am Anfang traf sie auf zwei Menschen, die es gut mit ihr meinten und ihr die Ankunft in diesem neuen Land ungemein erleichterten: Hilde und Werner. Er war Gynäkologe und Oberarzt an einer großen Klinik, sie arbeitete als Erdkunde-Lehrerin. Als sie hörten, dass die Gemeinde Grünbach nach Unterkünften für Geflüchtete suchte, sahen sie es als ihre christliche Pflicht, leer stehende Wohnungen in dem Mehrfamilienhaus, das ihnen gehörte und in dem sie auch selber wohnten, zur Verfügung zu stellen. Und so blickte meine

Mutter, als sie am 1. Oktober 1986 in Grünbach aus dem Bus stieg, in die Gesichter einer Familie, die ihr mit den Jahren so vertraut werden würde wie ihre eigene. Hilde hielt einen Blumenstrauß für sie in den Händen, Hildes Tochter Sonja einen selbst gebackenen Kuchen. Werner hatte den jüngeren Sohn Uli auf dem Arm und lächelte. Sie alle sagten »Herzlich willkommen«. Hilde umarmte meine Mutter, die sich, obwohl sie kein Deutsch sprach, sofort von diesen netten Menschen aufgenommen fühlte. Am ersten Abend verständigten sich alle mit Händen und Füßen. Teresa, eine Italienerin, die in der Wohnung neben der meiner Mutter lebte, betrieb ein eigenes italienisches Restaurant. Am Abend kam sie mit drei Schachteln Pizza und einer Flasche Sekt nach Hause und klingelte bei Hilde und Werner. Sie war gespannt, wer da neben ihr eingezogen war, und wollte die neue Nachbarin begrüßen.

Als alle am Esstisch saßen und die Pizzastücke verteilt waren, biss meine Mutter beherzt von der Salamipizza ab. Sie verzog das Gesicht, als sie merkte, was sie da aß. »Oh nein, du bist Moslem, oder? Daran habe ich gar nicht gedacht«, sagte Teresa, und alle mussten lachen. Meine Mutter nahm sich kichernd ein Stück ohne Fleisch und stieß mit den anderen an, obwohl sie sonst keinen Alkohol trank. Aber sie wusste, dass es ein feierliches Getränk ist, und fühlte das erste Mal seit den zwei Wochen in Deutschland eine Wärme und Zuversicht in sich aufsteigen. Umgeben von solch freundlichen Menschen könnte ein Neuanfang gelingen.

Meine Mutter tat ihr Bestes, auf die Menschen zuzugehen und in Deutschland anzukommen. Doch zu Beginn begegneten ihr manche der Bewohner in diesem kleinen bayerischen Dorf mit Argwohn und Angst. Einige Tage nach ihrer Ankunft ging meine Mutter zur Nachbarin, einer Bäuerin namens Maria, um, wie es damals üblich ist, eine Kanne frische Milch zu holen. Doch als sie bei Maria klopfte, war die Tür versperrt, und keiner öffnete ihr.

Meine Mutter war verwundert und kam etwas ratlos nach Hause zurück. Als sie das Hilde und Zenta, einer weiteren Nachbarin, erzählte, schüttelten beide den Kopf. Hilde schnappte sich meine Schwester Susann und lief zu Maria, um ihr die neue Situation zu erklären. Die Tatsache, dass sie im Dorf hohes Ansehen genoss und meine Mutter und meine Schwestern unter ihre Fittiche nahm, machte meiner Mutter das Leben leichter.

Mit den Jahren fand Hilde, die keine Geschwister hat, in meiner Mutter eine Art Schwester. Sie beide lernten viel voneinander: Hilde und Werner feierten mit meiner Mutter und meinen Schwestern Ostern, versteckten Ostereier und kleine Geschenke im Garten und backten einen Osterkranz. Am 6. Dezember kam der Nikolaus, und Susann und Sali waren begeistert. Hilde kochte Braten mit Knödeln für ihre äthiopische Freundin und die Kinder, meine Mutter backte *Injera* und macht *Misir Wat*, äthiopischen Linseneintopf, für Hilde und Werner und zeigte ihnen, wie man richtig mit den Händen isst. Im Sommer fuhren sie gemeinsam nach Helgoland, und meine Mutter sah zum ersten Mal, wo und wie Deutsche Urlaub machen. Hilde und Werner taten weit mehr als das, was man unter christlicher Pflicht versteht. Für meine Mutter, eine großzügige Frau, die gerne alles, was sie hat, teilt, war es am Anfang sicherlich nicht einfach, mit leeren Händen in ein neues Land zu kommen.

Als hätte sie geahnt, dass es helfen würde, hat sie in den kleinen Koffer, mit dem sie nach Deutschland reiste, neben Kinderkleidung auch eine Röstpfanne, grüne Kaffeebohnen, eine äthiopische Kaffeekanne aus Ton, die *Jebana*, und sechs kleine Kaffeetassen gepackt. Ein Andenken an ihre Heimat und alles, was sie zurückgelassen hat. Etwas, das sie in den Stunden, in denen sie sich einsam fühlt und voller Sehnsucht nach Äthiopien und ihrem Mann ist, trösten kann. Und so begann sie, mitten in der bayerischen

Provinz äthiopische Kaffeezeremonien zu zelebrieren, zu denen zu Beginn kaum einer kam, die aber mit der Zeit zu einer festen Institution im Ort wurden. Jeden Mittwochnachmittag lud meine Mama ein, denn der Tag, an dem sie nach Deutschland kam, war ein Mittwoch. Sie fand Arbeit in Teresas italienischem Restaurant, und Hildes Mutter hütete Susann und Sali, wenn sie zu ihren Schichten als Küchenhilfe aufbrach. Meine Mutter hatte es durch ihre fröhliche Art leichter als andere, die weniger selbstbewusst und offen waren. Und doch war sie zu Beginn oft einsam und weinte jeden Abend, weil sie meinen Vater so vermisste.

Als mein Vater schließlich in Bayern ankam, war es für ihn zunächst schwer, in Grünbach Fuß zu fassen. Vielleicht fiel ihm das Ankommen sogar schwerer als meiner Mutter. Er war das Leben in großen Städten gewohnt, hatte in Khartum gelebt, war von Äthiopien nach Kenia und Somalia gereist, hatte immer schon den Drang verspürt, die große weite Welt zu sehen und Abenteuer zu erleben, die ihn seinen Träumen näherbringen würden. Und auf einmal fand er sich in einem bayerischen Provinzdorf wieder. Ein Schock für einen offenen und erlebnishungrigen jungen Mann, der es gewohnt war, sich alleine durchzuschlagen. In Europa war er plötzlich hilflos und unsicher, und meine Mutter, die schon seit fast einem Jahr in Deutschland lebte, hatte ihm etwas voraus. Mein Vater ist ein stolzer Mann, der keine Almosen will und so schnell wie möglich auf eigenen Beinen stehen wollte, doch zu Beginn hatte er noch keine Arbeitserlaubnis. Später vermittelte ihm Werner einen Job bei einer großen Automobilfirma, für die er bis zur Rente als Kfz-Mechatroniker arbeitet.

Hilde und Werner wurden mit der Zeit wie eine zweite Familie für meine Mutter und meinen Vater. Noch heute erfüllt meine Eltern eine tiefe Dankbarkeit für die beiden. Ich glaube, die Tatsache, dass meine Eltern eben nicht lange Zeit in einem Flüchtlingsheim leben mussten, hat sich auch in unserer Erziehung widergespiegelt und einen Einfluss auf mein Leben gehabt. Die Wärme und Herzlichkeit, die meine Eltern von ihren beiden deutschen Freunden erfahren hatten, konnten sie an uns weitergeben. Meine Eltern haben uns nie das Gefühl gegeben, dass wir weniger Chancen hätten als unsere deutschen Mitschüler, weniger Aussichten auf Erfolg in Deutschland, nur weil sie nicht hier geboren sind. Einer der Leitsätze meines Vaters ist: »Nutzt die Chancen, die wir nie hatten«. Ich bin, obwohl meine Eltern geflüchtet sind, mit dem Gefühl aufgewachsen, privilegiert zu sein, und habe mich nie benachteiligt gefühlt. Meine Eltern haben uns immer vermittelt, dass wir alles werden können, was wir werden wollen.

Auch ich fühle mich Hilde und Werner bis heute sehr nah. Als sie mit mir schwanger war, bat meine Mutter Werner, mich zu entbinden. Ich kam allerdings erst zwei Wochen nach dem errechneten Termin, und so mussten Hilde und Werner ihren Sommerurlaub immer wieder nach hinten verschieben, weil ich mir so lange Zeit ließ. Noch heute scherzt Werner gerne darüber, dass ich ihm gleich zu Beginn meines Lebens seine Urlaubspläne durchkreuzte.

Meine Eltern wohnten drei Jahre bei Hilde und Werner, doch nach meiner Geburt zogen wir von Grünbach nach Altenerding, in unsere erste eigene Wohnung. Ich glaube, meinem Vater war es wichtig, für seine Familie ein eigenes Heim zu haben, sie selber zu ernähren. Wir wohnten in einer Gegend, in der wir von anderen sozial schwachen Familien umgeben waren, aber als Kind hatte ich kein Gespür dafür, dass unser Viertel ärmer war als die, aus denen meine Mitschüler kamen. Ich fühlte mich wohl in der Siedlung, in der neben uns viele Ausländer wohnten. Familien aus Vietnam, dem Iran, aus Italien, Jugoslawien und dem Libanon. Einmal im Monat kam ein großer Lkw, der asiatische Lebensmittel verkaufte. Die vietnamesischen Nachbarn standen Schlange und deckten sich mit Zutaten aus ihrer Heimat ein. Unsere Nachbarin An backte einmal die Woche Krabbenchips und Frühlingsrollen und verkaufte sie aus ihrem Fenster im Erdgeschoss. Wir Kinder holten uns von ihr manchmal für fünfzig Pfennig eine Brotzeittüte mit Chips und aßen sie, wenn wir draußen eine Pause vom Spielen machen.

Überhaupt fand meine Kindheit zu großen Teilen im Freien statt. In Altenerding konnten wir im Garten spielen, ohne dass meine Eltern sich Sorgen machen mussten. Meine Schwestern und ich verschwanden stundenlang im Maisfeld vor der Siedlung, fingen einander oder versteckten uns. Als kleines Mädchen wollte ich oft gar nicht zum Essen nach Hause kommen, und meine Mutter lockte mich unter dem Vorwand rein, dass meine Cousine am Telefon sei, damit ich wenigstens eine Kleinigkeit zu mir nahm, ehe ich mit Susann und Sali wieder nach draußen rannte.

Sali und ich freundeten uns in der Grundschule mit zwei Mädchen an, die in meinem und ihrem Alter waren, Valentina und Lorena. Valentina und ich spielten Seilhüpfen und Gummitwist, während unsere großen Schwestern Tanzchoreografien einübten, bei denen wir manchmal mitmachen durften. In unserem Viertel wurden Kindergeburtstage groß zelebriert: Alle Kinder aus der Siedlung waren eingeladen. Die Feste fanden in einer Scheune statt, die feierlich dekoriert wurde. Als ich sechs Jahre alt werde, feierte ich auch dort. Ich trug ein weißes Kleid mit Puffärmeln und roten und blauen Rüschen und fühlte mich wie eine kleine Prinzessin. Damals war bei meinen Eltern das Geld oft knapp, und ein festliches Kleid war für mich und meine Schwestern etwas ganz Besonderes. Wir spielten Topfschlagen und fischten mit unseren Mündern Äpfel aus einer mit Wasser gefüllten Schüssel. Meine Mutter und die Mütter der anderen Kinder brachten selbst gemachte Snacks und Kuchen mit, und wir Kinder schlugen uns den Magen so voll, dass uns schlecht wurde.

Wie jedes Jahr wünschte ich mir auch dieses Mal eine »BABY born«-Puppe. Aber diese Art von Markenspielzeug sprengte das Budget meiner Eltern, und ich bekam eine günstigere Version, bei der der Rumpf weich und nur die Arme und Beine aus Plastik waren. Ich war enttäuscht, dass meine neue Puppe keine echte »BABY born« war. Als Kind verstand ich noch nicht, wie hart meine Eltern arbeiteten. Meine Mutter hatte zeitweise drei Jobs, und mein Vater reparierte neben seinem Vollzeitjob am Wochenende Autos, um uns drei Kindern so viele Wünsche wie möglich zu erfüllen. Heute weiß ich, wie viel ich ihnen verdanke und wie viel Kraft es sie gekostet haben muss, uns einen so guten Start ins Leben zu ermöglichen.

Rund 15 Minuten mit dem Auto von uns entfernt wohnte auch eine Familie aus Eritrea. Damals bekriegten sich Äthiopien und Eritrea, doch Zehai, ihr Mann Haile und ihre zwei Töchter, Selam und Senaid, wurden mit der Zeit zu meiner erweiterten Familie. Meine Mutter, die aus dem Norden Äthiopiens kommt, spricht *Tigrinha*, eine Sprache, die auch in Eritrea gesprochen wird. So konnte sie sich sofort mit den beiden Nachbarn verständigen, und in Deutschland wog die Verbundenheit, aus Afrika zu kommen, schwerer als der Krieg zwischen den Heimatländern in der Ferne. Meine Eltern arbeiteten viel, und so blieben wir uns oft selber überlassen. Ich sah das nicht als Nachteil, und heute schätze ich es, dass wir uns morgens selber die Pausenbrote schmieren mussten und so früh zur Selbstständigkeit erzogen wurden.

Meine Schwestern kümmerten sich um mich, wenn meine Eltern arbeiteten. Das ist etwas sehr Afrikanisches: Die älteren Geschwister versorgen die jüngeren und übernehmen fast eine Art Elternrolle. Wenn das Wetter schlecht war, spielte ich mit Susann und Sali im Wohnzimmer unserer Maisonette-Wohnung. Wir machten auch allerlei Unsinn, wie wohl alle Kinder, die sich selbst überlassen sind. Ein Nachmittag blieb mir besonders in Erinnerung: Susann und Sali waren beschäftigt. Ich langweilte mich und steckte irgendwie meinen Kopf durch die Streben der Wendeltreppe, die zum Schlafzimmer meiner Eltern führte. Auf einmal merkte ich, dass ich meinen Kopf nicht mehr rausbekam. Ich geriet in Panik und rief:»Susann, Sali, ich stecke fest!« Zu Beginn zogen meine Schwestern an meinen Schultern, aber ich protestierte lautstark.»Das bringt gar nichts, ihr tut mir nur weh!«, rief ich. Susann kam schließlich auf die Idee, meinen Kopf und mein Gesicht mit Margarine einzuschmieren. Mit vereinten Kräften schafften sie es schließlich, mich aus den Fängen der Treppe zu befreien. Als meine Mutter am Abend nach Hause kam, waren meine Haare immer noch völlig fettig.»Was habt ihr bloß mit Sara gemacht?«, fragte sie Susann, die herumdruckste und ihr schließlich gestand, dass sie und Sali mich aus den Augen gelassen hatten. Noch Tage später wusch meine Mutter mir das Fett aus den Haaren und verfluchte ihre älteren Töchter.

Als ich neun Jahre alt war, zogen wir von Erding nach München. Mein Vater, der viel herumgekommen war, fühlte sich auf dem Land nicht wohl, er mochte das Gefühl nicht, dass jeder jeden kennt, außerdem arbeitete er in München und verbrachte so jeden Tag eine Stunde im Bus. Wir fanden eine 79-Quadratmeter-Wohnung im Münchner Stadtteil Neuhausen. Sali, Susann und ich teilten uns ein Zimmer. Anders als mein Vater hatte sich meine Mutter in Altenerding wohlgefühlt und vermisste die Frauen, mit denen sie sich einmal die Woche in der Pfarrgemeinde zum Kaffee getroffen hatte, und die eingeschworene Runde, die jeden Mittwoch zu ihrer Kaffeezeremonie kam. Zu Beginn fehlte auch mir die Siedlung und das Gefühl, eines von vielen Kindern mit ausländischen Eltern zu sein, die Tür an Tür wohnen. Auf einmal musste ich meine Freunde anrufen und mich mit ihnen verabreden, anstatt einfach rauszugehen, wo meine Spielkameraden schon auf mich warteten. Und so fuhr ich fast jedes Wochenende zu meinen Cousinen Rahel, Marta und Mekdes nach Erding, denen ich mich fast so nahe fühlte wie meinen Schwestern. Sie sind die Töchter von Hiwot, der besten Freundin meiner Mutter, und somit nicht wirklich meine Cousinen. Doch Hiwot und meine Mutter kennen sich, seitdem sie 13 waren, und stehen sich so nahe, dass wir alle sie Tante Hiwot nennen. Als ich auf die Welt kam, besuchte Hiwot zusammen mit ihrer Mutter meine Mutter, um bei der Geburt dabei zu sein. Ihr gefiel es so gut in Deutschland, dass sie beschloss, Asyl zu beantragen. Seitdem sind sie und meine Mutter wieder unzertrennlich.

Aber das Leben in der Großstadt hat auch Vorteile: In Erding mussten wir mit dem Bus zur Schule fahren, in München war die Schule nur fünf Minuten Fußweg von unserer Wohnung entfernt. Zu Beginn war ich schüchtern und fühlte mich unter den vielen neuen Kindern, die sich alle schon kannten, fremd. Außer mir gab es nur eine andere Schülerin, die ausländische Eltern hat, ein Mädchen aus Sri Lanka. Doch schon nach wenigen Tagen legte sich dieses Gefühl der Fremdheit, denn ich lernte Mara kennen. Am ersten Schultag war neben ihr ein Platz frei, und die Lehrerin sagte, ich solle mich zu ihr setzen. Wir wurden erst Banknachbarinnen und später beste Freundinnen. Mara wartete immer an der Ecke zwischen meiner und ihrer Wohnung auf mich, und wir liefen den Rest des Schulweges gemeinsam. Ich ging gerne zur Schule und sehnte sogar in den Sommerferien den Schulstart und den Alltag mit meinen Freunden herbei.

Ich verbrachte viel Zeit bei Mara, die aus einer Akademikerfamilie stammt und ganz anders aufwuchs als ich. Maras Vater ist Architekt, ihre Familie lebte in einer großen Wohnung über dem Architekturbüro des Vaters. Ein Altbau mit hohen Decken und einem großen Esstisch, auf dem immer frische Blumen standen. Auf dem Couchtisch lagen großformatige Fotobände, und daneben reichte eine Bibliothek bis an die Decke. Alles war sehr geschmackvoll und reduziert eingerichtet. In der Wohnung war sehr viel Platz, während ich mit meinen Geschwistern beengt wohnte und sich überall Spielzeug stapelte. Maras Mutter ist Goldschmiedin und war immer zu Hause, wenn wir von der Schule kamen. Sie bastelte gerne mit uns. Wir fädelten Perlen auf Schnüre und machten Ketten, töpferten kleine Gegenstände oder schnitten Tierfiguren aus Tonpapier. Bei Mara gibt es manchmal Ravioli und Süßigkeiten. Meine Eltern kauften höchstens mal Süßes, um es an andere Kinder zu verschenken. Wenn ich meinen Cousinen Süßigkeiten zum Geburtstag schenkte, bestand ich immer darauf, dass die Tüte gleich geöffnet wurde und ich mitnaschen durfte. Und Maras Eltern kauften die »echten Cornflakes«, nicht die billige Version aus dem Discounter. Ein Unterschied, der mir heute total egal wäre – aber wie alle Kinder konnte auch ich damals schon genau zwischen der Traditionsmarke und einer vermeintlich minderwertigen Kopie unterscheiden. Das Beste an allem war, dass Mara ein nettes und hilfsbereites Mädchen war und wir immer viel lachen mussten, wenn wir zusammen waren. Und so war es für mich paradiesisch, bei Mara zu sein.

Mara wiederum war fasziniert davon, wie ich und meine Geschwister lebten, und wollte ständig bei uns sein. Sie übernachtete oft bei uns, und wir waren trotz unserer gegensätzlichen Herkunft zeitweise wie siamesische Zwillinge. Dass unsere Namen so ähnlich klingen, sich reimen, sahen wir als weiteres schicksalhaftes Zeichen für unsere Freundschaft. Mara fuhr Einrad, spielte

Geige und hatte gefühlt jede Woche ein neues Hobby. Sie fand es toll, dass ich aus einem anderen Land kam und mir mit meinen Schwestern ein Zimmer teilte. Mara war begeistert vom Geruch der exotischen Speisen, die meine Mutter kochte, und mochte, dass es bei uns niemals still war. Zwischen zwei Kulturen zu leben sah sie als einen Reichtum an, der ihr verwehrt blieb. Wenn wir bei mir waren, machten wir Pyjama-Partys oder backten mit meiner Mutter Pizza selbst.

Im Sommer verbrachten Mara und ihre Eltern viel Zeit auf dem Starnberger See. Sie waren Mitglieder im Segelverein. Weil Mara und ich ohnehin wie zusammengewachsen waren, war es völlig selbstverständlich, dass ich bei gutem Wetter am Wochenende mitkam. Ihre Eltern behandelten mich, als sei ich ihr eigenes Kind, und ich fühlte mich wohl bei Maras Familie. Wir stiegen meist früh am Samstag ins Auto und fuhren los. Ich packte nur meinen Bikini ein, alles andere konnte ich mir von Mara leihen. Maras Eltern hatten einen kleinen Bungalow in der Nähe des Yachtclubs, und wir übernachteten oft dort. Wenn sie eine Regatta fuhren, dann wurde es auf dem Boot schnell unruhig, und wir Kinder mussten hinuntersteigen in die Koje, in der bis zu vier Personen schlafen konnten. In München hatten Maras Eltern ein Wasserbett, und ich fragte mich oft, wie es sich wohl anfühlen muss, auf Wasser zu schlafen. In der Koje spürte ich die Wellenbewegungen des Wassers, wenn das Boot schaukelte, und stellte mir vor, dass es in etwa so sein musste. Wir hörten Kinderkassetten und schliefen nach einer Weile meistens ein, während die Erwachsenen über uns voller Anstrengung versuchten, das Rennen zu machen.

Abends aßen und tranken wir im Restaurant des Yachtclubs, und wenn Maras Eltern sich mit ihren Freunden noch bis spät in die Nacht unterhielten, schwirrten wir Kinder aus, spielten Verstecken zwischen den Booten oder jagten uns gegenseitig unter dem schönen Licht der Laternen, die vor dem Restaurant in den Bäumen hingen. Manchmal wurde ein Lagerfeuer gemacht, und wir schauten mit großen Augen auf die lodernden Flammen, bis unsere Lider schwer wurden und wir am Feuer einschliefen. Und obwohl es mir sehr gut mit ihnen ging, fühlte es sich nicht so an, als sei das wirklich meine Welt. Als Maras Eltern mich fragten, ob ich nicht Lust hätte, einen Jüngstensegelschein zu machen, erfand ich eine Ausrede. Es kam mir völlig absurd vor, jemals so frei, reich und wohlhabend zu sein, dass ich mir ein Segelboot leisten könnte. Meine Eltern wollten mir jeden Wunsch erfüllen, und ich mochte sie nicht in die Verlegenheit bringen, entweder »Nein« sagen zu müssen oder das Geld irgendwie zusammenzukratzen. Also behielt ich das Angebot von Maras Eltern für mich.

Dass meine Familie und ich auf so engem Raum lebten, prägt mich bis heute. Anders als in vielen deutschen Familien lag der Fokus bei uns nicht auf Privatsphäre und Individualismus, sondern auf einem Gemeinschaftsgefühl. Der Einzelne hat sich zugunsten der Gruppe zurückzunehmen, der Raum wird geteilt, und wenn man die Tür hinter sich schließt, kann es sein, dass es die anderen in den falschen Hals bekommen.

Maras Familie war in meinen Augen wohlhabend, und so gab es auch Momente, in denen ich ein bisschen neidisch war, zum Beispiel, wenn sie ganz selbstverständlich von ihrem Urlaub auf Korsika erzählte. Andererseits ermöglichten meine Eltern uns auch schöne Urlaube, und wir waren keinesfalls arm: Da meine Mutter bei einer Airline arbeitete und Rabatte bekam, konnten wir uns Reisen leisten, die sonst viel zu teuer gewesen wären: nach London, ins Disneyland Paris und an den Strand, nach Kreta.

Wenn ich an meine Kindheit denke, erfüllt mich heute ein Gefühl von Wärme und Geborgenheit. Als Kind genoss ich die

Rituale, die wir hatten, die Abende, an denen wir gemeinsam Filme schauten, während meine Mutter mir die Haare frisierte, und die Wochenenden, an denen meine Eltern ausgiebig mit uns frühstückten. Gerade weil es nicht alltäglich war, dass wir alle an einem Tisch saßen und Zeit füreinander hatten, war es besonders wertvoll.

Neben der Geborgenheit, die ich erfuhr, war es auch ein Schatz, dass sich mein Zuhause in beiden Kulturen befand. Wir feierten äthiopische und deutsche Feste. Zu den äthiopischen Feiertagen trugen wir traditionelle afrikanische Kleidung, weiße Gewänder mit bunten Stickereien. An Weihnachten hörten wir Mariah Carey, schmückten den Christbaum und fuhren an Heiligabend zu unseren Verwandten nach Erding, wo wir wie jede deutsche Familie eine Bescherung unter dem festlich geschmückten Baum machten, aber danach äthiopische Speisen aßen und im Wohnzimmer traditionell afrikanisch tanzten.

Meine Eltern sind zwar Moslems, aber nicht streng in ihrer Auslegung des Glaubens. Zu Ramadan fastete meine Mutter und verschwand am Abend stundenlang in der Küche, um Speisen für das abendliche Mahl zuzubereiten. Ich und meine Schwestern bekamen Aufgaben zugeteilt: Wir halfen ihr, den Teig für die *Samosas* zu falten und die Falafelbällchen zu rollen, die sie mit so vielen frischen Kräutern machte, dass sie auch nach dem Frittieren innen noch richtig grün waren. Ich saß meistens auf einem Tisch neben dem Herd und durfte probieren, weil meine Mutter aufgrund des Fastengebots nicht selber abschmecken konnte. Sie schnitt die Tomaten und die Gurken für das *Taboulé*, und wenn es dann endlich Abendzeit war, brach sie ihr Fasten mit einer Dattel. Dann breitete sie eine Tischdecke auf dem Teppich aus, und wir alle aßen am Boden sitzend. Zuerst gibt es *Chorba*, eine Getreidesuppe, und schließlich die Berge arabischen Essens, die es wirklich nur zu Ramadan gab und die für mich etwas ganz Besonderes waren. Nur dann machte sich meine Mutter die Mühe, Falafel von Hand zu formen und zu frittieren und mehrere Bund Petersilie fein zu hacken, damit genug Taboulé für uns alle da war. Religion spielte in meiner Familie keine allzu große Rolle – außer meiner Mutter fastete sonst keiner, und meinen Eltern war es zwar wichtig, uns den Glauben an eine größere Macht, die auf uns aufpasst, zu vermitteln, doch sie erwarteten von uns nicht, dass wir uns an strikte religiöse Regeln und Gebote halten.

Heute empfinde ich es als ungeheuren Reichtum, mit zwei Welten, zwei Kulturen, zwei völlig unterschiedlichen Lebensweisen aufgewachsen zu sein. Wenn man mich fragt, in welcher dieser Welten ich mich mehr zu Hause fühle, so kann ich diese Frage nicht eindeutig beantworten. Was an mir ist deutsch, was äthiopisch? Sicherlich ist es eher deutsch, dass ich manchmal die Tür hinter mir zuziehen will – meine Eltern haben dieses Bedürfnis nach Privatsphäre viel weniger. Doch in den meisten Aspekten fällt es mir schwer zu unterscheiden, welche Prägungen familiär sind und welche wirklich der Kultur meiner Eltern geschuldet sind. Aber ich glaube, der starke Familienzusammenhalt ist etwas, das viele Migranten eint. Meine Mutter sagt auch heute noch bei jedem Telefonat zu meinen Schwestern und mir: »Helft euch und haltet zusammen.« In meiner Familie steht das Wohl aller immer über dem Wohl des Einzelnen. Es ist selbstverständlich, dass man alles teilt – den Wohnraum, das Leben, den Kaffee, Erfolge und Niederlagen. Wie es meinen Schwestern geht, hat immer einen enormen Einfluss auf mein Wohlbefinden. Wenn es Sali, Susann oder meiner kleinen Schwester Suleen, die geboren wurde, als ich 14 war, nicht gut geht, dann leide auch ich. Und auch bei den Mahlzeiten zeigt sich diese Tendenz, alles zu teilen: Afrikaner essen gemeinsam von einer großen Platte, mit der Hand, eben nicht mit eigenen Tellern.

Was deutsch an mir ist? Vielleicht, dass ich auf meinen Rechten beharre und weiß, was mir zusteht. Ich glaube, Einwanderer der ersten Generation sind oft obrigkeitshöriger als ihre Kinder, die schon hier geboren sind und ein ganz anderes Selbstverständnis haben. Ich habe keine Angst vor Autoritäten, Behörden oder Menschen, die versuchen wollen, mir Vorschriften zu machen. Auch mein Freiheitsdrang und mein Wunsch, mich selbst zu verwirklichen, sind eher deutsch als afrikanisch. Wenn ich gestresst bin und längere Zeit Besuch von meinen Eltern und meinen Geschwistern habe, verspüre ich am ehesten das Bedürfnis, die Tür auch mal zu schließen und mich für kurze Zeit von allen abzukapseln – womit meine Familie mich gerne aufzieht. Doch dass mir diese Ruhe und eine gewisse Ordnung wichtig sind, das lässt sich nicht leugnen. Aber vielleicht ist es unterm Strich auch gar nicht so zielführend, bestimmte Charaktereigenschaften einem Land oder einer Kultur zuzuordnen – das lässt völlig außer Acht, wie individuell und verschieden Menschen sind. In gewisser Weise quält man sich, wenn man versucht, sich einer Kultur oder einem Land eindeutig zugehörig zu fühlen.

Gerade heute habe ich das Gefühl, dass Einwanderer, Menschen, die nach Deutschland fliehen, oft über einen Kamm geschoren werden. Ich habe das Gefühl, dass die Schere, die sich zwischen »uns« und »denen« auftut, immer größer wird. Das stimmt mich traurig. Gerade weil ich Einwandererkind bin und es meiner Familie und mir gelungen ist, hier richtig anzukommen, finde ich es umso problematischer, dass es heute oft nicht zu Begegnungen zwischen Geflohenen und Deutschen kommt. Die Berichterstattung über Geflohene ist zum Großteil negativ, oft wird ihnen pauschal unterstellt, dass sie sich nicht integrieren wollen. Vor allem in den sozialen Netzwerken kursieren Falsch-meldungen. Viele tun im Netz unter dem Deckmantel vermeintlicher Anonymität Meinungen voller Hass kund. Auch dadurch ist das Bild von Flüchtlingen verzerrt, oft vergisst man, dass es nicht um eine anonyme Masse geht, sondern um einzelne Menschen mit eigenen Geschichten und völlig unterschiedlichen Beweggründen für ihre Flucht. Integration gelingt meiner Meinung nach nur, wenn beide Seiten daran arbeiten, aufeinander zuzugehen. Es ist hilfreich, wenn man versucht, nicht das große Ganze abstrakt zu lösen, sondern immer wieder durch kleine Gesten der Nächstenliebe Wohlwollen zeigt und auf diese neu angekommenen Menschen zugeht, die ebenso wie man selbst das Recht auf Glück und Sicherheit haben.

Ich glaube, jeder von uns trägt eine Mitverantwortung. Die meisten haben mit Geflohenen eher wenige Berührungspunkte und sind mit ihrem eigenen Leben oft schon so sehr beschäftigt, dass sie nicht daran denken, auf sie zuzugehen oder Geflohenen aktiv zu helfen. Ich fühle mich den Menschen, die heute in Deutschland ankommen, verbunden, denn auch meine Eltern sind damals mit leeren Händen in dieses Land gekommen. So vieles, von dem eine erfolgreiche Integration abhängt, ist glücklichen Zufällen geschuldet. Was, wenn ich nicht in einem vergleichsweise guten Viertel von München aufgewachsen wäre, sondern in einem sozialen Brennpunkt? Was, wenn meine Eltern nicht relativ schnell Arbeit gefunden hätten? Doch das Wichtigste sind Menschen wie Hilde und Werner, die meine Mutter vor 33 Jahren aufgenommen und meinen Eltern eine Güte und Offenheit entgegengebracht haben, die es ihnen leicht machte, in Deutschland anzukommen. Sie haben sich auf meine Mutter, meinen Vater, meine Geschwister und mich wirklich richtig eingelassen. Und im Gegenzug haben meine Eltern sich bemüht, sich einzubringen, dankbar zu sein, sich den Sitten in ihrer neuen Heimat anzupassen, ohne dabei jedoch ihre eigene Kultur zu vergessen.

Ich glaube tatsächlich, es sind diese kleinen Begegnungen im Alltag, die den Unterschied machen. Kinder, die gemeinsam zur Schule gehen und Freundschaften knüpfen. Freiwillige, die Menschen im Flüchtlingsheim beim Ausfüllen von Anträgen helfen. Nachbarn, die auf die neue syrische Familie im Wohnhaus zugehen und fragen, ob sie ihnen helfen können. Wir alle können einen Beitrag leisten. Doch dazu gehört auch, dass sich jeder von uns seiner Verantwortung stellt und nicht darauf hofft, dass es jemand anderes tut.

Mit einem Koffer nach Deutschland

Die Liebesgeschichte meiner Eltern begann auf einem anderen Kontinent und musste vielen Widerständen trotzen. Äthiopien, die Heimat meines Vaters und meiner Mutter, war kein glamouröser Ort, kein Herkunftsland wie Frankreich oder die USA, das für interessierte Blicke sorgt und von einem Hauch kosmopolitischer Eleganz umgeben ist. In den Achtzigerjahren, als erst meine Mutter und schließlich mein Vater in Deutschland eine neue Heimat fanden, waren Äthiopien und Afrika in der Wahrnehmung von Europäern vor allem Orte des Elends, der Dürre, geplagt von Hungersnöten, Kriegen und HIV-Epidemien. Tatsächlich war der Hunger in Äthiopien in diesen Jahren besonders schlimm. Dürreperioden, gepaart mit dem Unabhängigkeitskrieg, der den Großteil der Exporterlöse verschlang, führten zwischen 1984 und 1985 zu einer Hungersnot, an deren Folgen Hunderttausende, vielleicht sogar eine Million Menschen starben. Ein Video von Birhan Woldu, einem dreijährigen Mädchen, ausgezehrt und dem Tode nah, ging um die Welt. Es wurde bei den *Live-Aid*-Konzerten in London und Philadelphia gezeigt, die als Wohltätigkeitsveranstaltungen von Bob Geldof und Midge Ure organisiert wurden. Überhaupt: Wenn man in diesen Jahren Bilder aus Äthiopien im Fernsehen sah, dann zeigten sie meist dürre Kinder und waren gefolgt von einem Aufruf, Geld zu spenden. Noch Jahrzehnte später prägte diese schlimme Zeit die Wahrnehmung Äthiopiens als Hungerland.

Meine Eltern enthielten uns Kindern trotzdem nie vor, woher sie kamen. Im Gegenteil: Sie wollten sogar, dass wir wussten, dass unsere Wurzeln in einem armen Land waren. »Schaue nie auf die, denen es besser geht, Sara, sondern immer auf die, die noch weniger haben als du, und sei dankbar für das, was du hast«, sagte meine Mutter zu mir, seit ich denken kann. Noch heute schwingt der Satz immer mit mir mit, und in vielen dunklen Stunden war er mir eine gute Leitlinie.

Die Gründe für die Flucht meiner Eltern sind eng verwoben mit der Geschichte Äthiopiens. Zu Beginn der Siebzigerjahre geriet das Kaiserreich unter Haile Selassie nach über vier Jahrzehnten in eine schwere Krise. Großgrundbesitzer beuteten die verarmten Bauern aus, das Bürgertum wollte politisches Mitspracherecht und sah sich durch das bestehende System eingeengt. Die Unzufriedenheit in der Bevölkerung wuchs, die Dürrekatastrophe zog eine schlimme Inflation nach sich. Es kam zu Massendemonstrationen von Studenten und einer Streikwelle. Äthiopien, das neben Liberia als einziger anderer afrikanischer Staat nie kolonialisiert worden war, war wirtschaftlich wesentlich schlechter aufgestellt als viele seiner Nachbarn – auch, weil Korruption und politische Repression dem Fortschritt im Weg standen. Als sich Anfang 1974 Teile der Armee ebenfalls auflehnten, dauerte es nicht lange, bis der Kaiser gestürzt war. Das Militär bemächtigte sich des Landes, die Studentenbewegung führte aus dem Untergrund einen bewaffneten Widerstand. Der Militärverwaltungsrat Derg und wenig später dann der Offizier Mengistu Haile Mariam kamen an die Macht. Mariam kannte keine Skrupel: In der Phase des »Roten Terrors« ließ er 30 000 Oppositionelle ermorden. Mariam war Teil des Stammes Galla, einer dunkelhäutigen Ethnie, die über Jahrhunderte von den hellerhäutigen Amharen in einer Art Leibeigenschaft gehalten wurde. Vielleicht kannte sein Machtwille auch deswegen keine Grenzen. In Äthiopien tobte bis 1991 ein Bürgerkrieg gegen seine kommunistische Zentralregierung. Meine Mutter zog schon mit 13 Jahren zu ihrer Großtante nach Tesseney nahe der sudanesischen Grenze, nicht nur, weil im ganzen Land ein Krieg tobte und es dort noch relativ ruhig war, sondern auch, um ihre Familie zu entlasten. Ein hungriges Kind weniger. Mein Vater hingegen musste als junger Mann fliehen, weil ihm vorgeworfen wurde, Mitglied der regimefeindlichen Äthiopischen Revolutionären Volkspartei zu sein.

Und so lernten sich meine Eltern in Tesseney kennen, als meine Mutter dort schon einige Jahre lebte. Meine Mutter half ihrer Großtante im Haushalt, verkaufte selbst geerntetes Obst und Gemüse auf dem Markt, lernte, wie man Falafel macht, und bot auch diese zum Verkauf an. Sie machte alles, was sie konnte, um für ihre Familie ein bisschen Geld reinzubringen. Mein Vater Hussein, schon immer handwerklich begabt, arbeitete als Mechaniker in einer Kfz-Werkstatt. Er hatte schon viel erlebt, als er meine Mutter kennenlernte. Er verlor seinen Vater schon früh, und als seine Mutter wieder heiratete, kam er mit ihrem neuen Partner nicht klar. So wuchs er bei seinem älteren Bruder auf. Doch mit dessen Frau verstand er sich nicht gut. Sie drängte darauf, dass er die Schule verließ und arbeitete. Nach der 8. Klasse hielt er die ständigen Streitereien schließlich nicht mehr aus und machte sich auf den Weg in sein eigenes Leben. Er fand einen Platz an einer Mechanikerschule, die von einer kirchlichen Organisation finanziert wurde, und lernte dort, wie man Autos repariert. Als er mit seiner Ausbildung fertig war, suchte er nach Arbeit und fand schnell einen Job: Eine neue Straße, die Addis Abeba mit Kenia verbinden sollte, wurde gerade gebaut. Mein Vater war für die Wartung der Fahrzeuge zuständig, die beim Bau der Straße eingesetzt wurden, und arbeitete sich so von Addis bis nach Nairobi vor. Dort teilte er sich ein kleines Zimmer mit drei anderen äthiopischen Arbeitern und schlief auf dem Boden, eine Zeitung anstelle eines Kopfkissens.

Weil er mit seinen Händen arbeitete, gab es für ihn keine Sprachbarriere, und so fand er überall etwas zu tun. Von Nairobi machte er sich mit seinen äthiopischen Kameraden auf nach Mombasa. Als diese beschlossen, ihr Schicksal in die Hand eines Schleusers zu legen, der sie nach Europa bringen sollte, entschied sich mein Vater dagegen. Er hatte zu viele Geschichten von skrupellosen Menschenschmugglern gehört, die das Geld einsteckten und die Passagiere, die auf ein besseres Leben hofften, über Bord warfen. Er zog mit zwei anderen jungen Männern, die er in Mombasa kennenlernte, wieder weiter, diesmal nach Somalia, wo er festgenommen wurde, weil man ihm vorwarf, er sei ein Spitzel für die äthiopische Regierung. Vier Monate verbrachte er in einem Gefängnis für Äthiopier. Von dort entkam er dank seines handwerklichen Geschicks: Als eine junge Frau auf dem Gelände eine Autopanne hatte, reparierte mein Vater den Wagen, ohne zu wissen, dass es die Tochter des Gefängnisdirektors war. Sie erzählte ihrem Vater begeistert von dem jungen und hilfsbereiten Mann. Als ein Soldat geschickt wurde, der meinen Vater holen sollte, damit der Direktor ihn kennenlernen konnte, hatte er Todesangst. Die anderen Insassen schauten alle in seine Richtung und befürchteten das Schlimmste.

Doch im Büro des Direktors wurden meinem Vater Fanta und Kekse gereicht. Dieser hochdekorierte Offizier, der das Gefängnis leitete, fragte nur, ob das Auto seiner Tochter nun in Ordnung sei. Mein Vater antwortete wahrheitsgemäß, dass man es nach drei Kilometern noch einmal auf Ölverlust kontrollieren sollte, und so fuhr mein Vater an diesem Tag mit der Tochter des Direktors davon und führte einige Monate eine Beziehung mit ihr, ehe es ihn zurück nach Äthiopien verschlug.

Mein Vater strandete bei Freunden in Tesseney, wohnte dort zur Untermiete und fand Arbeit in einer Kfz-Werkstatt. Als er über diese Freunde meine Mutter kennenlernte, war er sofort an ihr interessiert und fragte, ob sie nicht mit ihm ausgehen wollte. Sie sagte nein. Immer wieder ging das so, ein halbes Jahr lang. Er, weltgewandt und gut aussehend, war es nicht gewohnt, dass eine Frau ihm mal nicht sofort erlag. Meiner Mutter war er nicht geheuer, sie hatte Angst, dass er, der Abenteurer, nur auf der Suche nach einem weiteren Abenteuer war. Aber an einem Nachmittag, als sie vom Markt zurückkam und müde war, gab sie sich schließlich einen Ruck und ihm eine Chance. Als er sie in einem Toyota Cabrio abholte, das er sich von der Werkstatt, bei der er arbeitete, geliehen hatte, war sie überrascht: Sie kannte ihn nur im ölverschmierten Blaumann. Jetzt trug er ein strahlend weißes Hemd, eine blaue Hose mit Schlag und einen buschigen Afro. Meine Mutter stieg zu ihm und freute sich, als sie sah, wie er strahlte. Sie genoss den Wind, der ihr bei der Fahrt ins Gesicht wehte, und überlegte, ob sie ihm nicht vielleicht doch Unrecht getan hatte. In einem Café am Wasser tranken sie Kaffee und frisch gepressten Ananassaft und redeten über die Zukunft.

Meine Mutter nahm schon damals kein Blatt vor den Mund. Sie sagte, dass sie einen Mann sucht, mit dem sie wachsen könne. Jemanden, der ihre Wurzeln kennt. Dass sie einen Partner möchte, einen wirklichen Partner, und dass es sie auch nicht stört, dass sie beide nichts haben. »Wir können gemeinsam etwas aufbauen«, sagte sie. Sie machte ihm klar: Wenn er ernsthafte Absichten mit ihr hatte, musste er sie heiraten und davor ihre Familie um Erlaubnis fragen. Mein Vater war beeindruckt von ihrer Offenheit und Klarheit. Noch nie hatte eine Frau so bestimmt mit ihm geredet. Ganz offensichtlich wusste diese junge Frau, was sie wert war. Das imponierte ihm. Nach ihrer ersten offiziellen Verabredung heirateten sie standesamtlich, sieben Monate später fanden sie eine gemeinsame Wohnung und feierten ihre Hochzeit in Tesseney. Zur Feier kamen nur etwa 30 Menschen, mein Vater trug seine Haare wieder als großen, buschigen Afro und verärgerte so meine Mutter, die erwartet hatte, dass er sich zur Feier des Tages endlich die Haare schneiden ließ.

Ein Jahr später kam ihre Tochter Susann auf die Welt, drei Jahre danach folgte Sali. Doch das Leben in Tesseney war nicht einfach für eine junge Familie, und eine Rückkehr nach Addis, wo es zwar mehr Möglichkeiten, aber auch mehr Unruhen gab, war für meine Familie ausgeschlossen. In meinen Eltern reifte der Wunsch, ihren Töchtern ein besseres Leben zu ermöglichen, ein neues Leben in Europa, wo man Elend und Hungersnöte nicht kannte. Zehntausende Fluchtwillige nutzten damals ein Schlupfloch zwischen Ost- und Westberlin, das es Äthiopiern ermöglichte, in die Bundesrepublik zu fliehen. Denn mit einem äthiopischen Pass konnte man damals ein Visum für die DDR bekommen, von dort mit einem Transitvisum über den Bahnhof Friedrichstraße nach Westberlin fahren und dann in der Bundesrepublik einen Antrag auf Asyl stellen.

Das Geld reichte nicht für Flugtickets und Visa für beide, und so beschlossen meine Eltern, dass sich meine Mutter mit den Mädchen zuerst auf den Weg machte und mein Vater arbeitete, bis er genug Geld zusammenbekommen hatte, um ihnen zu folgen. Mit 26 Jahren floh meine Mutter mit Susann, die damals vier war, und Sali, gerade mal zehn Monate alt, nach Deutschland. Die Flucht dauerte mehrere Monate: Sie reiste zunächst von Tesseney nach Khartum, flog von dort nach Kairo, wo sie drei Monate ausharrte. Schon am ersten Tag begegnete sie vor einer Eisdiele einer jungen Eriträerin. Sie erkannte sofort, dass die Frau wie sie zum Stamm der Tigray gehörte, und sprach sie an. Meine Mutter fragte, wo sie wohnte und ob sie mitkommen könne. Die junge Frau sagte, sie wohne bei einer Landsmännin, einer reichen Frau, die sie selber noch nicht lange kannte, und zögerte. Aber meine Mutter bestand in ihrer Verzweiflung einfach darauf, mitzukommen. Sie wusste, dass sie jetzt schnell Anschluss finden musste, und war sie sonst auch nicht so entschlossen gewesen, so handelte sie jetzt sehr forsch, schließlich ging es darum, mit ihren Kindern ein Dach über dem Kopf zu haben.

Das Glück war auf ihrer Seite: Als die Dame meine Mutter und ihre zwei Kinder sah, hieß sie alle drei sofort willkommen. Sie war gerade dabei, eine Kaffeezeremonie vorzubereiten, und fragte meine Mutter, wo ihr Mann steckte. Als sie hörte, dass sich meine Mutter mit ihren Kindern alleine auf den Weg nach Europa gemacht hatte, sicherte sie ihr sofort Hilfe zu. Ihr Mann arbeitete in Dubai, ihre drei Kinder besuchten eine Privatschule, und die Familie hatte sogar einen eigenen Chauffeur. Meine Mutter mochte es zwar nicht, auf Hilfe angewiesen zu sein – aber was blieb ihr sonst übrig? Sie gab ihr ihren Reisepass und vertraute darauf, dass diese reiche Frau, die gute Kontakte zu Behörden und Botschaften hatte, es schaffen würde, ihr ein Visum nach Ostberlin zu verschaffen. Einige Wochen später bekam sie ihren Ausweis tatsächlich mit den richtigen Stempeln zurück und war überglücklich. Die Frau weigerte sich, das Geld, das meine Mutter dabeihat, anzunehmen, und kaufte sogar ein Flugticket für sie. Nach drei Monaten des Wartens in Kairo stieg meine Mutter schließlich in eine Interflug-Maschine nach Ostberlin. Mitten in der Nacht kam sie am Zentralflughafen Berlin-Schönefeld an, nur einen Koffer in der Hand, mit Susann, die sich an dem Koffer festklammerte, und Sali, die sie auf dem Arm trug. Von dort fuhr sie mit einer Gruppe anderer Äthiopier per Taxi zum S-Bahnhof Friedrichstraße. Es war zwei Uhr nachts, und meine Mutter hatte außer einem Zettel mit dem Namen eines Hotels, in dem sie schlafen konnte, keine Sicherheiten. Den Zettel hatte ihr die reiche Frau aus Kairo mitgegeben, die ihr außerdem einbläute, niemandem zu vertrauen, während sie auf der Flucht war.

Doch dann wurde ihr nicht etwa ein Fremder zum Verhängnis, sondern sie verzweifelte fast an einer simplen Rolltreppe, die sich für sie anfühlte wie ein großes Hindernis. Meine Mutter war müde, Sali und Susann waren vollkommen erschöpft, und da war sie, diese fahrende Treppe am Bahnhof Friedrichstraße. Ein Ding, das meine Mutter noch nie gesehen hatte. Sie hatte Angst. Sie hatte Angst vor dieser blöden Treppe, und was fast noch schlimmer war: Sie schämte sich dafür, fühlte sich unfähig und dumm und rückschrittlich, weil sie diese Rolltreppe dermaßen ängstigte und ihr den Weg versperrte. Susann, gerade mal vier Jahre alt, erkannte sofort, dass meine Mutter Hilfe brauchte. »Mama, hab keine Angst, komm, gib mir deine Hand, ich lasse dich nicht fallen«, sagte sie und etwas leiser: »Lass die Leute doch schauen.« Und so war meine große Schwester, dieses kleine Mädchen, das selbst nicht wusste, wie ihm gerade geschah, meiner Mutter in diesem Moment die Stütze, die sie brauchte, um in den Westen zu kommen, wo sie Asyl beantragen konnte.

Um vier Uhr kam meine Mutter mit Sali und Susann völlig entkräftet in dem Hotel an, die nächste Woche verbrachte sie dann in einem Heim für Frauen vom Roten Kreuz, von dem sie von anderen Geflohenen gehört hatte. Jeden Tag ging sie schon in den frühen Morgenstunden mit ihren zwei Töchtern zur Asylbehörde und wartete darauf, dass ihre Nummer aufgerufen wurde. Als sie endlich offiziell als Asylbewerberin registriert war, wurde sie in die zentrale Aufnahmestelle im fränkischen Zirndorf geschickt. Meine Mutter hatte Glück: Andere mussten dort teilweise Monate warten, bis ihnen eine Unterkunft zugewiesen wurde, bei ihr war es schon nach acht Tagen so weit.

Bei Hilde und Werner kam sie endlich zur Ruhe. Doch natürlich vermisste sie ihren Mann und zerbrach sich täglich den Kopf darüber, wie sie ihn zu sich holen konnte. Das Schlupfloch über die DDR war mittlerweile dicht. Im Dorf redeten manche hinter vorgehaltenen Händen darüber, dass es sich nicht schickte, dass eine junge, noch dazu schwarze Frau ganz alleine mit zwei Kindern im gleichen Haus wie ein bayerisches Ehepaar wohnte, das sie in einer seiner Wohnungen aufgenommen hatte. Aber Hilde und ihr Mann Werner standen immer für meine Mutter ein und waren unbeeindruckt vom Gerede der Leute.

Durch ihre Töchter knüpfte meine Mutter schließlich zaghafte erste Kontakte zu anderen Menschen im Dorf. Erst als Susann in den Kindergarten kam, fand sie langsam Anschluss. Manchmal bereitete sie im Garten den Teig für das Fladenbrot zu, das sie jede Woche backte, weil es sie an ihre Heimat erinnerte, während sie aus den Augenwinkeln Susann und Sali hütete, die vor dem Haus spielten. Der Chef der Ausländerbehörde führte oft seinen Hund an Hildes und Werners Garten vorbei spazieren, und meine Schwestern waren völlig begeistert von dem Tier und streichelten es jedes Mal ausgiebig. Eines Tages traute sich meine Mutter, dem Hund ein kleines Stückchen Fladenbrot zu geben, und kam mit diesem fremden Mann ins Gespräch. In der Woche darauf bot sie auch ihm an, davon zu kosten, und er lobte ihre Backkünste. So bekam meine Mutter, ohne es darauf angelegt zu haben, selbst den Chef dieser sehr konservativen bayerischen Behörde auf ihre Seite.

Überhaupt schaffte sie es, Türen zu öffnen, ihre Kaffeezeremonie war schon bald im ganzen Dorf bekannt. Neben den Utensilien, die sie aus Äthiopien mitgebracht hatte, besorgte sie sich dafür noch grüne Kaffeebohnen. Teresa, die als Gastronomin regelmäßig zum Großmarkt nach München fuhr, besorgte ihr diese. Zu Beginn machte meine Mutter die Zeremonie nur für ihre Nachbarn, doch weil sie diese im Freien abhielt und der Duft von Kaffee, Weihrauch und frittierten Hefeteilchen viele Passanten anlockte, sprach sich schon bald herum, dass es Mittwochs vor Hildes und Werners Haus ganz besonderen Kaffee und Selbstgebackenes gab. Hilde fand es besonders schön, dass im sehr deutschen und oft ziemlich verschlossenen Grünbach für die Nachbarn eine Gelegenheit entstand, sich zu begegnen.

Mein Vater schickte so oft es ging Faxe an meine Mutter, einmal schaffte er es auch, sie anzurufen. Durch das Rauschen in der Leitung hörte er sie weinen, und es brach ihm das Herz. Er vermisste seine Töchter und suchte nach einer Möglichkeit, nach Deutschland zu kommen, jetzt, wo der Weg über die DDR versperrt war. Hilde spürte natürlich, wie traurig meine Mutter war, und gemeinsam mit Werner überlegte sie fieberhaft, wie sie meinen Vater nur nach Deutschland bringen könnten. Auch die anderen Grünbacher waren meiner Mutter mittlerweile wohlgesinnt und fragten das erste Mal, warum sie ohne ihren Mann nach Deutschland gekommen war, statt darüber zu tuscheln. Sie boten sogar ihre Hilfe an, als sie hörten, dass das Paar einfach einen schlechten Zeitpunkt erwischt hatte und deswegen vor einem großen Hindernis stand. Nach und nach entstand eine richtige Spendeninitiative im Dorf, mit dem Ziel, meinen Vater Hussein endlich nach Deutschland zu bringen.

Ein anonymer Spender gab 3000 Mark, nachdem er einen Zeitungsartikel über Mulu Nuru, ihre Töchter und das Schicksal ihres Mannes gelesen hatte. Eine Brauerei aus dem Dorf steuerte 1500 Mark bei, an Weihnachten schickten viele Nachbarn meiner Mutter Weihnachtskarten mit 50- und 100-Mark-Scheinen. Insgesamt kamen 6000 Mark für meinen Vater zusammen, der es schließlich schaffte, ein Visum für Italien zu bekommen, was zu dieser Zeit einfacher war, als eine Einreiseerlaubnis nach Deutschland zu erhalten. Meine Mutter schickte ihm das Geld per Post und bangte, ob es bei ihm ankam. Doch meine Eltern hatten Glück. Nur: Wie sollte mein Vater nach Deutschland kommen? Teresa, die sardische Nachbarin, hatte die Idee, meinen Vater per Helikopter nach Deutschland zu fliegen, und tatsächlich erschien es allen als der einfachste und plausibelste Weg. Doch wenige Tage, ehe es losgehen sollte, meldete sich der Pilot und sagte in letzter Minute ab: Das Wetter sei zu schlecht. Vermutlich hatte ihn einfach der Mut verlassen.

Hilde und Werner waren ratlos. Jetzt, wo es so aussah, als müsse meine Mutter bald nicht mehr abends weinen, sollte es das gewesen sein? Sie berieten sich. Ehe Hilde beschloss zu tun, was sie tun würde, ging sie zu einem Geistlichen ihres Vertrauens und fragte ihn, ob das, was sie vorhatte, christlich sei. Er beruhigte sie mit den Worten: »Gute Taten werden von Gott nicht bestraft.« Der Plan: Hilde und Werner wollten meinen Vater in ihrem VW-Bus von Italien nach Deutschland schmuggeln. Das Risiko, das sie dabei eingingen, war enorm. Nicht nur hätten sie im schlimmsten Fall eine Haftstrafe, ganz sicher aber eine hohe Geldstrafe bekommen. Beide waren außerdem im öffentlichen Dienst tätig und wären ihre Berufe sicherlich los gewesen, würden sie erwischt. Und so stimmte auch damals schon, was heute immer noch gilt: Ohne den Mut Einzelner und deren Bereitschaft, manchmal mehr auf ihren Gerechtigkeitssinn zu hören als auf Gesetzbücher, geht es nicht. Manchmal muss man alle Regeln brechen, um am nächsten Tag noch in den Spiegel schauen zu können. Denn die Alternative – dass Mulu Nuru und ihr Mann weiter getrennt blieben und seine Töchter noch weitere Monate ohne ihn verbrachten – erschien Hilde und Werner als zu grausam, um sie überhaupt als eine solche zu betrachten. Und so verabredeten sich Hilde und Werner mit meinem Vater in Bozen und machten sich mit ihren zwei Kindern auf den Weg.

Doch beim ersten Mal verpassten Hilde und Werner und mein Vater einander. Mein Vater war zwar in Rom in den Zug nach Bozen gestiegen, hatte sich aber aufgrund der Zeitverschiebung in der Zeit geirrt. Er kam zu spät. Hilde und Werner suchten ihn in ganz Bozen, aber vergeblich. Sie wussten noch nicht einmal, in welchem Hotel er wohnte. Nach ein paar Stunden ergebnisloser Sucherei fuhren sie ohne ihn zurück nach Deutschland, wo meine Mutter mit Hildes Mutter schon sehnsüchtig wartete. Als sie sah, dass er nicht dabei war, brach sie in Tränen aus. Hilde und Werner waren jedoch zuversichtlich, es war, als hätte der gescheiterte Versuch und die Traurigkeit meiner Mutter sie nur darin bestärkt, dass sie wirklich das Richtige taten und es nun einmal keinen anderen, keinen legalen Weg gab. Wenig später rief mein Vater an, entschuldigte sich unzählige Male bei meiner Mutter und verabredete sich erneut mit diesen Menschen, die er nicht kannte und die doch seine Rettung sein sollten. Sie beschrieben ihm genau, was sie tragen würden, und sagten, dass sie ein Foto von Susann mitbringen würden, um sich auszuweisen. Drei Tage später saß die Familie wieder in ihrem VW-Bus, auf dem Weg nach Italien, auch dieses Mal mit einem Foto von meinem Vater Hussein im Gepäck, um ihn erkennen zu können. Als Hilde und Werner in Bozen ankamen, saß mein Vater schon völlig aufgeregt und zittrig in dem Café, in dem er sie das letzte Mal verpasst hatte, und wartete. Hilde und Werner gingen mit dem Foto in der Hand auf ihn zu und fragten: »Sind Sie Hussein Nuru?« Er nickte und fragte Werner: »Are you Dr. Werner?« Als Werner das bejahte, waren alle erleichtert und umarmten sich etwas ungeschickt. Hilde und Werner verloren keine Zeit mit Kaffeetrinken, sondern machten sich eilig zu dem Hotel auf, in dem das Gepäck meines Vaters noch an der Rezeption stand. Sie verständigten sich auf Englisch mit meinem Vater und versuchten, die Stille, die entsteht, wenn Menschen sich in einer solchen Situation zum ersten Mal begegnen, so gut wie möglich zu füllen. Hilde erzählte meinem Vater im Auto, wie traurig meine Mutter war, als sie ohne ihn aus Italien zurückgekommen waren. Meinem Vater drehte sich der Magen um, als er hörte, wie schlecht es seiner Frau wegen ihm ergangen war, und er hoffte in diesem Moment nur noch, dass alles gut enden würde und er bald seine Töchter wieder in den Armen halten würde.

Als mein Vater auf dem Hotelparkplatz in den VW-Bus steigen wollte, bedeutete Werner ihm innezuhalten. »Das wird jetzt nicht angenehm, aber es ist der einzige Weg«, sagte er und deutete auf den Raum unter dem Tisch im hinteren Teil des Wagens, an dem die Kinder bei langen Fahrten saßen und Karten spielten. Mein Vater versteckte sich also unter diesem Tisch, Ulrich und Sonja setzten sich auf die Bänke, breiteten ihre Karten auf der Tischplatte aus und taten so, als sei dies ein ganz normaler Familienurlaub. An den Grenzübergängen stellten sie sich schlafend. Mein Vater verstand sofort, wie groß das Opfer war, das sie hier für ihn erbrachten, und war von Gefühlen überwältigt. Da war die Angst, das Wissen um die Gefahr, welches Risiko diese ihm fremden Menschen für ihn eingingen, die Panik, doch erwischt zu werden. Weil sie davon ausgingen, dass Frauen weniger kontrolliert werden, saß Hilde am Steuer. Ohne einmal anzuhalten fuhren sie durch die verschneite Landschaft. Mein Vater erhaschte einen Blick auf die mit Schnee bedeckten Berge, und in diesem

Moment wurde ihm schlagartig klar, wie weit weg von seinem Afrika er war, wie anders dieses Land war, in dem er sein neues Leben aufbauen würde.

Er versuchte, so regelmäßig wie möglich zu atmen und sich mit dem Gedanken an meine Mutter, an Susann und Sali abzulenken, wenn wieder eine Welle der Angst in ihm aufstieg. Er hörte auf den Motor, die einzige Verbindung zur Straße, die er von hier unten hatte. Solange der Motor gleichmäßig brummte, war alles ok, solange sie nicht halten mussten, hatte keiner einen Verdacht geschöpft. Stotterte er? Nein, alles war gut, der Motor lief ganz gleichmäßig, Hilde hatte freie Fahrt, sie wurde nicht angehalten. Das Geräusch der Reifen auf Asphalt und die Musik aus dem Autoradio, die er hier unten nur ganz dumpf hörte, beruhigten meinen Vater etwas. Er fror, obwohl er extra einen Pullover und eine Jacke eingepackt hatte, die er jetzt trug. Diese Kälte, die hier durch jede Ritze zu ziehen schien, kannte er nicht aus Afrika. Irgendwann, es war erst eine Stunde vergangen, aber es fühlte sich an wie ein ganzer Tag, hörte mein Vater, wie Hilde sagte: »Eine Grenze haben wir schon geschafft.« Sie waren jetzt auf der österreichischen Seite des Brenners. Noch zweieinhalb Stunden, dann hätten sie es wirklich geschafft.

An der Grenze zwischen Österreich und Deutschland stand mein Vater Todesängste aus: Der Verkehr staute sich, und er war sich sicher, dass sie jede Minute kontrolliert würden. Er blickte von unten in Ulis konzentrierte Miene und war überzeugt, dass es jetzt brenzlig werden würde. Sein Herz raste, und es fiel ihm schwer, gleichmäßig weiterzuatmen. Was würde passieren, wenn die Grenzpolizei ihn hier fände, zusammengekauert unter dem Tisch eines VW-Busses? Müsste er dann ins Gefängnis – und würde er wieder nach Äthiopien abgeschoben? Wie sollte Mulu das verkraften? Ein Strudel an dunklen Gedanken und nackter Panik ergriff Besitz von ihm. Es waren nur zehn, vielleicht fünfzehn Minuten, die Hilde und Werner an der Grenze warten mussten. Der Motor heulte immer wieder auf, wenn Werner zehn, zwanzig Meter weiterfahren konnte, dann war es wieder ganz still. Auf meinen Vater wirkte dieses Stop-and-go einfach nur bedrohlich. Es fröstelte ihn jetzt auch nicht mehr. Er fühlte sich fast körperlos, ein Bündel Nerven und Panik und trauriger Gedanken. Es brach ihm das Herz, dass seine Frau und seine Kinder noch mehr Kummer haben sollten, als sie schon durchstehen mussten, sollte er entdeckt und wieder nach Äthiopien abgeschoben werden. Er dachte an das letzte Mal, als er die kleine Sali in den Armen gehalten hatte. Seitdem hatte er sie neun lange Monate nicht gesehen. Was sie jetzt wohl alles konnte? Wie sie wohl aussah? Dass Susann jeden Tag nach ihm fragte, hatte er in einem der Faxe meiner Mutter gelesen. Die Schwermut, die er beim Gedanken an seine große Tochter fühlte, die sich jeden Tag aufs Neue wunderte, wo ihr Vater steckte, verdrängte in den letzten Monaten jede Leichtigkeit aus seinem Alltag, und einzig die Aussicht, dass er sie bald wieder in den Armen halten und herumwirbeln konnte, tröstete ihn. Jetzt, so kurz vor der deutschen Grenze, so nah an der möglichen Freiheit, verlor er jede Zuversicht. Er war sich eigentlich sicher, dass es nicht klappen würde, als er von vorne ganz laut und deutlich den Satz hörte: »You are free now!« Hilde und Werner hatten es, ohne kontrolliert zu werden, über die Grenze geschafft. Mein Vater war in Deutschland angekommen, auf illegalem Wege, aber er war jetzt da und konnte einen Asylantrag stellen und seine Frau, seine Töchter sehen – und auf einmal war alles andere egal. Endlich konnte er sich freuen, das erste Mal, seit er sich von seiner Frau und den Töchtern verabschiedet hatte, war die Leichtigkeit wieder zurück.

Es dauerte noch über eine Stunde, bis mein Vater endlich in Grünbach ankam, und langsam wurde es zusammengekauert unter dem Tisch doch etwas ungemütlich, aber das war ihm egal. Er konnte an nichts anderes denken als an seine Töchter und seine Frau. Als der VW-Bus vorfuhr, standen meine Mutter und Susann schon am Fenster und schauten auf die Einfahrt. Susann verlor keine Zeit: Sie sah den Wagen, rannte zur Tür und schrie: »Papa ist da!« Meine Mutter weinte, als sie meinen Vater vor sich sah, fiel ihm um den Hals, streichelte sein Gesicht und schüttelte mehrmals den Kopf, als könne sie es nicht glauben. Werner und Hilde brachen ebenfalls in Tränen aus. Die ungebremste Freude, die Susann zeigte, nahm der Situation etwas den Ernst. Sie sprang meinem Vater auf den Arm und weigerte sich die nächsten drei Stunden, ihn loszulassen. Sali, gerade mal etwas über ein Jahr alt, war etwas skeptischer, sie war noch zu klein, als sie meinen Vater das letzte Mal gesehen hatte, und fremdelte. Das legte sich mit der Zeit natürlich, und meine Familie wuchs hier in Bayern zusammen und konnte endlich durchatmen.

Meine Eltern richteten einige Tage, nachdem mein Vater angekommen war, ein Fest aus und luden alle ein, die gespendet, geholfen oder auch nur mitgefiebert hatten. Meine Mutter backte *Injera*, Fladenbrote, und kochte äthiopische Eintöpfe und Soßen. Es war ein Festmahl, wie sie es zuletzt in ihrer Heimat zubereitet hatte. An diesem Abend saßen meine Eltern noch bis spätnachts mit Hilde, Werner und halb Grünbach am Tisch, zeigten ihren neuen Nachbarn, wie man geschickt mit den Händen isst und das *Injera* als Besteck benutzt, und strahlten einander immer wieder an. Alle Hürden, die noch vor ihnen lagen, waren in diesem Moment egal, und der Schmerz der letzten Monate war nur noch eine blasse Erinnerung.

Noch heute, nach nahezu 40 Ehejahren, sind meine Eltern innig und liebevoll miteinander. Als mein Vater kürzlich seinen Geburtstag in Äthiopien verbrachte, gratulierte ihm meine Mutter mit einer Sprachnachricht, die sie versehentlich in unsere Familien-Gruppe schickte. Ihrer Stimme konnte man anhören, dass sie dabei etwas weinte, weil sie ihn so vermisste. Mein Vater sagt wiederum hin und wieder: »Wenn deiner Mutter etwas zustoßen würde, wäre ich zwei Tage später auch tot.« Meine Eltern sind beste Freunde, gemeinsam durch alle Höhen und Tiefen gegangen und auf eine Weise loyal dem anderen gegenüber, die für Menschen in meinem Alter schwer nachvollziehbar ist. Heute denken wir oft beim geringsten Konflikt in einer Partnerschaft, dass wir vielleicht doch noch jemanden finden, der besser zu uns passt. Ich bewundere die Entschlossenheit, mit der sich meine Eltern immer wieder füreinander entschieden haben.

Dabei war es für sie in den ersten Jahren in Deutschland oft nicht einfach. Mein Vater, der so viel von der Welt gesehen hatte und immer große Träume hatte, hatte Schwierigkeiten, sich an das beschauliche Leben in Grünbach zu gewöhnen. Das Dörfliche empfand er in manchen Momenten als zu eng, und er musste außerdem verkraften, dass seine Frau einen großen Vorsprung hatte und er zu ihr aufschließen musste. Bis er seine Arbeitserlaubnis bekam, nahm er Gelegenheitsjobs jeder Art an, arbeitete bei einer Schrottverwertung und kam im Winter völlig durchgefroren nach Hause. Als er schließlich endlich einen Job als Leiharbeiter bei einer großen Automobilfirma bekam, schuftete er so schwer, wie er nur konnte, aber ihm wurde erst ein Vertrag angeboten, als er auch von einer anderen Firma ein Angebot für einen Festvertrag erhalten hatte. Mein Vater hatte endlich einen Trumpf, den er ausspielen konnte, und so schaffte er es, als Kfz-Mechaniker einen festen Job zu finden, den er die nächsten dreißig Jahre machen würde. Meine Mutter bekam nach zwei Jahren ebenfalls eine Arbeitserlaubnis und fand eine feste Anstellung in einer großen Airline.

Der Weg meiner Eltern in ein neues Leben war nicht leicht, und auch wenn ihre Geschichte ein positives Beispiel für gelungene Integration ist, ist sie kein Einwanderermärchen. Sie arbeiteten ihr Leben lang am Fließband, konnten sich keine Auszeiten gönnen und brachten große Opfer für mich und meine Schwestern. Aber wie sie es schafften, wieder vereint in Deutschland einen gemeinsamen Anfang zu machen, ist doch irgendwie märchenhaft. Die Güte von Hilde und Werner und die abenteuerliche Geschichte von der Flucht meines Vaters sind Dinge, die man sonst eher aus Filmen kennt. Durch meine Eltern bauten auch Hilde und Werner eine tiefe Beziehung zu Äthiopien auf. Als meine Eltern sie zum Urlaub in ihrer Heimat einluden, verliebten sich die beiden in das Land und die Kultur und begannen, sich ehrenamtlich zu engagieren. Mit ihrem Verein »Mekanisa Behebret« unterstützen sie Straßenkinder in Addis Abeba und finanzierten Bildungsprojekte. Mittlerweile haben sie ihre Vereinsarbeit altersbedingt zurückgesteckt und unterstützen gemeinsam mit ihrer Gemeinde, der Kirchengemeinde Bockhorn, unseren Verein nuruWomen.

Ein Haus voller Frauen

Ich wuchs unter Frauen auf: mit meiner Mutter Mulu, meinen Schwestern Sali, Susann und später der kleinen Suleen, meiner Tante Hiwot und meinen Cousinen Marta, Mekdes und Rahel sowie meine erweiterte Familie aus Eritrea. In unserer Familie gab es bis auf die Väter kaum Männer. Meine Schwestern und ich waren unzertrennlich, meine Cousinen mir fast so nah wie sie, und ich liebte es, wenn meine Tante zu Besuch kam und die Frauen wild durcheinanderredeten, den neuesten Klatsch austauschten und laut lachten.

Aber eine dieser Frauen war für mich als kleines Mädchen die Größte. Meine Mutter hatte eine unglaubliche Präsenz und strahlte eine Wärme aus, mit der sie alle für sich einnehmen konnte. Sie hat von allen Menschen, die ich kenne, das lauteste Lachen. Meistens konnte ich sie nach der Schule, wenn ich meine Hausaufgaben gemacht hatte und darauf wartete, dass sie langsam nach Hause kam, schon im Treppenhaus hören. Meine Mutter glaubte nicht daran, dass es etwas bringt, seine Gefühle zu verstecken. Sie trug ihr Herz auf der Zunge und machte niemandem etwas vor, auch uns Kindern nicht. Wenn sie glücklich war, dann war sie richtig glücklich und teilte ihre Freude mit uns. Wenn sie traurig war, weil es einen Todesfall in ihrer großen Familie gab oder wir Geldprobleme hatten, dann ließ sie uns das wissen und verheimlichte es nicht.

Auf Familienfesten war sie der Mittelpunkt, verbreitete gute Laune und stand auch schon einmal auf und tanzte, während alle anderen noch am Tisch saßen und aßen. Einfach weil ihr danach war. Sie ist auch heute noch eine notorische Zu-spät-Kommerin, und mit der Zeit bürgerte es sich ein, dass wir ihr eine andere Zeit nannten, wenn wir bei Verwandten oder Freunden eingeladen waren. Meine Mutter ist wahnsinnig chaotisch: Wenn sie kocht, sieht die Küche danach aus wie ein Schlachtfeld. Ganz anders mein Vater, der ihr hinterherräumt. Er hat meist schon drei Tage vor einer Reise seinen Koffer gepackt, während meine Mutter noch in der Nacht vor dem Abflug wie in Rage Dinge in ihren Koffer schmeißt. Wenn meine Mutter etwas im Kleiderschrank sucht, kommt es schon einmal vor, dass sie den kompletten Schrank ausräumt, bis sie endlich das eine Oberteil findet. Sie ist furchtbar eitel und geht nicht aus dem Haus, bis sie nicht absolut sicher ist, dass ihr weinroter Lippenstift richtig sitzt. Für all das liebe ich sie umso mehr. Ihre Unordnung bringt Leben in unser Haus. Mein Vater ist der dringend notwendige ruhige Gegenpol. Auf seiner Seite des Kleiderschranks sind die Hemden und Hosen nach Farben sortiert und fein säuberlich zusammengelegt.

Als kleines Mädchen saß ich gerne auf dem Rand der Badewanne und schaute meiner Mutter dabei zu, wie sie sich schminkte oder sich die Haare mit Henna färbte und dabei leise vor sich hin summte. Im Auto wurde mir manchmal schlecht, weil meine Mutter sich mit Parfum aus ihrer Handtasche einnebelte und sich im letzten Moment noch die Nägel lackierte, ehe wir aus dem Auto stiegen. Es roch dann nach einer Mischung aus Lösungsmitteln und schwerem, süßlichem Duft.

Wenn wir bei meiner Tante eingeladen waren, klingelte manchmal eine halbe Stunde davor das Telefon, weil sie kontrollieren wollte, ob wir überhaupt schon losgefahren waren. Meine Mutter ermahnte uns jedes Mal mit lauter Stimme: »Geht bloß nicht ran, sonst weiß sie, dass wir viel zu spät kommen!« Wo sie war, verbreitete sie Hektik, aber eben auch so viel gute Laune und Wärme, dass ihr keiner lange böse sein konnte. Wenn sie mal wieder zu spät zu einer Verabredung kam, sagte sie im besten bayerischen Dialekt: »Ja mei …«, und die Leute verziehen ihr sofort.

Meine Mutter arbeitete sehr viel, als wir noch klein waren. Manchmal hatte sie bis zu drei unterschiedliche Jobs. Sie schonte sich nicht, sondern schuftete, damit sie uns Kindern möglichst viel bieten konnte. Deswegen ließen mein Vater und wir Kinder sie am Wochenende immer ausschlafen. Schon am Morgen hörten wir unsere Eltern im Bett leise reden und laut lachen, doch wenn mein Vater aufstand, blieb meine Mutter noch etwas liegen. Sie döste weiter und erholte sich von den Strapazen der vergangenen Woche. Wir Mädchen halfen meinem Vater dann dabei, das Wochenendfrühstück zuzubereiten, gingen mit ihm zum Bäcker und holten Semmeln, kauften beim Metzger Paprikawurst und deckten den Esstisch. Es gab Joghurt, Eier und Cornflakes. Sobald der ganze Tisch üppig gedeckt war, wurde ich unruhig. »Papa, darf ich Mama jetzt wecken?«, fragte ich dann. Aber erst wenn der Schwarztee mit Milch aufgebrüht war, den meine Mutter zum Frühstück gerne trank, durfte ich in das Schlafzimmer. Ich sprang meistens auf ihren Rücken, lief auf ihr herum und massierte sie mit meinen Füßen. Meine Mutter lachte dann meistens schläfrig und fragte mich: »Sara, ist denn überhaupt schon alles fertig? Leg dich doch erst mal zu mir.« Dann beschrieb ich ihr, was alles auf dem Tisch stand, und betonte, dass ihr Schwarztee auch schon gekocht war.

Wir saßen am Samstag immer stundenlang gemeinsam am Tisch. Oft hatten meine Eltern erst dann Zeit, uns Kinder zu fragen, was wir erlebt hatten, oder nachzuhaken, wie es in der Schule lief. Meine Eltern erzählten uns oft Geschichten aus Äthiopien, und ich wurde von Neugier und Fernweh ergriffen, wenn sie schilderten, dass das Leben dort vor allem auf der Straße stattfand. Es klang ganz so, wie mein Leben war, als wir noch in Altenerding in der Siedlung wohnten. Ich stellte ihnen tausend Fragen und wollte jedes Detail wissen. Meine Mutter erzählte von der ersten Verabredung mit meinem Vater. »Er hatte einen Afro und hat mich mit seinem Auto abgeholt«, sagte sie, und mein Vater führte ihren Satz fort. »Eure Mutter hat gleich beim ersten Date klargestellt, dass sie heiraten will und für sie nur eine ernste Beziehung in Frage kommt.«

Meine Mutter nickte und lächelte, als er fortfuhr: »Das war natürlich nicht das, was ich gerne von dieser schönen jungen Frau hören wollte, aber ich habe mich gleich so verstanden und berührt gefühlt, dass ich gar nicht anders konnte, als mich in eure Mutter zu verlieben.« Meine Mutter strahlte jedes Mal, wenn er diesen Satz sagte, und wir Mädchen freuten uns, dass unsere Eltern sich so liebten. Die konservative Haltung meiner jungen Mutter war jetzt, wo mein Vater drei Töchter hatte, genau die Haltung, die er auch uns vermitteln wollte. Er bläute uns Mädchen ein, dass wir aufpassen sollten, wenn es um Jungs ging. Erst jetzt verstehe ich seine übertrieben poetische, für Kinder geradezu kryptische Sprache, als es um das Thema Sex ging. »Ihr seid wie Knospen, wenn sich die Blüte einmal geöffnet hat, ist sie nicht mehr interessant.« Überhaupt sprach er gerne in Metaphern, wenn er sagen wollte, dass wir nicht auf die schiefe Bahn geraten durften, und redete von Bäumen und Ästen, die keinen Nährstoff haben, wenn sie sich vom Baum abspalten.

Meine Mutter kam schon als Jugendliche bei entfernten Verwandten unter, um ihrer Familie nicht zur Last zu fallen. Einmal am Tag gab es im Ort Mittagessen für die Kinder, und meine

Mutter war ein so fröhliches und leicht abzulenkendes Kind, dass meine Großmutter ihr immer sagen musste: »Rede nicht so viel, sonst ist das Essen weg!« Mein Vater sagte, er habe als Jugendlicher bei Kerzenlicht seine Hausaufgaben gemacht, weil es keinen Strom gab. Wir machten große Augen, wie sollte das denn gehen? Aber er nickte und lächelte nur und sagt: »Es geht immer irgendwie, wenn es muss.« Jeden Samstag kamen neue Details dazu, und die Geschichten aus Afrika zogen mich so in den Bann, dass ich manchmal vor lauter Zuhören sogar vergaß zu frühstücken. In welcher Armut meine Eltern aufgewachsen waren, würde ich erst Jahre später begreifen, als ich mit *Menschen für Menschen* das erste Mal in Äthiopien war.

Nach dem Frühstück, das meistens drei Stunden oder sogar länger dauerte, verschwand Sali meistens sehr zügig, weil sie den Tisch gedeckt hatte und das Aufräumen die Aufgabe von mir und Susann war. Wir gingen dann meinem Vater zur Hand. Ich wuchs mit Eltern auf, die sich ihre Rollen gleichberechtigt teilten, zu einer Zeit, als das noch nicht selbstverständlich war. Meine Mutter kochte meistens, aber mein Vater räumte auf und kümmerte sich um uns, wenn wir krank waren. Beide putzten die Wohnung und gingen einkaufen.

Ich bin froh, mit so vielen Frauen aufgewachsen zu sein. Nie habe ich den Satz gehört: »Das kannst du nicht, das ist etwas für Jungs.« Im Gegenteil: Mein Vater brachte mir und meinen Schwestern bei, wie man einen Platten im Fahrradschlauch flickt, wie man den Ölstand bei einem Auto kontrolliert und sogar, wie man einen Autoreifen zügig wechselt. Er hat uns gezeigt, wie man Lampen anbringt, Schränke zusammenbaut und einen Dübel richtig einsetzt. Noch heute habe ich in meiner Wohnung einen gut ausgestatteten Werkzeugkasten. Meine Mutter wiederum hat uns vorgelebt, dass es völlig normal ist, Kinder zu haben und trotzdem zu arbeiten. Heute, wo die Vereinbarkeit von Familie und Karriere viel diskutiert wird, merke ich, wie modern meine Eltern auch hier schon damals waren. Zwar war es der finanziellen Not geschuldet, dass meine Mutter viel arbeitete, und nicht einem Streben nach Selbstverwirklichung. Und doch habe ich es immer als normal empfunden, dass mein Vater für uns kochte, wenn meine Mutter abends länger arbeiten musste. Ihre Rollen waren nicht von ihren Geschlechtern diktiert: Mein Vater bügelte immer die Wäsche, weil er wusste, dass sie es nicht so gerne machte.

Was mich ebenfalls geprägt hat, war die Nähe zu meinen Schwestern. In München teilten wir uns ein Zimmer, obwohl wir alle in ganz unterschiedlichen Lebensphasen waren. Als wir einzogen, war ich neun, Sali zwölf und Susann schon 16 Jahre alt. Obwohl wir so dicht an dicht wohnten, schaffte Sali es irgendwie, sich ihren eigenen Bereich in unserem Zimmer einzurichten und sich von uns etwas abzukapseln. An der Wand neben ihrem Bett hingen damals wechselnde Poster von Bands, für die sie gerade schwärmte. Sie liebte die Boyband 3T und sammelte alle Artikel, die sie zu ihnen finden konnte. Fein säuberlich schob sie ihre Ausschnitte in Klarsichtfolien, die sie in einem Ordner abheftete.

In meiner Grundschulzeit standen Sali und ich uns sehr nahe. Als wir noch in Erding wohnten, kurz vor meinem achten Geburtstag, war ich auf alles Mögliche allergisch und musste oft Medikamente nehmen. Eines davon war eine sehr flüssige Lotion. Sali verabreichte mir davon einen Löffel und sagte danach unserer Mutter ganz stolz, dass sie mich schon versorgt hatte. Doch das Medikament war gar nicht zum Schlucken gedacht, sondern sollte eigentlich auf meinen Ausschlag aufgetragen werden. Meine Mutter eilte mit mir ins Krankenhaus, wo die Ärzte beschlossen, dass es sicherer war, mir den Magen auszupumpen. Sali war untröstlich und machte sich große Vorwürfe. Die ganze nächste Woche übernachtete sie in meinem Krankenzimmer und wich nicht von meiner Seite.

Als Teenager war Sali von uns allen die, die am meisten aus ihrer Weiblichkeit machte und sich an allem Schönen und Femininen erfreut. Als Sali in die Pubertät kam, verschlechterte sich unser Verhältnis schlagartig. Auf einmal war ich nur noch ihre kleine nervige Schwester. Rückblickend betrachtet war es wohl ganz normale pubertäre Rebellion, aber damals konnte ich es nicht verstehen. Erst viele Jahre später fanden wir wieder richtig zueinander. Susann war schon fast erwachsen, als wir nach München zogen. Sie arbeitete neben der Schule noch, so dass ich sie selten sah. Meine Eltern vertrauten ihr von uns allen am meisten. Susann war von uns Schwestern die erwachsenste, die gute Seele. Wie viele Kinder mit älteren Geschwistern musste auch ich die Sachen meiner Schwestern tragen, aber ich empfand das nicht als Nachteil. Im Gegenteil: Weil wir uns unsere Sachen teilten, war ich immer modisch gekleidet. Zwar saßen viele der Pullover, die ich mir von Sali und Susi lieh, an mir etwas weit, aber in den Neunzigerjahren war es ohnehin modern, das so zu tragen.

Der Mittelpunkt unseres gemeinsamen Zimmers war ein alter Röhrenfernseher, der das Bild nur schlecht und manchmal auch nur in schwarz-weiß übertrug, vor dem wir aber trotzdem ständig klebten. Manchmal versuchten wir, das Antennenkabel mit Tesafilm und Kaugummi zu reparieren, weil wir glaubten, so würde es unser Vater sicher auch machen. Wir sahen immer zu, dass wir unsere Hausaufgaben und alle Pflichten im Haushalt erledigt hatten, ehe es acht Uhr war. Denn pünktlich um 20:15 Uhr hingen wir alle drei vor dem Fernseher und schauten einen Spielfilm. Aber meiner Mutter war es natürlich ein Dorn im Auge, wenn wir zu spät noch fernsahen. Wir hörten jeden Abend ihre Schritte im

Flur, dann flog die Tür auf, und sie sagte leise, aber bestimmt, dass wir jetzt endlich das Licht ausmachen sollten. Wir versteckten uns meistens unter unseren Bettdecken und taten so, als würden wir längst schlafen. Aber meine Mutter ließ sich davon nicht täuschen.

Weil meine Schwestern so viel älter waren als ich, sah ich auch Filme, die für mein Alter gar nicht angemessen waren und mich nachhaltig verstörten. In einem davon drehte sich die Handlung um ein heroinsüchtiges Model. Es war einer der frühen Filme von Angelina Jolie, »Gia«. Die Hauptfigur wird zu Beginn ihrer Modelkarriere heroinsüchtig und stirbt schließlich. Ich war von diesem Film dermaßen schockiert, und er prägte mich so nachhaltig, dass ich noch als erwachsene Frau panische Angst vor Drogen habe. Wenn wir heute zusammen sind, dann ist Susann immer noch unsere Anführerin. Sali wirkt im Vergleich zu Susann und mir ruhiger, was sie aber eigentlich gar nicht ist. Sie ist diejenige, die am meisten Weisheit hat. Sie hat früh angefangen, die Dinge zu hinterfragen und ihr eigenes Verhalten zu reflektieren. Sali denkt viel nach und durchschaut Menschen meistens schnell.

Sali ist das Bindeglied zwischen mir und Susann. Heute telefonieren wir drei Schwestern jeden Tag. Je älter wir werden, desto mehr weiß ich es zu schätzen, wie nahe wir uns stehen. Früher war es mir oft unangenehm, dass wir uns ein Zimmer teilen mussten – die meisten Kinder, die ich kannte, hatten ihr eigenes Zimmer. Im Nachhinein empfinde ich es als großen Vorteil. Meine Schwestern und ich sind uns näher als viele andere Geschwister, die ich kenne. Wir wissen immer, was bei den anderen gerade wichtig ist und dass wir immer, wirklich immer, zu jeder Tages- und Nachtzeit aufeinander zählen können.

Auch heute noch fällt es mir schwer, Stille auszuhalten. Ich brauche Menschen um mich herum. Als ich mit Mitte zwanzig das erste Mal alleine wohnte, lud ich oft Freunde zu mir ein, um die Wohnung mit Leben zu füllen. Manchmal glaube ich, ich sollte lernen, auch mal für mich alleine zu sein. Das fällt mir tatsächlich schwer. Wenn ich bei Jobs für Kunden ins Hotel einchecke, schalte ich im Zimmer immer zuerst den Fernseher oder das Radio ein, damit es einen Geräuschpegel gibt, das erinnert mich an meine Kindheit, in der es nie still war.

Susann kann sich als Älteste von uns auch als Einzige an die Ankunft in Deutschland erinnern. In den ersten Jahren war sie meiner Mutter ein wichtiger Beistand, dolmetschte für sie, weil sie die Sprache als kleines Kind schneller lernte als meine Mutter. Susann bekam es als kleines Mädchen mit, wenn meine Mutter abends weinte, weil sie meinen Vater vermisste. So wurde sie schneller erwachsen als die meisten Kinder. Wie alle ältesten Geschwister musste sie sich ihre Freiheiten erkämpfen und wurde so zu einer sehr starken Persönlichkeit. Sie hat eine wahnsinnige Präsenz: Wenn sie den Raum betritt, sind alle Augen auf sie gerichtet. Von uns allen spricht sie am besten Amharisch und Arabisch. Meine Eltern verständigen sich untereinander auf Arabisch, weil meine Mutter kaum Amharisch spricht und mein Vater ihre Muttersprache, Tigrinyha, nicht so gut beherrscht. Susann ist auf Zack, weiß immer, wo es langgeht, lässt sich nichts gefallen und ist für meinen Vater manchmal wie der Sohn, den er nie hatte. Für Sali und mich war Susann schon immer eine Autorität, die große Schwester, vor der wir Respekt hatten. Als sie noch zu Hause wohnte, hütete Susann mich nach der Schule oft. Von dem Geld, das sie bei ihrem ersten Ferienjob verdiente, kaufte sie mir und Sali Geschenke: ein Tamagotchi, Aufkleber für unsere Stickeralben und ein festliches blaues Kleid mit weißen Rüschen, das in den nächsten Jahren mein liebstes Kleidungsstück war.

Susann war wie eine zweite Mutter für mich: Ich liebte es, wenn wir in den Sommerferien gemeinsam Schulsachen einkaufen gingen und sie akribisch alle Artikel auf der Liste abhakte, die uns meine Grundschullehrerin mitgegeben hatte. Wir kauften Hefte und spezielle farbige Umschläge für jedes Fach, Buntstifte und ein Briefpapier mit Diddl-Mäusen, das zwar nicht auf der Liste stand, aber das ich sofort haben wollte, als ich es sah. Susann war sehr fürsorglich. Manchmal sang sie uns mit ihrer schönen, weichen Stimme in den Schlaf. Sie half mir auch oft bei den Hausaufgaben. An einen Nachmittag denken wir bis heute noch lachend zurück. Ich war sechs Jahre alt, Susi mit ihren dreizehn Jahren schon ein Teenager. Wir saßen in der Eckbank in der Küche, an einem Sonntag – ich hatte mal wieder bis zum letzten Moment getrödelt und es vermieden, mich am Wochenende der Schule zu widmen. Susann half mir mit meinen Deutschhausaufgaben und war schon etwas genervt, weil sie eigentlich Pläne hatte und alles länger dauerte als gedacht. »Welches Tier steckt in dem Tun-Wort ›schaffen‹?«, las sie mir aus dem Deutschbuch vor. Ich war müde und lustlos und kam partout nicht auf die Antwort. Susi wiederholte die Frage immer wieder, ein zweites und ein drittes Mal, bis ich irgendwann herausplärrte: »Waschbär!« – einfach um irgendetwas zu sagen. Die offensichtliche Lösung, das Wort »Affe«, wollte mir in dem Moment einfach nicht einfallen. Später, als sie schon berufstätig war und für ihren Job in der Modebranche regelmäßig ins Ausland flog, brachte sie mir immer Geschenke von ihren Reisen mit: eine Joss-Stone-CD, die in Deutschland noch gar nicht erhältlich war, Poster, Schokolade.

Bis ich 14 Jahre alt war, war ich das Nesthäkchen und genoss diese Rolle. Ich schlief sogar noch manchmal bei meinen Eltern im Bett. Das änderte sich, als meine Mutter mit Suleen schwanger war. Ich war zu Beginn eifersüchtig und befürchtete, mit dem neuen Baby werde sich alles ändern. Doch als Suleen geboren wurde, war ich überglücklich. Wir alle versammelten uns um das Krankenhausbett und umarmten meine Mutter. Als ich sie das erste Mal in den Armen hielt, weinte ich vor Freude. In den nächsten Jahren wurde sie mein Ein und Alles. Fast so, als sei sie meine Tochter. Ich verpasste keinen ihrer Theaterauftritte in der Schule, keines ihrer Basketballspiele, keinen Kuchen-Basar, bei dem sie stolz hinter einem Tapeziertisch saß und selbst gebackenen Marmorkuchen verkaufte. Ich saß immer in der ersten Reihe.

Auch später, als ich schon als Model arbeitete und viel unterwegs war, ließ ich mir keine der wichtigen Stationen in ihrem Leben entgehen.

Mutig wider Willen

Als Teenager schlenderten Mara und ich nach der Schule gerne über die Kaufingerstraße, probierten in den Modegeschäften die neuesten Teile an und ließen uns von den Looks in den Schaufenstern inspirieren. An einem Donnerstagnachmittag im Frühjahr 2004, einem der ersten warmen Tage in diesem Jahr, waren wir mal wieder gemeinsam in der Münchner Innenstadt unterwegs. Ich trug eine von Salis Hosen, eine Hüftjeans mit Schlag, wie sie damals modern waren, und dazu ein enges Oberteil. Ich interessierte mich sehr für Mode, hatte Spaß daran, aus den Kleidungsstücken meiner Schwestern immer neue Outfits zusammenzustellen, und stöberte in Magazinen nach den aktuellen Trends. In diesem April war ich 15 Jahre alt und hatte gerade einen Wachstumsschub hinter mir. Meine runden Backen waren verschwunden, und ich war in kürzester Zeit allen Babyspeck losgeworden. Jetzt war ich sehr dünn und so groß wie mein Vater.

Mara und ich verließen gerade eine Jeansboutique, als eine Frau auf mich zukam und mich ansprach. Sie war Fotografin und castete Mädchen für ihre Mappe. »Ich melde mich bei dir, falls du Lust hast, dich mal fotografieren zu lassen«, sagte sie. Ich war völlig perplex und überfordert, gab ihr aber trotzdem meine Telefonnummer. Bis zu diesem Zeitpunkt hatte ich mein Aussehen nie als besonders empfunden. Ich war seit meinem Wachstumsschub eine Bohnenstange, dünn und schlaksig, und nahm mich selbst eher als ungelenk denn grazil wahr. Ich bewunderte Salis Eleganz, beobachtete sie dabei, wie sie ihre Haare glättete und aus ihrem Kleiderschrank gezielt Dinge auswählte, die ihr gut standen und zusammenpassten.

Ich fand mich zu dieser Zeit zu dünn, zu groß, zu ... alles. Meine Haare waren mir zu lockig, meine Grübchen störten mich, und ich kam mir kein bisschen weiblich vor. Als Jugendliche hatte ich kein Gespür für meine eigene Schönheit. Ich war voller Unsicherheiten und in meinem neuen Körper noch nicht richtig zu Hause. Dass mich eine völlig fremde Frau schön genug fand, um mich anzusprechen, und dass sie in mir ein potenzielles Model sah, schmeichelte mir. Mir war es aber auch unangenehm, in diesem Moment so im Fokus zu stehen, weil die Frau gezielt mich angesprochen hatte und nicht Mara. Die war allerdings völlig aus dem Häuschen. »Das musst du unbedingt machen«, sagte sie und hörte gar nicht auf, davon zu schwärmen, wie toll das sei, dass ich von einer Fotografin »entdeckt« wurde. Ich war skeptisch. Zu Hause traf mein Erlebnis auf geteilte Reaktionen. Meine Mutter war gerade dabei, Abendessen zu kochen, und hörte mir nur mit einem Ohr zu. »Das überrascht mich überhaupt nicht, ich weiß doch, dass ich die hübschesten Töchter habe«, sagte sie, während sie die Linsensuppe abschmeckte. Mein Vater machte sich etwas Sorgen und sagte, ich solle nur vorsichtig sein. Der Mangel an Euphorie färbte auf mich ab, und ich vergaß das Ganze schnell wieder. Als sich die Fotografin ein paar Tage später meldete, war ich aber zu neugierig, um abzusagen.

Sie lud mich ein, am Samstag in ihr Fotostudio im Münchner Westen zu kommen. Ich ließ mir die Adresse und den Namen der nächstgelegenen U-Bahnstation geben und beschloss, alleine dorthin zu fahren, ohne Mara. Ich wollte erwachsen wirken, und mein Gefühl sagte mir, dass richtige Models sicherlich nicht mit einer Freundin zu einem Shooting fuhren. Am Abend zuvor war ich aufgeregt. Ich trug eine Gesichtsmaske auf und zupfte mir die Augenbrauen. Meine Mutter drehte mir am Abend die Haare in Lockenwickler ein. Wie schon in meiner Kindheit saß ich auf dem Boden und ließ mir von ihr die Haare machen – früher ein Ritual, das sich jeden Sonntagabend wiederholte, wenn meine Mutter mir die Zöpfe flocht, damit sie unter der Woche ihre Ruhe hatte. Damals war es ein rechter Leidensakt, denn ich mochte es gar nicht und weinte oft. Meine Mutter aber liebte es, mir die Haare zu machen, und drehte sie auf vierzig große Plastikwickler mit spitzen Zacken. Selten habe ich schlechter geschlafen als in dieser Nacht: Die Wickler und die Haarklammern drückten in meine Kopfhaut, und mein Kopf war rund acht Zentimeter vom Kissen entfernt, weil die Wickler so groß waren. Am Morgen wachte ich auf und war hundemüde.

Als ich in die U-Bahn stieg, war die Müdigkeit wie weggeblasen, und an ihre Stelle traten Nervosität und Neugier. Vor dem Haus, in dem die Fotografin ihr Studio hatte, schaute ich auf meine Armbanduhr. Ich war pünktlich. Gut. Im Aufzug kontrollierte ich mein Gesicht auf Augenringe und war überrascht, als ich keine entdecken konnte. Im Studio begrüßte mich die Fotografin, eine sportliche, drahtige Frau, und führte mich zu einem Tisch, an dem die Visagistin schon ihre Station aufgebaut hatte. Ich war beeindruckt von den vielen verschiedenen Lidschattenfarben und Pinseln. Ich schminkte mich damals eher selten und wusste auch nicht genau, was es dabei zu beachten gab. Ich beobachtete ganz genau, was die Visagistin mit meinem Gesicht machte, und beschloss, mir die einzelnen Schritte zu merken. Ich war schwer beeindruckt davon, dass sie die Grundierung nicht wie meine

Schwestern mit den Fingern, sondern mit einem Pinsel auftrug. Auch für den Lidschatten und den Lippenstift benutzte sie jeweils einen speziellen Pinsel. Endlich hatte ich Sali und Susann in dieser Hinsicht mal etwas voraus.

Als sie meine Haare öffnete und meine mit Mühe gestylten Locken sah, wirkte die Stylistin etwas erschrocken. Ich merkte ihr an, dass sie nicht wusste, wie sie mit dieser Haarstruktur umgehen sollte, und ich war zu schüchtern, ihr zu zeigen, wie man afrikanisches Haar zähmt. Sie wirkte etwas erschlagen und kämmte mein Haar schließlich streng nach hinten. Diese schlaflose Nacht hätte ich mir wirklich sparen können! Ohne es gemerkt zu haben, schlüpfte ich nach der Maske in eine ganz andere Rolle und war in der Lage, die schüchterne Sara abzulegen.

Als ich fertig gestylt war, nahm die Fotografin ein weißes Tanktop vom Kleiderständer und deutete auf eine kleine Umkleidekabine in der Ecke des Raums. Ich beobachtete sie dabei, wie sie die Hintergrundrollen aus einem Regal zog und sich schließlich für Beige entschied. Jeder Handgriff wirkte sicher. Ich war jetzt kein bisschen nervös und verspürte nicht, wie später bei meinen ersten Aufträgen, das Bedürfnis, irgendwen zu beeindrucken. Der Shoot verging schnell, und ich fühlte mich sehr wohl dabei. Es war eine sehr entspannte, reine Stimmung, und ich war froh, dass wir nur unter Frauen waren. In den drei Stunden, in denen wir die Fotos machten, entstand eine nahezu familiäre Atmosphäre. Ich hatte mir das Modeln viel glamouröser und aufgeregter vorgestellt, mit Blitzlichtgewittern und Dutzenden Menschen, die an einem zerrten, doch an diesem Samstagnachmittag arbeiteten wir ganz in Ruhe. Der Prozess hatte etwas sehr Intimes. Doch als ich nach dem Shooting auf den Monitor schaute und mich sah, war es mir auf einmal unangenehm. Vom Bildschirm blickte mir eine andere Person entgegen – ich wirkte älter, als ich mich fühlte, und ich fand es beklemmend, diese Verwandlung gar nicht richtig mitbekommen zu haben. Das war meine erste Erfahrung als Model vor der Kamera. Lange Zeit gefiel ich mir auf Fotos nicht, ich musste erst lernen, mich auf Bildern schön zu finden und stolz auf meine Shoots zu sein.

Eigentlich interessierte mich der Beruf am Anfang gar nicht. Aber als ich im Fernsehen eine Dokumentation über eine junge Frau sah, die versuchte, sich in New York als Model durchzuschlagen, war ich fasziniert. Für mich war New York damals ein Sehnsuchtsort. Das erste Mal wurde mir klar, dass eine Modelkarriere mir die Tür zur großen weiten Welt öffnen könnte. Das ist es, was mich als junges Mädchen an dem Beruf reizte – die Möglichkeit, endlich einmal nach New York zu reisen. Einen Drang danach, schön gemacht oder als schön empfunden zu werden, hatte ich nicht. Dass ich zehn Jahre später im Rahmen der *Conscious Collection* von H&M auf riesigen Billboards am Times Square hängen würde, hätte ich in diesem Moment niemals zu träumen gewagt.

Meine ersten Aufträge für Laufsteg-Shows bekam ich über eine Freundin von Maras Schwester. Sie lief für die Abschlussklasse der bekannten Münchner Modeschule Esmod auf dem Laufsteg und schlug vor, ich könnte doch auch mitlaufen. Viele der Absolventen dieses Jahrgangs sind heute erfolgreiche Designer. Bei der ersten Modenschau lernte ich gleich Jürgen Hartl kennen, der in den Jahren danach zu meinem besten Freund und engsten Vertrauten wurde. Er hatte schon etwas Erfahrung als Model und ermutigte mich. Jürgen schien mehr in mir zu sehen, als ich es damals tat. Er sagte, ich solle mich unbedingt bei einer Modelagentur bewerben. Zu Beginn verwirrte mich sein Zuspruch, und ich fragte mich, ob er vielleicht an mir interessiert war. Damals wusste ich noch nicht, dass Jürgen homosexuell ist. Heute müssen wir beide über meine anfängliche Vermutung, er könnte auf mich stehen, lachen. Jürgen hat einen durchtrainierten Schwimmerkörper und ist sehr attraktiv, doch das Modeln war für ihn nie einziger Lebensinhalt. Ihm lag es fern, sich ausschließlich auf sein gutes Aussehen zu verlassen. Als wir uns kennenlernten, studierte Jürgen Medizin und finanzierte sich das Studium mit einem Job bei McDonald's, das Modeln schob er in seinen gut gefüllten Terminkalender rein. Heute ist er 38, arbeitet als Arzt nur noch in Teilzeit und hat sich dem Leistungsdruck, der sonst auf Medizinern lastet, entzogen. Jürgen macht nur noch das, woran er glaubt, und hat sich von den Erwartungen anderer an ihn befreit. Ich bewundere, wie weit er sich aus eigener Kraft hochgearbeitet hat und wie bodenständig er bei all seinem Erfolg doch geblieben ist.

Meine erste Modenschau fühlte sich, genauso wie mein erstes Shooting, gar nicht an wie richtiges Modeln. Ich redete auch diesen Auftrag klein und sagte mir, dass es ja nicht richtig zählte, weil wir nur für eine Modeschule liefen und nicht für ein etabliertes Label. Aber ich spürte auch, dass ich mich auf dem Laufsteg wohlfühlte, es genoss, die Hektik backstage genauso wie den Moment, in dem man auf den Laufsteg trat und in wenigen Sekunden alles vergessen und völlig präsent sein musste. Ich genoss es, ein Teil der Vision der Modestudenten zu werden, die in den vergangenen drei Jahren auf genau diesen Punkt hingearbeitet hatten. Auf dem Laufsteg sind Körpergefühl und Körperspannung unglaublich wichtig. Ein gutes Model erkennt man an seinem Gang, an der Fähigkeit, im Takt zur Musik zu gehen. Zu dieser Zeit ist Julia Stegner mein Vorbild, weil sie so unglaublich professionell ist und nicht mit ihrem Privatleben, sondern einzig durch ihre Arbeit in der Öffentlichkeit steht.

Ungefähr zeitgleich entdeckte ich auch das Nachtleben für mich. Manchmal ging ich mit dem Ausweis von Susann in den

Nachtclubs von Erding feiern. Meine Eltern durften nichts davon wissen, denn sie waren in dieser Hinsicht ziemlich streng, aber meine Tante war sehr viel entspannter, fuhr mich und meine Cousinen sogar zu den Clubs und holte uns am frühen Morgen ab. Sie fand es besser, ein Auge auf uns zu haben. Mit 17 lernte ich meinen ersten Freund kennen. Wir unterhielten uns den ganzen Abend und wurden schließlich ein Paar.

Ich bewarb mich um einen Nebenjob bei American Apparel, einem angesagten Modeladen in der Sendlinger Straße. Als ich zum Vorstellungsgespräch erschien, fand ich mich auf einmal bei einer Art Casting wieder – so begehrt war ein einfacher Job als Verkäuferin bei dieser Kette! Ich trug eine Jeans, ein weißes Shirt, weiße Turnschuhe und einen Trenchcoat und fühlte mich reichlich deplatziert, als ich die Dutzenden anderen Bewerber sah. Der Filialleiter stellte uns auf Englisch Fragen und musterte jeden Einzelnen ganz genau. Am Ende war ich eine von mehreren, die einen Job im Verkauf bekamen. Ich war froh, eine der Auserwählten zu sein, und gleichzeitig belustigt, weil es schon absurd war, dass man dafür ein fast schon professionelles Casting durchlaufen musste. Viele meiner neuen Kollegen studierten Mode oder Design, irgendwie wirkten wir fast wie ein Werbespot für United Colors of Benetton. Alle waren etwas anders als die Jugendlichen, die ich aus der Schule kannte, viele auch schon wesentlich älter. Sie zogen sich lässiger an, studierten oder machten irgendetwas Kreatives und schienen abseits der Strukturen zu leben, die ich bislang kannte. Alma, eine Musikerin und DJane mit wasserstoffblonden, kurzen Haaren, kam manchmal noch völlig verschlafen in den Laden, weil sie am Abend zuvor aufgelegt hatte. Sie war über 1,80 Meter groß und mit ihren Tätowierungen eine echte Erscheinung. Ich war fasziniert davon, wie bestimmt sie uns am

Morgen einteilte – es gab verschiedene Aufgaben: Eine Person machte die Kasse, einer arbeitete an der Umkleide, einer der Verkäufer stand auf der Fläche, und der Vierte kümmerte sich um das Backoffice und holte bei Bedarf Ware aus dem Lager.

Ich arbeitete am liebsten an der Umkleide, weil man dort am ehesten mit den Kunden in Kontakt treten konnte. Daran, wie sich Menschen im Spiegel mustern, kann man so viel ablesen: Ob sie sich lieben oder nicht, ob sie streng mit sich sind oder eher selbstbewusst. Ich gab gerne Tipps und beriet die Kunden, die sich unsicher waren. Ich freute mich immer, wenn ich die drei Stationen mit der U-Bahn zur Arbeit fuhr. Die Gegend rund um das Sendlinger Tor war voller kleiner Boutiquen, abseits der großen Einkaufsmeile fanden sich hier auch besondere Läden. Meistens holte ich mir in einem amerikanischen Café ein Sandwich und eine Reese's, eine mit Erdnussbutter gefüllte Praline, die es damals sonst nur in den USA gab. Die genoss ich jeden Tag nach meinem Mittagessen, und noch heute versetzt mich deren Geschmack sofort in diese Zeit meines ersten Jobs, meine letzten Jahre als Schülerin, als ich noch nicht wusste, wohin meine Reise ging.

Am schönsten fand ich die Stunde, die wir zu viert im Laden waren, ehe er öffnete. Meistens hörten wir Internetradio, einen Sender aus Seattle. Ich fühlte mich sehr cool und international dabei, T-Shirts einzusortieren und im Hintergrund zu erfahren, wie das Wetter heute in Seattle war. Als sei ich gar nicht in München, sondern in den USA. Der Laden war winzig und sehr voll, auf kleinstem Raum präsentierten wir T-Shirts und Kapuzenpullover in unzähligen Farben, und wenn am Samstag viel los war, kostete es große Mühe, den Laden ordentlich zu halten. Ich bringe es bis heute nicht übers Herz, in Modegeschäften meine Sachen nicht ordentlich auf den Bügel zurückzuhängen. Ich weiß, irgendwer muss es sonst für mich tun. Im Einzelhandel zu arbeiten schärft

Papa und Mama gemeinsam mit Susann 1982 in Tesseney

Vier Jahre später, 1. Oktober 1986: die Ankunft von Mama, Sali und Susann in Grünbach.

Hilde mit Sali im Arm und Susann, auf dem Weg zur Hochzeit von Thomas und Carol (der Tochter von Nachbarin Teresa).

Mama hochschwanger mit mir bei der Kaffee-zeremonie mit Tante Hiwot, Oma Haboba und Werner, der die Zwillinge Marta und Mekdes hält.

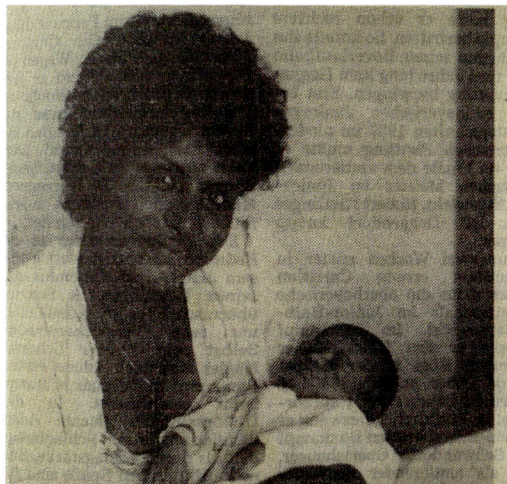

3 süße Racker: Thomas, Sarah und Katharina

Erding (ju) – Katharina, Thomas und Sarah heißen die drei süßen Babies, die jetzt im Erdinger Krankenhaus zur Welt gekommen sind. Besondere Aufmerksamkeit erregte die kleine Sarah: Sie ist das erste schwarze Kind, das im Kreiskrankenhaus geboren wurde. Mutter Molu und Vater Hsen Nuru, beide aus Äthiopien, leben mit den zwei Geschwistern der kleinen Dame in Grünbach.

Auf Katharina Franziska, die jüngste Tochter von Elisabeth und Vater Anton Greckl, warten zu Hause in Ottenhofen schon sechs Geschwister.

Ungerührt vom Blitzlicht verschlief der Stammhalter Thomas des Hörlkofener Ehepaars Franz und Waltraud Ippisch seinen ersten Fototermin in den Armen der Mama.

Das erste schwarze Baby, das im Erdinger Krankenhaus zur Welt kam: Die kleine Sarah, die selig in Mutter Molus Armen schläft. (Fotos: Kaiser)

»Das erste schwarze Baby von Erding«. Die Schlagzeile, als ich am 19. August 1989 im Erdinger Kreiskrankenhaus geboren wurde.

Hausbesuch von Nikolaus und Krampus im Dezember 1989 in Grünbach.

Schüchterne Begegnung bei meiner ersten Äthiopienreise mit *Menschen für Menschen* 2009. Die Armstütze des Jungens ist ein Zeichen von Respekt.

Einblicke in den Schulalltag im Klassenzimmer vor dem Umbau.

Um ein Gefühl für den Alltag der Frau zu bekommen schleppe ich einen 20 kg schweren und mit Wasser gefüllten Tonkrug vom Brunnen bis zu ihrem Zuhause.

Sichtlich stolz, mein Versprechen eingehalten zu haben, die Finanzierung der neuen Schule zu sichern! Zu meiner großen Überraschung wurde die Schule nach mir benannt.

1100 Schülerinnen und Schüler haben nun Zugang zu einer neuen Schule, die von Menschen für Menschen erbaut wurde: Sie besteht aus 4 Schulblöcken plus einem Block als Schlafraum für Lehrer.

Bei der Einweihung der Higher Primary School in Degele wurde gebührend gefeiert, gelacht und getanzt.

Das Straßenbild
von Äthiopien: Jede
Minute kann ein Tier
oder ein Mensch vor
den Wagen stürzen.

Baugerüste aus Euka-
lyptuszweigen, die
aussehen wie gewagte
Konstruktionen
aus überdimensionier-
ten Zahnstochern.

Inmitten der frucht-
baren Landschaft
stehen zwei *Tukuls*, die
typischen Lehmhütten
mit Strohdächern, in
denen noch immer
Menschen leben.

Dem Trubel der Hauptstadt entkommen. Auf dem Weg nach Borena,
unserem Projektgebiet 470 km von Addis Abeba entfernt, halten wir immer
am gleichen Aussichtspunkt an.

Zu Besuch bei Zeandi Legese, einer Modell-farmerin von *Menschen für Menschen*, die mir ihre ersten Fortschritte zeigt.

Eine von vielen Kaffeeeinladungen auf unserer Reise.

Das Haus von Erkabe sticht sichtlich hervor.

auch die Menschenkenntnis, man bekommt schnell ein Gespür dafür, wer höflich ist und Verkäufer respektiert und wer eher dazu neigt, die Umkleidekabine einem Schlachtfeld gleich hinter sich zu lassen und einen danach noch von oben herab anzuschnauzen.

Obwohl ich es mochte, von Menschen umgeben zu sein, die etwas Kreatives machten, konnte ich mir nicht vorstellen, selber Modedesign oder etwas Ähnliches zu studieren. Es fühlte sich für mich sehr weit weg von meiner Realität an – die hohen Studiengebühren für viele der meist privaten Studiengänge wollte ich meinen Eltern nicht zumuten. Das hinderte mich daran, auch nur von einem Studium an einer Modeschule zu träumen. Zu sehr war ich geprägt von dem Leben meiner Eltern, die arbeiten mussten, um zu überleben, und dabei auch Dinge tun mussten, die keinen Spaß machten. Später wurde mir klar, dass Selbstverwirklichung auch ein Luxus ist, der nicht jedem vergönnt ist, und ich mir zu diesem Zeitpunkt nicht vorstellen konnte, über meine Herkunft hinauszuwachsen.

Ich war unsicher, was ich werden, welchen beruflichen Weg ich einschlagen sollte. Ich mochte Erdkunde und Geschichte und hatte auch großen Spaß am Englischlernen, aber eine richtige Leidenschaft war das nicht. Modeln erschien mir hingegen nicht als ein ernstzunehmender Beruf. Die erste Staffel *Germany's Next Topmodel* war in meiner Schule ein beliebtes Gesprächsthema, und ich schaute auch einige Folgen, um mitreden zu können – aber eigentlich war es nicht mehr als eine Unterhaltungsshow. Die Mutter meines Freundes war professionelle Balletttänzerin und sah auch Modelpotenzial in mir. Aber ich konnte ihre Meinung nicht so richtig annehmen und ging über ihre Ermutigungen, es mal bei einer Agentur auszuprobieren, hinweg. An einem Nachmittag im Dezember rief mich mein Freund schließlich völlig aufgeregt an. »Übermorgen ist in München ein offenes Casting für *Germany's Next Topmodel*, Sara«, sagte er. »Wann, wenn nicht jetzt?« Ich lachte und schmetterte seinen Vorschlag ab. »Du spinnst doch!« Am nächsten Tag waren wir zum 30. Geburtstag seines besten Freundes eingeladen. Ich genoss die Feier und war noch gar nicht in der Laune, nach Hause zu gehen, als mein Freund sagte: »Komm, lass uns gehen, heute machen wir mal nicht so lange.« Sonst waren wir immer die Letzten, die gingen. An diesem Abend stiegen wir schon kurz nach Mitternacht ins Auto. Am nächsten Morgen wollten wir einen Ausflug zum Nürnberger Christkindlesmarkt machen. Doch als wir im Auto saßen, wurde ich stutzig. »Wir fahren doch in die völlig falsche Richtung?«, sagte ich zu meinem Freund. Der grinste und sagte: »Überraschung!« Er redete mir auf der Fahrt gut zu und versuchte, meine Einwände abzubügeln. Ich führte das Beispiel eines Mädchens an, das meine Schule besuchte und bei einer Castingshow mitgemacht hatte und nicht weiterkam, was ihr den Spott der gesamten Schule einbrachte. »Ich will nicht, dass mir das auch passiert, das wäre doch schrecklich«, sagte ich. Mein Freund warf mir einen kurzen Blick von der Seite zu und sagte: »Trau dich einfach!«

Wenig später standen wir vor der Münchner Messe, und ich war zu gleichen Teilen ungläubig, wütend und amüsiert, dass er mich tatsächlich zum Casting gefahren hatte. Vor der Messehalle hatten sich Scharen von jungen Frauen mit Rollkoffern versammelt, und man konnte die Aufregung durch die Fensterscheiben sehen. Ich stieg aus dem Auto, nicht ohne meinem Freund einen letzten rügenden Blick zuzuwerfen. Er drückte mir ein Paar hohe Schuhe in die Hand, das er heimlich für mich eingepackt hatte. Ich konnte nur noch den Kopf schütteln. Als ich die ganzen Frauen und jungen Mädchen sah, die hektisch durcheinanderredeten und auf der Stelle tippelten, weil es so kalt war, fragte ich mich: »Was soll ich nur hier?« In der Messe verschwand ich erst einmal auf der Toilette, um mir etwas von dem alten weinroten Lippenstift meiner Mutter auf die Lippen und Wangen aufzutragen. Neben mir standen zwei Mädchen, die befreundet waren, und ich schloss mich ihnen an, als ich merkte, dass fast alle zu zweit zum Casting gekommen waren.

Um die 1300 Frauen von insgesamt 20 000 Bewerbungen drängten sich in den Messehallen. In der Luft hing Anspannung und der Geruch von Schweiß und Haarspray. Obwohl ich schon um 11 Uhr morgens da war, trat ich erst gegen 20 Uhr vor die Jury. Damit alle Teilnehmerinnen bei Kräften blieben, wurden Snacks und Wasser gereicht. Mit den anderen Mädchen sah ich bei den Castings derer zu, die vor mir dran waren, und stand Schlange. Währenddessen redete ich pausenlos das Casting schlecht.»Das ist doch alles fake und total inszeniert. Ich bin mir sicher, dass die ohnehin schon wissen, wer die Show gewinnt«, sagte ich zu einem der Mädchen, die ich auf der Toilette kennengelernt hatte. Natürlich war es auch eine Art Selbstschutz. Ich erlaubte mir gar nicht erst, weiterkommen zu wollen, so dass ich nicht enttäuscht sein konnte, wenn es nicht klappte. Als ich dann über die Bühne auf die Juroren Heidi Klum, Peyman Amin und Rolf Schneider zulief, war ich doch ein wenig aufgeregt. Es ging viel zu schnell. Die Jury siebte gnadenlos aus: Wenn sie das Mädchen nach rechts schickten, war es weiter. Wenn sie nichts sagten, dann war es raus. Vor mir sah ich immer wieder Frauen, die schon weggeschickt worden waren, vor lauter Enttäuschung einfach auf dem Laufsteg vor der Jury stehen bleiben, und nahm mir vor, unter gar keinen Umständen zu zögern, wenn ich von der Bühne geschickt werden sollte. Als ich dann den Laufsteg heruntergelaufen war, wollte ich schon nach links treten, als Peyman Amin schließlich doch noch eine Handbewegung nach rechts machte.

Germany's next Topmodel?!

Daran, dass ich mich darüber freute, weitergekommen zu sein, merkte ich, dass ich das Ganze doch reizvoller fand, als ich mir hatte eingestehen wollen. Aber irgendwie wollte ich es auch nicht wahrhaben und versuchte, keine Erwartungen an die nächste Runde zu haben. Das Casting ging weiter, von den Dutzenden Frauen, die in der ersten Runde aus 1300 ausgewählt wurden, blieben am Ende des Tages nur noch 15 übrig, in Düsseldorf waren es ebenso viele. In dieser zweiten Runde, die noch am gleichen Abend stattfand, mussten wir in Dreiergruppen über die Bühne gehen und etwas über uns erzählen. Ich lief mit Marie Nasemann über den Laufsteg, die wie ich bis ins Finale der Sendung kommen und in den nächsten Monaten zu einer guten Freundin werden würde. Als ich wieder weiterkam, war ich froh, aber ich stand auch vor einem logistischen Problem. Schon am nächsten Morgen sollten wir alle nach Berlin fahren – die meisten Mädchen hatten schon für eine eventuelle Reise zum Shooting in der Hauptstadt gepackt. Aber ich war überhaupt nicht auf diese Möglichkeit vorbereitet. Mein Freund war schon längst wieder nach Hause gefahren, und außer den High Heels und einer kleinen Handtasche hatte ich nichts dabei.

Marie nahm mich mit zurück nach München und fuhr mich sogar zu meinen Eltern, die ich von unterwegs anrief. Meine Mutter und mein Vater waren total perplex, dass ich den Mut gefunden hatte, bei einer Castingshow mitzumachen, und brauchten eine Weile, um überhaupt zu realisieren, was gerade passiert war. Aber sie waren auch skeptisch und hatten Angst, dass ich die Schule vernachlässigte. Meine große Schwester Susann, die schon immer zwischen uns Jüngeren und meinen Eltern vermittelt hatte, redete ihnen gut zu. Ich packte hastig ein paar T-Shirts, Tanktops, drei Hosen, eine weiße Bluse und einen Blazer, einen Trenchcoat, Turnschuhe und die High Heels vom Casting in meine Reisetasche und verabschiedete mich mit den Worten: »Ich bin sowieso in einer Woche wieder da.« Ich rechnete gar nicht damit, dass es vielleicht auch länger dauern könnte, bis ich rausgewählt und nach Hause geschickt wurde. Ich übernachtete bei meinem Freund, der sich unglaublich für mich freute und gar nicht aufhören konnte, mich auszufragen.

Am nächsten Morgen um sechs Uhr brachten er und seine Mutter mich zum Bus, der alle Teilnehmerinnen der Sendung nach Berlin bringen sollte. »Egal, was passiert, halte dich auf jeden Fall aus allen Streitereien mit anderen Kandidatinnen heraus«, gab seine Mutter mir mit auf den Weg. Mein Freund strahlte und wünschte mir alles Gute. »Ich glaube an dich«, sagte er, als ich ihn zum Abschied umarmte. Von unterwegs rief ich bei meinem Chef bei American Apparel an und sagte, dass ich meine Schicht am nächsten Samstag abgeben musste. Als er den Grund hörte, war er erst total verblüfft, sagte dann mehrmals: »Wow!« und schließlich: »Wir drücken dir die Daumen!« Ich meldete mich bei meinem Schülerpraktikum ab und war froh, dass meine Vorgesetzte Verständnis hatte und mir sogar viel Erfolg wünschte.

Im Bus herrschte zwischen mir und den anderen Mädchen eine Atmosphäre wie im Schullandheim. Wir waren aufgedreht und albern, übernächtigt und übermütig. Marie und ich unterhielten uns ununterbrochen, und ich vergaß für einen Moment, warum ich eigentlich nach Berlin fuhr. Als wir in Berlin angekommen waren, war ich ganz fasziniert von der Weite der Stadt. Wir hatten die Stadtgrenze schon lange passiert und fuhren danach immer noch fast eine Stunde, ehe wir das Hotel erreichten, in dem wir untergebracht waren. Es war ein Low-Budget-Haus, aber für mich war es das erste Mal, dass ich überhaupt in einem Hotel übernachtete, von den Urlauben mit meinen Eltern mal abgesehen, und ich fand es total schick. Ich fühlte mich furchtbar wichtig, als ich an der Rezeption meine eigene Magnetkarte bekam.

Unser erster Shoot sollte uns gleich an unsere körperlichen Grenzen bringen. Schließlich geht es beim Modeln auch um eine gewisse Leidensfähigkeit, darum, dass man auch in Extremsituationen professionell bleibt, vor der Kamera nicht verkrampft und in der Lage ist, auch Hitze, Stress und Müdigkeit wegzulächeln. In einem Eis-Restaurant namens »Arctic Palace« sollten wir bei minus zehn Grad unser Talent unter Beweis stellen. Das Set wirkte wie eine Mondhöhle. Vor uns war ein Halbkreis aus riesigen Eisblöcken aufgebaut. Als wir in Straßenkleidung den Raum des Event-Restaurants betraten, froren wir schon nach wenigen Sekunden. Beim Ausatmen sah man die warme Luft wie Dampf in den eisigen Raum steigen. Das Motto des Shootings lautete »Eisprinzessin«. Heidi sagte uns, es gehe darum, »cool zu posen«. In ihrer Juryrolle wirkte sie sehr wertend, gleichzeitig war sie aber auch eine Art Coach für uns. Schon nach fünf Minuten in dem eisigen Raum zitterten viele von uns unkontrollierbar. An den Gesichtern der anderen konnte ich ablesen, dass es für viele eine richtige Qual werden würde. Ich fühlte mich gar nicht so unwohl. Natürlich ist das genau das Kalkül der Sendung: Diejenigen aussieben, die falsche Vorstellungen vom Modeln haben, das man so oft mit Glamour, teurer Kleidung und einem Jet-Set-Lifestyle assoziiert, das aber in der Realität oft ein Knochenjob sein kann. Wir waren stundenlang am Set vor der eisigen Halle, bis alle 30 Mädchen geschminkt, gestylt und frisiert waren und die Shoots hinter sich bringen konnten.

Ich fühlte mich zwar etwas unsicher, konnte mich auf die Situation aber gut einlassen. Ich posierte in einem trägerlosen weißen Minikleid mit Fransen, das mir überhaupt nicht gefiel. Ich trug am liebsten Jeans und T-Shirts und fühlte mich in Kleidern meistens unwohl. Noch dazu war das Kleid viel zu groß, so dass ich aufpassen musste, mich nicht versehentlich vor der gesamten Crew und Heidi zu entblößen. Außerdem hoffte ich die ganze Zeit, dass ich in meinen hohen Schuhen auf dem glatten Eis nicht ausrutschte. Ich merkte allerdings relativ schnell, dass es gar nicht darum ging, was ich dachte oder wie ich mich in dem Outfit fühlte, sondern darum zu performen, auch, wenn man sich unwohl oder verkleidet fühlte. Neben dem Posen für den Fotografen mussten wir auch das Kamerateam im Blick behalten. Von jetzt auf gleich sollten wir funktionieren, als hätten wir nie etwas anderes gemacht. Damals hatte ich noch gar kein Gespür für Licht, für die Perspektive, aus der mich ein Fotograf sieht, für die Feinheiten meines Gesichtsausdrucks. Ich war unsicher und die meiste Zeit damit beschäftigt, darauf zu achten, dass mein Kinn nicht vor Kälte zitterte und meine Schuhe nicht abfielen. Aber ich war entschlossen, einen guten Eindruck zu machen und nicht zu nörgeln.

Heidi beobachtete mich genau und sagte, ich müsse ganz anders rüberkommen, als ich es tat. »Du siehst jetzt sehr süß und brav aus, aber du sollst sexy und geheimnisvoll wirken.« Ich änderte meine Pose, setzte mich auf den Eisblock und winkelte mein Bein an. Ich versuchte, etwas mehr Wildheit in meine Körpersprache zu legen, eine gewisse Unnahbarkeit, die mir zu der geforderten

Ausstrahlung zu passen schien. Für mich war dieses erste Shooting eine echte Herausforderung, und ich hatte keine Ahnung, was ich da eigentlich tat: Ich fuhr weder Ski noch Snowboard, hasste die Kälte und fror eigentlich immer. Ich trug im Frühjahr selbst dann noch eine Jacke, wenn meine Freundinnen längst im T-Shirt dasaßen. Noch dazu hatte ich nicht wirklich viel Erfahrung und war mir nicht sicher, was ich tun sollte, als Heidi rief: »Mach die Beine länger, noch ein bisschen mehr sexy schauen, der Blick kann ruhig böser sein.« Wie machte man seine Beine länger? Ich schaltete meinen Kopf ab und versuchte, einfach zu machen und auf das Beste zu hoffen. »Wie fühlt sich das so an mit dem Hintern auf dem Eisblock?«, fragte mich Heidi schließlich. »Ich spüre den ehrlich gesagt schon gar nicht mehr«, antwortete ich. Als sie sagte, man würde mir das gar nicht anmerken, fiel mir ein Stein vom Herzen. Nach dem Fotoshooting mussten wir uns noch auf dem Laufsteg beweisen, dann war die erste Folge auch schon abgedreht. In Fünfergruppen standen wir vor der Jury und hörten Heidis Bewertung. Viele verkrafteten ihre direkten Worte nicht und hatten schon Tränen in den Augen, ehe sie überhaupt erfuhren, dass sie es nicht in die nächste Folge geschafft hatten.

Auch mir liefen die Tränen über das Gesicht, als Heidi meinen Namen nannte. Es ist schwer zu beschreiben, was diese künstliche Situation und der wenige Schlaf in einem jungen Menschen auslösen. Obwohl mein Lebensglück zu dieser Zeit wirklich nicht an einer Karriere als Model hing, war ich dünnhäutig, angespannt und wollte in diesem Moment einfach nicht, dass die Reise schon hier zu Ende war. Überhaupt weinte ich während der Staffel ziemlich oft, und meine Emotionalität ist mir im Nachhinein manchmal etwas unangenehm.

Andererseits konnte ich damals auch gar nicht anders: Ich war einer Extremsituation ausgesetzt, alles ging so schnell, wir waren ständig von Dutzenden Menschen umgeben, konnten die vielen Eindrücke, die auf uns einprasselten, nicht sortieren. Ich war zwar durch die Liebe meiner Familie gefestigt und selbstbewusst – ich brauchte nicht die Aufmerksamkeit eines TV-Publikums, um etwas zu kompensieren –, aber trotzdem wollte ich natürlich gut sein, etwas leisten, einen starken Eindruck machen. Noch dazu spannte einen Heidi mit den langen Gesprächspausen, ehe sie ihre Einschätzung gab, mächtig auf die Folter. Ich wollte einfach, dass es nicht aufhörte und war hungrig und neugierig auf jede Erfahrung, die ich noch machen konnte. Nach dem ersten Shooting in Berlin kam ich weiter, war erleichtert und konnte es nicht fassen. Ich würde tatsächlich mit 15 anderen Kandidatinnen nach Los Angeles fliegen!

Während der Dreharbeiten hatten wir wenig Kontakt mit der Außenwelt. Wir mussten unsere Handys abgeben, und die Kommunikation via Internet war damals, im Jahr 2009, noch längst nicht so alltäglich wie heute. So bekamen meine Eltern die vielen Abenteuer, die ich in den drei Monaten *GNTM* erlebte, quasi zeitversetzt über ihren Fernseher mit. Als sie hörten, dass ich nach Los Angeles flog, konnten sie es kaum fassen. »Sara, wirklich?«, sagte meine Mutter, und ich hörte an ihrer Stimme, dass sie sich unglaublich für mich freute.

Als wir nachts in Los Angeles ankamen, war ich ganz erschlagen von den Ausmaßen dieser Stadt, so viel größer als alles, was ich aus Deutschland kannte. Los Angeles wirkte wie eine wirkliche Megametropole, mit der verglichen München nur ein Dorf war. Die Straßen waren gesäumt von einem Lichtermeer, Wolkenkratzer wechselten sich ab mit kleineren Gebäuden, Bars mit Neon-Schildern davor, Restaurants, Nachtclubs. Die Luft war warm und roch nach Meer und Sommer. Die erste Nacht verbrachten wir in einem Hostel, damit wir ein Gefühl dafür bekamen, wie Models am Anfang ihrer Karriere normalerweise oft untergebracht sind. Doch schon am nächsten Tag zogen wir in das Anwesen um, in dem wir die restliche Zeit der Dreharbeiten verbrachten. Eine riesige Villa in der Franklin Street mitten in den Hollywood Hills, weitläufig, pompös, typisch amerikanisch. Im Garten war ein großer Pool, das Wohnzimmer mutete ein bisschen so an, als würden wir in einem römischen Palast wohnen, und um das Haus herum erstreckte sich ein weitläufiger Garten. Alles war etwas zu groß und etwas zu kitschig. Besonders gut gefiel mir die offene Küche, die fast so groß war wie die komplette Wohnung meiner Eltern. Das Badezimmer, das ich mir mit drei anderen Mädchen teilte, hatte eine Dusche, in die ein Dampfbad integriert war. Das Haus roch auch ganz anders als alles, was ich von zu Hause kannte – nach amerikanischen Putzmitteln, die eine Minznote hatten, ein Geruch, der mich bis heute in diese Zeit versetzt.

Ich teilte mir mein Zimmer in der ersten Etage mit Marie, Mandy und Tessa. Mandy und ich verstanden uns sehr gut, Marie war von Tag eins meine Verbündete, doch Tessas laute Art empfand ich als eher unangenehm. Auf uns alle wartete eine Überraschung, die viele der Teilnehmerinnen verunsicherte: Die Gewinnerin der ersten Staffel von *Austria's Next Topmodel*, Larissa Marolt, stieß als weitere Teilnehmerin zu uns. Ein Twist, der sicherlich auch unsere Teamfähigkeit auf die Probe stellen sollte. Und erwartungsgemäß sahen viele in ihr eine weitere starke Konkurrentin, von der sie sich überrumpelt fühlten. Immerhin hatte sie schon eine Castingshow gewonnen und uns so schon allen etwas voraus. Für Larissa war es auch nach Wochen noch schwer, sich in der Gruppe einzubringen. Viele der Teilnehmerinnen grenzten sie aus. Ich erlebte sie als durchaus schlau und empathisch. Wie trügerisch Reality-TV sein kann, merkte ich, als Larissa und ich eine Auseinandersetzung hatten, die von den Medien völlig aufgeblasen und übertrieben dargestellt wurde, wie ich später von Freunden erfuhr, die die Sendung verfolgt hatten.

In Los Angeles warteten weitere herausfordernde Shootings auf uns: Wir präsentierten uns in Bademode und High Heels, deren Absätze alles übertrafen, was ich jemals in Läden gesehen hatte. Bei einer Laufstegshow krabbelten riesige Kakerlaken über uns, und wir mussten darauf achten, die Insekten beim Gang über den Catwalk nicht zu verlieren. Für viele der Teilnehmerinnen waren allerdings die teils sehr direkten Bewertungen durch Heidi und die anderen Juroren die wahre Grenzerfahrung. Ich genoss meine neue Freiheit, die Selbstständigkeit, das Abgeschnittensein von Freunden und Familie, die Tatsache, dass ich hier nicht die Jüngste war, und den Duft der großen weiten Welt. Besonders toll fand ich es, in den riesigen amerikanischen Supermärkten einzukaufen und gar nicht zu wissen, wofür ich mich zuerst entscheiden sollte. Obst und Gemüse waren kunstvoll angerichtet, wurden ständig von einem automatischen Befeuchter besprüht und glänzten. Als wir das erste Mal als Gruppe loszogen, konnten wir keiner Versuchung widerstehen und kauften am Ende so viel, dass uns die Produktionsleitung danach bat, auf unser Budget zu achten. Bei jedem unserer Einkäufe war jemand vom Team dabei, der die Rechnung beglich. Ich aß das erste Mal in meinem Leben California Rolls und Avocados, Sachen, die mittlerweile nichts Besonderes mehr sind, aber zu dieser Zeit in Deutschland noch völlig exotisch und neu waren.

An den freien Abenden schwammen wir im Pool oder zappten durch die schier endlos scheinende Auswahl an Kanälen, bis wir einen Film gefunden hatten, auf den sich alle einigen konnten. Ich verbrachte viel Zeit mit Marie Nasemann und Mandy Bork und führte mit ihnen die typischen Teenagergespräche, die sich um

Lebensträume, Jungs und Musik drehten. Für mich war es total ungewohnt, mal die Ältere zu sein, die Mandy schon einige Erfahrungen voraushatte. Überhaupt konnte ich, die mit zwei älteren und ziemlich taffen Schwestern aufgewachsen war, mich mit den jüngeren Kandidatinnen identifizieren, die von den anderen manchmal nicht wirklich ernst genommen wurden. Ich vermisste meinen Freund sehr, und es half mir etwas, über mein Heimweh hinwegzukommen, indem ich Mandy und Marie in allen Details davon vorschwärmte, wie toll er doch war. Wir trösteten uns gegenseitig über unsere Sehnsucht hinweg und fieberten auf die wöchentlichen Privatgespräche mit unseren Freunden und unserer Familie hin. Doch für uns war es sicher einfacher als für unsere Partner, denn wir erlebten auch wahnsinnig viel, und so verging die Zeit sehr schnell. Mandy hatte, anders als ich, seit der ersten *GNTM*-Staffel auf ihre Teilnahme hingearbeitet und träumte, seit sie zwölf war, davon, es einmal auf den Titel der Vogue zu schaffen. Ihre Leidenschaft für das Modelleben war derart ansteckend, dass ich das erste Mal richtig Lust auf eine Karriere in der Modebranche bekam. Als die Oscars verliehen wurden, waren wir gerade bei einem Dreh, aber trotzdem fand ich den Gedanken daran, in der gleichen Zeitzone, ja sogar der gleichen Stadt zu sein wie die ganz großen Stars, total faszinierend. Einfach alles, was im Fernsehen so viel größer als mein eigener Alltag wirkte, schien hier auf einmal erreichbar, machbar, ganz normal. Neben dem Studio, in dem wir die Innenaufnahmen drehten, lag das Set von *Hannah Montana*. Manchmal sahen wir in den Drehpausen Miley Cyrus, die wir nur aus Promi-Magazinen kannten. Das Set roch nach Holz und Baumarkt, nach frischem Lack, Filterkaffee und Betriebsamkeit. Am Abend fuhren wir entlang des Ocean Drive nach Hause und atmeten im offenen Bus die duftende Frühlingsluft ein. Manche der Teilnehmerinnen sahen Keanu Reeves auf seinem

Motorrad an unserer Villa vorbeifahren und redeten davon, dass Orlando Bloom und Leonardo DiCaprio ja auch in der Nachbarschaft wohnten. Wie surreal das alles doch war. Davon abgesehen war es auch einfach eine tolle Erfahrung, drei Monate im Ausland zu sein.

Ich versuchte, mich so wenig wie möglich mit den anderen Teilnehmerinnen zu vergleichen, und war dankbar dafür, überhaupt dabei sein zu können. Für mich war es eher ein Abenteuer als ein Wettkampf – vielleicht ahnte ich unterbewusst, mit welcher Willkür in solchen Sendungen Entscheidungen getroffen wurden und wie wenig man den eigenen Erfolg bei einer Reality-TV-Show steuern konnte. Dadurch, dass wir von der Außenwelt größtenteils abgeschottet waren, nahmen wir die Kameras, die uns auf Schritt und Tritt begleiteten, schon nach zwei Wochen kaum mehr wahr. Wir verhielten uns so, als würden wir nicht gefilmt. Eigentlich fand ich nicht, dass das, was bei uns passierte, sonderlich spannend oder gar dramatisch war. Aber ich unterschätzte auch, wie in der Postproduktion eine ganz andere Dramaturgie entstand, die teilweise das verfälschte, was wirklich geschehen war, oder das Geschehen zumindest auf eine Art zuspitzte, die der ganzen Sendung wesentlich mehr Drama verlieh.

Die Fotografen, die für die *GNTM*-Challenges gebucht wurden, waren erstklassig: der britische Modefotograf Rankin, der auch Kate Moss und David Bowie porträtiert hatte, oder Russell James, ein Australier, der für die *Vogue*, *Sports Illustrated* und *Marie Claire* arbeitete. Erst Jahre später bekam ich ein Gefühl für die Qualität dieser Fotografen. So fotografierte uns James auf einem Rosenbett, auf dem wir halb nackt und sehr lasziv posierten – ein Motiv, das schnell billig aussehen konnte. Doch durch seine besondere Handschrift, die Lichtsetzung und die Bildkomposition wirkten alle Aufnahmen frisch und kunstvoll. Ich lernte, mich auf die ungewohnten und freizügigen Shoots einzulassen. In wenigen Wochen erlebte ich so viele Ausnahmesituationen, dass sich meine Komfortzone immer mehr erweiterte. Überhaupt schöpfte ich noch Jahre später aus den vielen Erfahrungen dieser Castingshow, die für viele so albern wirkte. Doch es war eben auch ein Crashkurs in Sachen Darstellung, und in so kurzer Zeit so viel zu lernen war ein Luxus. Nicht nur, was die Arbeit vor der Kamera betraf, sondern auch, wie man sich in einer Gruppe verhielt, wie man in einer völlig neuen Stadt zurechtkam und mit der neuen Selbstständigkeit umging. Die Reihen lichteten sich mit jeder Woche mehr, doch erst als nur noch fünf Kandidatinnen übrig waren, merkte ich, mit welcher Leichtigkeit ich an die Sendung herangegangen war – und dass es langsam doch ernst wurde. Aus Selbstschutz traute ich mich nicht, mir auszumalen, wie es sein könnte zu gewinnen. Ich wollte es nicht zu sehr wollen, obwohl das Ziel immer näher rückte. Erst als ich mehrere der Challenges hintereinander gewonnen hatte, stellte sich bei mir dann doch ein gewisser Ehrgeiz ein. Larissa fand ich, obwohl sie als Störfaktor in die Sendung gebracht wurde, total sympathisch, sie war ein Charakter, und ich schätzte ihre humorvolle Art.

Bei einem der Shootings wurden mit einem Gurt zwei Bänder an unserer Hüfte befestigt. Wir trugen enge Catsuits und sollten auf einem Trampolin elegant und akrobatisch in die Höhe springen. Obwohl ich nie sonderlich sportlich gewesen war, meisterte ich diese Aufgabe richtig gut und war am Ende sehr stolz auf meine Leistung, darauf, wie grazil und unverkrampft ich auf den Fotos wirkte. Auf einmal stellte ich mir vor, wie es wäre, wenn ich gewinnen würde, und realisierte, dass wirklich nicht mehr viele Kandidatinnen übrig geblieben waren, neben mir, Mandy und Marie waren es nur noch zwei weitere. Jedes Mal, wenn eines der

Mädchen gehen musste, wurde uns anderen bewusst, dass es bald vorbei sein könnte. An diesen Tagen waren wir immer besonders müde und ausgelaugt. Wir wussten, es würde irgendwann enden. Auf einmal ließ ich es zu, den Sieg zu wollen. Ich kam unter die letzten drei – und stand im Finale. Das durfte ich nur niemandem erzählen – schließlich sollte es für die Zuschauer spannend bleiben, während die aufgezeichneten Folgen weiter ausgestrahlt wurden.

Vor der letzten Aufzeichnung kehrten wir nach knapp drei Monaten aber zunächst zu unseren Familien zurück. Ich war noch ein gutes Stück schlanker als vor meiner Abreise, denn für mich waren in Amerika vor allem die vielen frischen Früchte, das vorportionierte Obst und die bunten Salate interessant. Auch innerlich hatte sich etwas getan: Ich war selbstbewusster, hatte etwas von der Welt gesehen und meinen älteren Schwestern auf einmal etwas voraus. Ich fühlte mich erwachsener als noch vor wenigen Monaten.

Meine Eltern und Suleen holten mich am Flughafen ab, und als meine kleine Schwester mich in der Landehalle erspähte, gab es kein Halten mehr. Sie lief auf mich zu, so schnell sie konnte, und sprang in meine offenen Arme. Sofort liefen mir Tränen über die Wangen. Ich freute mich so sehr über Suleens ungefilterte Freude und staunte, wie sehr sich dieses kleine Mädchen in den knapp drei Monaten, in denen ich weg gewesen war, verändert hatte. Suleen hing die nächste Stunde an mir, während meine Eltern mich unentwegt fragten: »Sara, schön, dass du wieder da bist, wir haben dich so sehr vermisst! Du kannst dir gar nicht vorstellen, wie bekannt du bist!« Aber ich war zu überwältigt, um eine schlüssige Antwort zu geben, und konnte erst einmal keinen klaren Gedanken fassen. Ich wusste gar nicht, wo ich anfangen sollte zu erzählen.

In unserer Münchner Wohnung wartete schon Susann auf uns, die mich ebenfalls stürmisch begrüßte und auf deren Gesicht die gleiche Mischung aus Strahlen und Ungläubigkeit lag, die ich auch schon auf den Mienen meiner Eltern bemerkt hatte. Sali war noch arbeiten, kam aber wenig später auch nach Hause. Als ich den Schlüssel in der Tür hörte, stürzte ich in ihre Richtung, meine Eltern, Susann und Suleen folgten mir. Auf einmal drängten wir uns alle in dem winzigen Flur, Sali umarmte mich, während sie noch mit einer Hand die Tür hinter sich schloss und geradezu schrie: »Sara!!! Bist du jetzt etwa prominent? PRO-MI-NENT!!!« Ihre scherzhaft gemeinte Reaktion hatte etwas von Slapstick, doch in ihrer Komik machte sie für mich endlich greifbar, was ich schon in den Augen meiner Eltern gesehen hatte: schiere Fassungslosigkeit, gepaart mit Stolz und Freude. Sie fuhr fort: »Du weißt überhaupt nicht, was hier abgeht, der Hype um diese Sendung ist riesig, ALLE fragen nach dir!«

Und das war nur ein Vorgeschmack auf die geballte Ladung Ruhm und Aufmerksamkeit, die noch folgen sollte. Meine Mutter hatte für diesen Abend so viel gekocht, dass sich der Tisch bog. Schon seit Wochen freute ich mich auf das *Injera*, das ich sonst so oft gegessen habe, dass es gar nichts Besonderes mehr war. Sie hatte Falafel gemacht und *Doro Wat*, einen Eintopf mit Zwiebeln, Hühnchen und hart gekochten Eiern. Wir saßen alle am Esstisch und aßen mit den Händen, und in diesem Moment war ich so glücklich wie schon lange nicht mehr. Meine Eltern erzählten mir, wie es für sie gewesen war, mich im Fernsehen zu sehen. Und meine Familie brachte mich auch sehr schnell auf den Boden der Tatsachen zurück. Sali und Susann sagten kichernd, ich solle nie, wirklich nie wieder Kaugummi kauen, wenn mich jemand dabei sehen könnte. »Du hast die ganze Zeit geschmatzt!«, sagte Susann, und ich merkte, wie beide sichtlich Spaß daran hatten, mich aufzuziehen. Es war sehr schnell wieder so, wie es immer bei uns war: Jeder versuchte, der Lauteste zu sein und ein bisschen Redezeit zu erkämpfen. Meine Eltern behandelten mich keine Sekunde lang so, als sei ich interessanter als meine Schwestern, obwohl sie auf einmal ständig von Arbeitskollegen auf mich angesprochen wurden.

Als ich am Abend mit Sali in unserem Zimmer schlief, fühlte ich mich sofort wieder zu Hause und vermisste das Leben im Hotel oder in der Villa kein bisschen. Ich merkte auch, wie gut mich dieses Leben auf 79 Quadratmetern ohne wirkliche Privatsphäre auf den Dreh vorbereitet hatte: Ich hatte zu keinem Zeitpunkt ein Problem damit, im Raum mit den anderen Mädchen einzuschlafen oder ständig von Menschen umgeben zu sein. Ich hatte auch nicht die Erwartung, ständig im Mittelpunkt zu stehen – schließlich tat ich das in meiner Familie auch nicht. Ein paar Dinge hatten sich aber doch verändert: Mittlerweile wussten meine Eltern, dass ich einen Freund hatte – etwas, das ich fast zwei Jahre lang erfolgreich für mich behalten konnte. Doch in meiner Abwesenheit war in München eine Eigendynamik entstanden. Meine Familie, meine Freunde und natürlich mein Freund fieberten mit und wollten sehen, was ich in der Sendung machte und wie ich mich dabei schlug, und so organisierte Susann für eine der Folgen ein Public Viewing bei meinen Eltern, zu dem auch mein Freund kam, den sie schon kannte, der meine Familie bislang aber noch gar nicht kennengelernt hatte. Das erfuhr ich aber erst einige Wochen später. Die ständigen Challenges während der Drehs, die vielen Herausforderungen, die ich alleine meistern musste, hatten mich verändert. Ich war jetzt nicht mehr nur die kleine Sara, das Nesthäkchen, sondern hatte mich behauptet, ja, durchgesetzt.

Mein Freund organisierte ein Treffen, bei dem unsere Familien gemeinsam die vorletzte Folge ansahen. Aber ich hielt es nur eine

Viertelstunde aus, bis ich den Raum verlassen musste. Ich konnte es nicht ertragen, mich im Fernsehen zu sehen. Das befremdete und verstörte mich so sehr, dass ich beschloss, es lieber zu lassen. Obwohl mir die Mutter meines Freundes ein Paket mit DVDs schenkte, das alle Folgen der Staffel enthielt, möchte ich die Sendung auch Jahre später nicht sehen. Ich ziehe es vor, mir meinen unvoreingenommenen Blick zu bewahren und ihn nicht durch das Bild zu trüben, das von mir vermittelt wurde.

Ich glaube, dass es gar nicht so gesund ist, sich so genau zu betrachten und zu analysieren. Denn die Gesten und die unbewussten Veränderungen der Mimik, die einen Menschen ausmachen – bei mir schiebt sich zum Beispiel mein rechter Mundwinkel nach unten, wenn ich herzlich lache –, wirken oft befremdlich, wenn man sie das erste Mal von außen sieht. Ich befürchte, würde ich mich zu sehr damit beschäftigen, wie ich wirke, würde ich irgendwann unbewusst anfangen, eine Rolle zu spielen, mich anders zu bewegen, weniger mit den Händen zu gestikulieren und mir meine vermeintlich merkwürdigen Macken abtrainieren. Dabei machen die mich doch erst zu der, die ich bin. Trotzdem ist es komisch, dass es Menschen gibt, die mich aus dem Fernsehen kennen und glauben, sie wüssten deswegen auch, wer ich wirklich bin.

Die Sendung hatte zu dieser Zeit eine enorme Reichweite und einen regelrechten Event-Charakter: Unzählige Kinos und Bars veranstalteten *GNTM*-Abende mit einem Glas Gratis-Prosecco zur Begrüßung. Im Fernsehen erreichte das Format in der Zielgruppe zwischen 14 und 49 Jahren bis zu 30 Prozent Einschaltquote, und viele junge Frauen verfolgten fieberhaft jede einzelne Folge. Doch obwohl mich auf einmal Menschen auf der Straße erkannten und Autogramme wollten, lag es mir fern abzuheben. Das war weniger mein Verdienst als das meiner Familie: Meine Eltern waren zwar stolz auf mich, ihnen war es dennoch sehr wichtig, mich nicht anders zu behandeln als meine Geschwister.

Und doch hatte die Bekanntheit, die ich durch *GNTM* so plötzlich erlangte, eine Auswirkung auf das beschauliche Leben meiner Eltern. Sie, die als Arbeiter in München nie wirklich aufgefallen waren, bekamen auf einmal durch meinen Fernseherfolg eine Art von Anerkennung und Ansehen, die sie zuvor nie gekannt hatten. Bei Arztbesuchen, im Supermarkt, wenn sie Bekannten begegneten, in der Nachbarschaft: Auf einmal gratulierte ihnen jeder zu ihrer Tochter, und unser ganzes Umfeld fieberte mit mir mit. Als meine Mutter in einem Kaufhaus eine Strumpfhose mit ihrer EC-Karte bezahlte, fragte die Frau an der Kasse: »Sind Sie die Mutter von Sara Nuru?« In diesem Moment wusste sie nicht wohin mit ihrem Stolz. Was für ein Meilenstein für meine Eltern, die in Deutschland keinen leichten Start hatten und vor zwanzig Jahren die Sprache kaum beherrschten. Vor allem mein Vater musste viele Hürden meistern, bekam nie einen Sprachkurs finanziert und lernte Deutsch nur nebenbei, erst auf dem Schrottplatz und später im Automobilwerk. Er hat für uns Kinder viel aufgegeben: Sein Neustart in Deutschland eröffnete uns unzählige Chancen, doch für ihn bedeutete die Flucht in ein wohlhabendes Land auch: weniger Ansehen, viele Opfer, keine echte Selbstverwirklichung. Meine Eltern lebten hier für uns Kinder, die es einmal besser haben sollten als sie. Und nun, all die Jahre später, bekamen sie die Anerkennung, die sie sich insgeheim vielleicht schon immer gewünscht hatten.

Doch in die Freude mischten sich auch Neid und eine Sichtbarkeit, die für mich nicht immer einfach zu verkraften war. Ein Redakteur der *Bild*-Zeitung klingelte mit einem Blumenstrauß in der Hand bei meinen Eltern und versuchte, so an Informationen über mich und mein Privatleben zu kommen. Ein Kollege sagte zu meinem Vater: »Na ja, ihr habt ja ausgesorgt, ihr müsst sicher nie mehr arbeiten, jetzt, wo Sara so viel Erfolg hat.« Das ist die Schattenseite meiner Bekanntheit: Die oft völlig absurden Meinungen und das Bild, das sich andere Menschen, die wir gar nicht kennen, von uns machen. Auch für mich war es überwältigend, von heute auf morgen eine Person des öffentlichen Lebens zu sein. Schon beim Rückflug aus Los Angeles wurde mir das schlagartig bewusst, als eine völlig fremde Frau im Frankfurter Flughafen auf mich zukam und mich ansprach. »Sara, du hier?«, sagte sie, und dieser Satz und die Vertrautheit, die in ihm mitschwang, trafen mich so unvermittelt, dass ich einen Moment überlegen musste, ehe mir klar wurde, dass sie mich nur aus dem Fernsehen kannte. In München sind viele regelrechte Lokalpatrioten und haben meinen Siegeszug in der Sendung mitverfolgt. Ich wurde auf der Straße immer wieder angesprochen und nach Autogrammen gefragt. Es dauert nur wenige Tage, bis ich nicht mehr mit der U-Bahn fahren konnte, weil ich ständig erkannt wurde.

Die drei Wochen Drehpause rauschten an mir vorbei. Ich hatte ja eine Verschwiegenheitsklausel unterschrieben und durfte niemandem sagen, dass ich im Finale stand. Viele gingen deswegen davon aus, dass ich es nicht weitergeschafft hatte und deswegen wieder in München war. Eine Frau sagte ganz enttäuscht zu mir: »Das war ja klar, dass die eine Schwarze nicht gewinnen lassen.« Ich musste mich ganz schön beeilen, in diese neue Rolle als Person des öffentlichen Lebens hineinzuwachsen, über die Menschen eine Meinung haben und an deren Leben sie so sehr Anteil nehmen. Als ich meiner Agentin, die mir der Sender zugeteilt hatte, eröffnete, dass ich nach dem Finale erst einmal in den Urlaub fahren wolle, stutzte sie und stellte völlig entgeistert klar, dass das nicht möglich sein würde. Auf einmal hatte ich Verpflichtungen, Termine, die ich einhalten musste, und im Falle eines Sieges kam eine Menge Verantwortung auf mich zu.

Die Zeit vor dem Finale hatte etwas Überstürztes. Viele Dinge, die ich davor angefangen hatte, musste ich zu Ende bringen. Ich machte meinen Führerschein, damit die Stunden, die ich schon genommen hatte, nicht verfielen. Selbst der Prüfer kannte mich aus dem Fernsehen und fragte mich nach der bestandenen Prüfung nach einem Autogramm. In der Schule klärte ich, wie wir mit den vielen durch den Dreh angehäuften Fehlstunden verfahren würden, und kam mit der Schulleitung zu dem Ergebnis, dass ich das Jahr aussetzen würde. Die schönsten Momente waren die Sonntage, an denen meine Mutter für uns alle kochte oder wir beim Frühstück zusammensaßen. Es war wohltuend, mal nicht im Fokus der Aufmerksamkeit zu stehen.

Angetrieben von dem Wunsch, noch einmal richtig Gas zu geben und die Sendung für mich zu entscheiden, fing ich an, das erste Mal in meinem Leben Sport zu machen. Ich meldete mich im Fitnessstudio an und trainierte jeden Tag. Die Mutter meines Freundes hatte als Balletttänzerin viele gute Tipps, wie ich vor der Kamera schlanker wirken konnte: Sie riet mir, bei Dreharbeiten oder Shootings Wasser nur in kleinen Schlucken zu trinken, damit ich keinen Blähbauch bekomme, und zeigte mir, wie man elegant in High Heels läuft. Ich schmunzelte, weil ich wusste, dass diese Tipps ein Liebesbeweis waren.

Dann war es so weit: Ich flog von München zum Finale nach Köln. Ich freute mich darauf, die anderen Kandidatinnen wiederzusehen, die mir in den vergangenen Monaten so ans Herz gewachsen waren, und in diese Freude mischte sich auch ein leiser Abschiedsschmerz. Hilde, Werner, ihre Kinder Sonja und Uli, meine Eltern, Schwestern und Tanten begleiteten mich, doch ich war so eingespannt in die Vorbereitungen für die Live-Sendung, dass ich nicht wirklich Zeit hatte, mich ihnen zu widmen. Die Generalprobe verlief katastrophal: Wir sollten an Gurten befestigt auf der Bühne landen, in filigranen Abendkleidern mit einer Art Schleppe. Ich verhedderte mich damit ständig in meinem Gurt und landete mit dem Rücken zum Publikum. Nichts klappte, wie es sollte. Backstage herrschte eine riesige Hektik. Jetzt war ich nach all den Wochen, in denen ich das Ganze eher als eine Art Spiel oder Abenteuer betrachtet hatte, wirklich richtig aufgeregt. Kein Wunder – schließlich wurde uns über Monate suggeriert, es hinge alles von diesem Sieg ab, von dem Moment, in dem man entweder weiter war oder raus. Die Halle war riesig. Ich hatte noch nie so viele Kameras, Kräne und Scheinwerfer gesehen, und irgendwie machte mir das noch am ehesten klar, um wie viel es eigentlich ging – das und die 15 000 Menschen im Publikum. Dass wir an diesem Abend eine Einschaltquote von über dreißig Prozent erreichten und ich de facto vor Millionen Zuschauern stand, war mir glücklicherweise gar nicht bewusst. Überhaupt war ich viel zu nervös und überwältigt, um den Moment bewusst mit-zuerleben. Mir war so schlecht vor Aufregung, dass ich es kaum erwarten konnte, die Live-Sendung hinter mich zu bringen und endlich wieder ein normales Leben zu leben. Ich war in eine völlig andere Welt gestolpert, so entrückt, dass ich es kaum realisierte, als meine kleine Schwester Suleen gemeinsam mit fünf ande-ren Kindern spontan auf den Laufsteg der großen Bühne geholt wurde. Das kleine fünfjährige Mädchen, das mir die Welt bedeu-tete, stand im Scheinwerferlicht und war weniger aufgeregt, als ich es war. Denn was mich noch nervöser machte als die vielen unbe-kannten Menschen im Publikum war die Tatsache, dass da meine Familie saß, die mich das erste Mal auf dem Laufsteg sah. Meine

Performance galt in diesem Moment nur ihnen – denn ihre Meinung war mir wichtig. Mein Freund hielt in Anspielung auf den US-Präsidentschaftskandidaten Barack Obama ein riesiges Plakat mit den Worten »Yes, she can« in die Luft. Ich musste schmunzeln und vergaß für einen kleinen Moment die Aufregung.

Backstage diskutierten wir drei Finalistinnen, wer von uns welches Kleid anziehen würde, und losten das schließlich aus. Wir wurden immer wieder abgepudert, ehe wir uns auf der Bühne zeigten, lieferten eine Show für das Publikum ab und antworteten auf Heidis Fragen. Als nach rund zwei Stunden verkündet wurde, dass ich gewonnen hatte, war ich völlig außer mir. Monate der Hochspannung waren auf einmal vorbei, doch ich war viel zu nervös und vollgepumpt mit Adrenalin, um Erleichterung oder Freude zu spüren. Eine Konfettikanone wurde gezündet, und die bunten Papierschnipsel flirrten überall um mich herum durch die Luft. Es dauerte, bis ich begriff, was passiert war. Erst hinter der Bühne fiel alle Angespanntheit von mir ab, und ich merkte, wie lange ich eigentlich schon vollständig unter Strom stand. In diesem Moment hatte ich endlich die Gewissheit, dass ich gewonnen hatte und die Sendung vorbei war. Ich konnte mir noch nicht vorstellen, wie genau mein Leben jetzt aussehen würde, dass ich viel im Fernsehen zu sehen sein würde und auf einmal alle meine Geschichte hören wollen würden. Backstage herrschte große Hektik, und alle schienen fast genauso erleichtert zu sein wie ich, selbst Mandy Bork und Marie Nasemann, die sich einfach nur für mich freuten. Überall knallten Sektkorken, Crewmitglieder fielen sich in die Arme und klopften sich gegenseitig auf die Schulter. Auch für sie war es eine Premiere: das erste *GNTM*-Finale, das live übertragen wurde. Im Publikum saßen viele prominente Gäste und Pro-7-Vorstandsmitglieder.

Ich pellte mich aus meinem Kleid mit dem Korsagen-Oberteil.

Auf die ersten Momente der Ruhe folgte schlagartig das Gefühl absoluter Erschöpfung. Alle freuten sich für mich, aber ich war so müde und weggetreten, dass ich es kaum registrierte. Ich hatte kein Outfit für die Aftershowparty vorbereitet und zog mir Leggins, ein T-Shirt und Zehensandalen an, schließlich musste ich ja jetzt auch niemandem mehr etwas beweisen.

Wir liefen zu einem anderen Trakt der Arena, in dem die Aftershowparty begann, und ich war auf einmal von Bodyguards umringt. Alle Menschen aus dem Publikum, die uns entgegenkamen, schienen etwas von mir zu wollen: ein Foto, ein Autogramm, eine Minute meiner Aufmerksamkeit. Ich hatte Mühe, überhaupt voranzukommen. Mit den Augen suchte ich ein bekanntes Gesicht in der Masse von Menschen: meine Schwestern, meinen Freund, meine Familie, Hilde und Werner. Ich wollte so gerne mit ihnen anstoßen, aber es war nicht möglich, weil ich in jedem Moment von einer Menschentraube umgeben war, aus der ich nicht herauskam. Nach einer Stunde Small Talk auf der Party ließ ich mich ins Hotel fahren und konnte immer noch nicht fassen, dass ich gewonnen hatte. Im Hotelzimmer konnte ich aber kaum mehr darüber nachdenken, was das bedeutete. Ich fiel genau so, wie ich war ins Bett, schaffte es gerade noch, mir die Sandalen auszuziehen, und schlief sofort ein. Meine Eltern und die anderen feierten währenddessen in einem äthiopischen Restaurant noch meinen Sieg.

Auch Jahre später, und das, obwohl die Sendung immer wieder kritisiert und belächelt wird, bin ich dankbar dafür, mitgemacht zu haben, und bereue es nicht. Für mich war es eine riesige Chance, in einem Beruf Fuß zu fassen, in dem die Konkurrenz enorm ist und man ohne eine gehörige Portion Glück nicht weiterkommt. Es war der Startschuss für eine Karriere, die es mir ermöglichte, die ganze Welt zu bereisen. Die Frage, die mir in den Jahren nach dem Sieg wohl am häufigsten gestellt wurde, ist: »Wie schlimm war Heidi wirklich?« Es schwang immer die Hoffnung mit, dass ich bereit bin, in der Öffentlichkeit dreckige Wäsche zu waschen. Mich erstaunte diese Erwartungshaltung, denn es klang fast so, als sei ich gezwungen worden, bei der Sendung mitzumachen. Doch wir hatten uns damals alle freiwillig angemeldet und mitgemacht. Deswegen schüttelte es mich immer, wenn ich las, wie böse und zickig Heidi Klum angeblich war, und ich verstand es nicht, wenn die Rede von Knebelverträgen zwischen den Kandidatinnen und dem Sender war. Natürlich gab es Verträge, die unsere Teilnahme an der Sendung regelten, aber wir hatten jederzeit die Möglichkeit abzuspringen.

Die Frage nach der »wahren« Heidi Klum wird nie neutral gestellt, sondern ist immer von einer Art Sensationsgier begleitet, die ich nicht mag. Mir hat sie als Moderatorin und Gesicht der Sendung nie einen Anlass gegeben, sie nicht zu mögen. Im Gegenteil, zu uns Kandidatinnen war sie immer freundlich und fair, auch wenn das auf ein Fernsehpublikum vielleicht anders wirken mag – was auch an der Überspitzung durch den Schnitt liegt und Teil des Konzepts Reality-TV ist. Mir fiel schon damals auf, dass sie zu allen am Set – dem Fahrer, den Runnern, den Caterern – überaus freundlich war, auch wenn die Kameras gerade nicht liefen. Mich hat als junge Frau beeindruckt, wie sie es selbst im größten Stress schaffte, angespannte Situationen durch Scherze aufzulockern. Sie beanspruchte keine Sonderbehandlung, aß mit uns zu Mittag und gab sich zu keinem Moment als Diva. Die Distanz, die zwischen ihr und uns herrschte, war einzig der Tatsache geschuldet, dass sie Teil der Jury war und unsere Performance bewerten musste.

Besonders klar wurde mir, mit was für einem hohen Maß an Professionalität sie arbeitete, als ich mit den zwei anderen Final-

Kandidatinnen und ihr einen Werbespot für McDonald's drehte. Fast zwölf Stunden standen wir vor der Kamera und mussten immer wieder so tun, als würden wir voller Appetit und Lust in einen Burger beißen. Vor unseren Füßen standen Kübel, in die wir die abgebissenen Burgerstücke spuckten. Eine Situation, die nicht gerade einfach und glamourös war. Heidi Klum fragte weder, wie lange es noch dauerte noch nörgelte sie. Sie war präsent, leistete sich keine Allüren und steckte mit ihrer positiven Ausstrahlung alle anderen an. Dadurch wurde der Dreh viel einfacher. Das macht in meinen Augen echte Professionalität aus, und das habe ich von Heidi Klum gelernt: Wirklicher Erfolg geht oft mit einer Bodenständigkeit einher, die das Arbeiten enorm erleichtert.

Auch die Stutenbissigkeit, die den GNTM-Kandidatinnen so gerne unterstellt wird, kann ich nicht bestätigen. Unser Umgang miteinander war überwiegend freundschaftlich und von gegenseitigem Respekt, ja, auch einer gewissen Solidarität geprägt – schließlich hatten wir diese ungewöhnliche Reise, diese Erfahrung gemeinsam gemacht, und sie hat uns auch tief verbunden, weil es wohl keiner so richtig nachvollziehen konnte, der nicht dabei war. Von außen mögen uns manche als Opfer gesehen haben, aber ich habe das nie so empfunden.

Überhaupt lernt man durch die Teilnahme an einer Castingshow auch, wie wichtig es ist, sich von den Wertungen frei zu machen, mit denen wir einem Menschen oft begegnen. Für viele sind die Models, die ihren Start bei GNTM haben, keine »richtigen« Models – aber was heißt das schon? Was macht ein Model zu einem »richtigen« Model? Doch nicht wirklich, wie sie es auf den Laufsteg oder zu einem Werbeshooting geschafft hat, sondern wie sie ihre Arbeit macht.

Natürlich weiß ich, dass viele die Sendung für gefährlich halten und der Meinung sind, sie würde ein völlig falsches Frauenbild vermitteln. Diese Debatte ist heute auch gegenwärtiger als zu der Zeit, als ich an *GNTM* teilgenommen habe. Mit einigem Abstand sehe ich die Sendung heute mit etwas anderen Augen und kann die Kritik an ihr verstehen. Mir persönlich hat die Teilnahme jedoch nicht geschadet, sondern sehr viel ermöglicht.

Ich glaube, es wäre zu einfach zu sagen, dass ich gewonnen habe, weil ich eben die Beste war. Sicherlich habe ich mich gut geschlagen. Doch in dieser Zeit lag auch ein gesellschaftlicher Wandel in der Luft: Barack Obama war der erste dunkelhäutige Präsident der USA, Deutschland war multikultureller und offener geworden. Vielleicht wollte Heidi Klum auch ein Zeichen setzen, indem sie mich zur Siegerin kürte. Denn ganz unproblematisch war es nicht, sich für mich zu entscheiden. Der Maybelline-Deal, den damals jede Gewinnerin von *GNTM* bekam, war ein gutes Beispiel dafür. Zu dieser Zeit stellte Maybelline gar kein Make-up in meinem Hautton her – und nun sollte ich für den Konzern Werbung machen? Mit Sicherheit keine bequeme Entscheidung. Andererseits denke ich auch nicht, dass mein Sieg so viel mit meiner Hautfarbe zu tun hatte, wie manche glauben. Schließlich hatte ich einen guten Job gemacht. Vielleicht war es auch die Leichtigkeit, mit der ich in die Sendung gegangen bin.

Lange Zeit tat ich mir schwer damit, meine Hautfarbe überhaupt zu thematisieren. Die Reaktionen auf meinen Sieg zeigten mir, dass ich es tun musste. Vor allem junge Frauen mit Migrationshintergrund, die eben nicht blond waren und blaue Augen hatten, freuten sich über meinen Sieg. Mir wurde jedoch erst viel später bewusst, wie wichtig neben Toleranz und dem Kampf gegen Diskriminierung Repräsentanz und Sichtbarkeit wirklich sind. Damals begriff ich aber, dass sich diese jungen Frauen in mir sahen und meinen Erfolg als *Germany's Next Topmodel* als

Ermutigung empfanden. Doch selbst ältere türkischstämmige Männer kamen mit Tränen in den Augen auf mich zu und gratulierten mir – eine Zielgruppe, mit der ich nun wirklich nicht gerechnet hätte. Ich stand für einen Wandel in Deutschland. Ich glaube, mein Sieg hat anderen Frauen mit dunkler Haut eine Tür geöffnet und sie aufgefordert, sich dem Schönheitsideal in diesem Land zugehörig zu fühlen. Ich glaube auch, das Bild von Deutschland hat sich in diesem Fernsehmoment ein Stück weit geändert: Ein Model aus unserem Land konnte auch ganz anders aussehen, als man sich das Klischee einer deutschen Schönheit vorstellte. Das sagt auch viel über das Befinden und Selbstverständnis von Deutschland aus. Die seriösen Blätter, die es sonst scheuten, sich einem solchen Format zu widmen, berichteten erstmals über *GNTM*, und selbst aus dem Ausland gab es Medienberichte über meinen Sieg. Auf einmal hatte ein Format des Unterhaltungsfernsehens eine gesellschaftliche Relevanz.

Seitdem hat sich viel getan: Mittlerweile gibt es von fast allen Marken Make-up in meiner Hautnuance. Der althergebrachte Einwand, für Produkte in dunklen Hautfarben gebe es keinen Markt, hat sich als gegenstandslos erwiesen. So unbedeutend es klingen mag: Es ist eine wichtige Entwicklung, denn auch Marken haben die Verpflichtung, Diversität abzubilden. Im Jahr 2018 machte mich LOV Cosmetics zum Gesicht ihrer Kampagne, ein weiterer Schritt, der mich darin bestärkt, dass der Schönheitsbegriff sich auch bei großen Marken immer mehr wandelt.

Als ich am ersten Morgen nach meinem Sieg im Hotel aufwachte, hatte ich das Gefühl, kaum geschlafen zu haben. Um sieben Uhr morgens kam die Pressesprecherin des Senders schon mit meiner Agentin zu mir ins Zimmer, um mich durch den Interviewmarathon zu begleiten. Noch im Bett liegend gab ich ein Telefoninter-

view nach dem anderen und arbeitete eine gefühlt endlose Liste
an Magazinen und Tageszeitungen ab, die ein Interview mit mir
angefragt hatten. Als ich das Hotel verließ, sah ich auf der anderen
Straßenseite ein paar Kandidatinnen, die offenbar gerade erst auf
dem Heimweg von der Party waren. Dafür war ich viel zu müde
gewesen. Als ich ins Auto stieg, dachte ich: Jetzt fängt die Arbeit
erst richtig an, dabei bist du jetzt schon so erschöpft.

Überholspur

Am Tag nach meinem Sieg, als ich den Interviewmarathon absolviert hatte, telefonierte ich im Shuttle zum Flughafen mit Heidi. Sie gratulierte mir nochmals, warnte mich aber auch ganz eindringlich und ernst: »Es werden aufregende Zeiten auf dich zukommen. Mach nicht den Fehler, den andere machten – werde nicht bequem. Gehe ins Ausland, du musst raus und dich etwas trauen.« Was genau sie damit meinte, würde ich erst später erkennen.

Von Köln ging es direkt nach Berlin zum Maybelline-Shooting. Ich wurde im Ritz-Carlton einquartiert und staunte darüber, wie elegant die Suite war, sogar eine Glückwunschkarte lag dort für mich bereit, und meinen Eltern wurde, wie ich später erfuhr, im Flieger nach München vom Piloten aus dem Cockpit heraus zu meinem Sieg gratuliert. Doch dann musste alles sehr schnell gehen: Ich hatte gerade mal Zeit, meinen Koffer in eine Ecke zu stellen und mich frisch zu machen, schon ging es weiter zum Shooting. In einem schwarzen Pailettenkleid stand ich stundenlang vor der Kamera. Weil es kein Make-up von Maybelline gab, das zu meinem Hautton passte, entschied sich die Visagistin für stark geschminkte Augen und lackierte Nägel. Als ich die Fotos sah, war ich erstaunt, wie ich auf ihnen aussah. Ich hatte eine riesige Diana-Ross-Föhnfrisur, sah viel älter aus, als ich war, und erkannte mich kaum wieder.

In den nächsten Monaten und Jahren erlebte ich viele Sachen, von denen ich früher geträumt hatte – ich arbeitete an traumhaften Orten, schlief in teuren Hotels, wurde von Fahrern durch New York chauffiert und aß in den Restaurants, die gerade angesagt waren – aber ich war auch sehr einsam. Ich war mehr in Hotels als zu Hause und verlor mit jedem Shooting ein bisschen mehr das Bewusstsein dafür, wie besonders es ist, so zu arbeiten. Vielleicht auch, weil ich kaum Zeit hatte, alles zu verdauen und die vielen neuen Erfahrungen zu sortieren: Auf jedes Highlight folgte gleich das nächste. Ich war ständig auf der Durchreise, wurde wie nebenher erwachsen und emanzipierte mich von meinen Eltern. Ich zog mit meinem Freund zusammen. Aber in der Wohnung, in der wir lebten, war ich kaum. Wir hatten auf einmal keinen gemeinsamen Alltag mehr, obwohl wir zusammenlebten. Stattdessen erlebte ich jede Woche etwas Neues, machte Dinge, die ich mir nie erträumt hätte. Es war ein Leben wie im Zeitraffer.

Einige Wochen nach meinem Sieg bei *GNTM* fragte Thomas Gottschalks Team mich für die Sommersendung von »Wetten, dass..?« auf Mallorca an. Die Redaktion wollte mich und Naomi Campbell einladen. Ich fand es unglaublich, dass ich auf sie treffen sollte – eine Ikone der Branche (die aber leider kurz vor der Sendung absagen würde). Auf einmal war ich bei einer der besten Mode-PR-Agenturen Deutschlands eingeladen, die mich für die Sendung ausstatten wollte. Susann, die eine Handelsagentur für Mode leitet, unterstützte mich und half mir, mich in dieser neuen Welt zurechtzufinden. Sie kam mit, als ich im Showroom der Agentur mögliche Outfits für die Sendung anprobierte. Noch heute schicke ich ihr Fotos, wenn ich unsicher bin, ob mir etwas steht. Der Showroom befand sich in einem riesigen Altbau in München. Jeder einzelne Raum war so groß wie die Wohnung, in der ich aufgewachsen war. An Kleiderstangen hingen Outfits von

Versace, Miu Miu und Prada. Alles war sorgfältig kuratiert und die Auswahl bewusst überschaubar gehalten. Trotzdem war ich überfordert. Was ziehe ich nur an? Schließlich wollte ich ja nicht neben Naomi Campbell untergehen! Ich probierte mich ewig durch die vielen Designerklamotten. Nach einer Weile machte es richtig Spaß, ich fühlte mich wahnsinnig elegant. Ich hatte noch nie so hochwertige Dinge getragen und auch ein bisschen unterschätzt, was es mit einem macht, derart edle und gut geschnittene Kleidung tragen zu können. Und ich war froh, dass meine Schwester dabei war, die jedes Mal, wenn ich aus der Kabine kam, entweder skeptisch schaute oder anerkennend nickte. Am Ende entschied ich mich für ein sehr enges Paillettenkleid in Gold.

Mit meinen Schwestern flog ich nach Mallorca. Mal wieder wurde mir bewusst, mit welchem Tempo ich in dieses neue Leben hineingeschleudert worden war: Beim Check-in im Hotel war es mir furchtbar unangenehm, dass ich noch keine Kreditkarte hatte. Kurz sah es so aus, als könnten wir in unsere reservierten Zimmer gar nicht einchecken, doch dann half mir Annemarie Carpendale aus der Patsche. Während meine Schwestern Palma erkundeten, musste ich zur Generalprobe. Ich war total überwältigt von der Größe der Arena, in der wir drehten, und versuchte, die Aufregung wegzudrücken. Irgendwie schaffte ich es, mir die Wartezeit bis zur Live-Sendung zu vertreiben, ohne zu viel darüber nachzudenken, was alles schiefgehen könnte. Als es ernst wurde, ertönte »Circus« von Britney Spears, der Titelsong unserer *GNTM*-Staffel – mein Signal einzulaufen. Ich stand im Dunkeln und hörte den Countdown der Aufnahmeleitung – zehn Sekunden, fünf Sekunden, los! Alle Scheinwerfer und Blicke waren auf mich gerichtet. Die Arena war mit Sand aufgeschüttet, und der Weg in meinen High Heels schien schier endlos, weil ich mit jedem Schritt etwas mehr im Sand einsank. Bloß nicht stolpern. Doch in dem Moment, in dem ich auf Thomas Gottschalk zulief, fiel jegliche Anspannung von mir ab. Ich fühlte mich toll, glamourös in meinem Kleid, und die Energie aus dem Publikum war spürbar. Es war ein schöner warmer Sommertag, und alle Zeichen standen auf Anfang. Als es um die Saalwette ging, in der ich meine Einschätzung abgeben sollte (eine Frau aus China wettete, dass sie 32 Hula-Hoops gleichzeitig um die Hüfte schwingen konnte), stand ich auf und lief mit Thomas Gottschalk zu ihr, dabei war das eigentlich nicht vorgesehen. Gottschalk, ganz Profi, war nur kurz etwas irritiert und machte dann einfach weiter mit seiner Moderation. Wie außergewöhnlich es war, in die Sendung eingeladen zu sein, wurde mir erst im Nachhinein bewusst. Natürlich habe ich, wie wohl die meisten Kinder meiner Generation, unzählige Samstagabende damit verbracht, mit meinen Eltern »Wetten, dass..?« zu schauen, aber in dieser Ausnahmesituation konnte ich das gar nicht richtig realisieren. Im Publikum saßen Susann und Sali und fieberten mit. Ich war sehr froh, dass ich diese Erfahrung mit ihnen teilen konnte. Es war einer der seltenen Momente, in denen ich die Welt, in der ich mich seit dem Sieg bewegte, nicht alleine durchquerte, sondern meine Familie an meiner Seite hatte. Als ich über meine Verbundenheit zu Erding sprach, brach im Publikum Jubel aus – eine Gruppe Erdinger Fans hielt eine Fahne mit den Worten: »Erding grüßt Sara Nuru« in die Kamera. Dass es wirklich wildfremde Menschen gab, die mich feierten und sich für mich freuten, finde ich bis heute unglaublich schön und rührend.

Zu Hause klebten meine Eltern vor dem Fernseher und konnten kaum fassen, was da geschah: Ihre eine Tochter saß neben Placido Domingo auf der »Wetten, dass..?«-Couch, und die zwei anderen Töchter strahlten aus dem Publikum in die Kameras. Sie schauten die Sendung mit meiner Tante Hiwot und Hilde und Werner in Erding. Auf einmal wurden sie von Bekannten angerufen, wenn ich im Fernsehen war. Immer wenn das der Fall war, klingelte meine Mutter bei mir durch und sagte: »Ich habe dich heute schon wieder im Fernsehen gesehen«, und klang dabei so glücklich und triumphierend, dass ich nicht anders konnte, als mich doppelt zu freuen. Am Tag nach meinem »Wetten, dass..?«-Auftritt erwartete mich noch ein Shoot auf Mallorca, der von einem ProSieben-Team begleitet wurde. Während ich am Strand fotografiert wurde, wusste Sali, dass ich in guten Händen war und genoss die Sonne. Susann hingegen schlüpfte sofort in die Mutterrolle und fragte alle zehn Minuten nach, ob es mir gut ging, und bot auch dem Kamerateam ihre Hilfe an. Das ist typisch für sie. Sie kann gar nicht anders.

Susann ist eine geborene Netzwerkerin. Sie versteht es so gut, mit Menschen in Kontakt zu kommen, dass es bei ihr nichts Aufgesetztes hat. Wenn ich sie zu Events einlade, muss ich oft aufpassen, weil sie weg ist, ehe ich mich einmal umsehen kann. Sie kommt so schnell mit Menschen ins Gespräch und wird mit ihnen warm, dass ich bei Veranstaltungen oft gefragt werde, wo meine nette Schwester denn ist. Sali verzichtet gern auf Aftershowpartys und Premieren. Sie hat kein Interesse an Begegnungen, die sie als oberflächlich empfindet. Bei einem Dreh für C&A in Südafrika war meine Agentin verhindert, und so konnte ich Sali einladen. Wir flogen in der Businessclass. Ich kannte das Procedere mittlerweile gut. Für Sali war es der erste Flug in der Businessclass, und als die Stewardess uns Champagner und Nüsse servierte, fuhrwerkte sie herum, weil sie ihren Tisch nicht finden konnte. Ich schaute ihr seelenruhig dabei zu und ließ sie suchen, nicht ohne es ein bisschen zu genießen, dass es ausnahmsweise mal sie war, die sich etwas doof anstellte. Schließlich fragte sie entnervt: »Wo ist denn dieser verdammte Tisch?« Ich drückte einen Knopf und klappte meinen in Sekundenschnelle aus. Sali sah, wie ich mir ein selbstzufriedenes Grinsen kaum verkneifen konnte. »Tu mal nicht so!«, sagte sie, und wir beide mussten lachen, weil die Situation so albern war.

Im Hotel legte sich Sali schnell aufs Bett und blätterte durch einen Katalog mit dem Spa-Angebot des Hauses. Ich wünschte mir, ich könnte mich zu ihr legen und wir könnten gemeinsam die Zeit hier verbringen. Ich war aufgeregt, weil ich nicht wusste, was mich bei diesem Dreh erwartete und ich noch nicht so viel Erfahrung hatte. Reisen zu Shoots klingen immer so glamourös, aber oft sieht man kaum etwas von der Location und verbringt die meiste Zeit entweder in einem Studio oder im Hotel. Dieses Mal hatten wir Glück: Ich sollte bei einem Dreh die Stadt entdecken, und so fuhren wir den ganzen Tag durch Kapstadt. Es war Sightseeing und Arbeit zugleich. Wir fuhren zum Kap der Guten Hoffnung, vorbei an den Townships, die sich kilometerweit entlang der Autobahn zogen, und zum Signal Hill, wo jeden Tag um 12 Uhr eine Kanone abgeschossen wird, die *noon gun*, ein historisches Zeitsignal.

Am Abend studierten Sali und ich die Speisekarte des Room-Service. Wir bestellten Steak mit Pommes frites, einen Caesar Salad, Pasta mit Lachs und einen Dessertteller. Als es an der Tür klopfte und der Page einen Tisch im Hotelzimmer ausklappte und darauf unsere Speisen anrichtete, fühlten wir uns ein bisschen wie die Frauen in den Hollywood-Filmen, die wir früher immer gemeinsam geschaut hatten. Wir schalteten den Fernseher an und teilten unser Essen, während wir wie gebannt auf den Bildschirm blickten. Es war fast so wie früher, als wir noch im gleichen Kinderzimmer wohnten. Einer der wenigen Momente meines Modellebens, in denen ich mich geborgen fühlte. Ich merkte, jetzt, wo ich mich daran erfreuen konnte, wie erfreut Sali war, dass es genau das war, was mir am meisten fehlte: Mein Glück und mein neues privilegiertes Leben nicht alleine zu leben, sondern es mit Menschen zu teilen, die mir nahestehen.

Im Sommer lud mich der damalige Bürgermeister Erdings, Max Gotz, ein, mich in das Goldene Buch der Stadt einzutragen. Ich konnte das erste Mal richtig begreifen, was der Sieg für meine Familie bedeutete. Rund 1000 Menschen waren gekommen und jubelten mir zu, als ich mit dem Bürgermeister auf eine Bühne stieg, die vor dem Rathaus aufgebaut war. Ich kam nur langsam voran, weil ich Autogramme geben musste. Manche der Fans versuchten, sich mit mir hinter die Absperrung zu drängen, und die Security-Männer hatten Mühe, zwischen meinen Freunden und völlig Fremden zu unterscheiden. Sie schauten bei jeder Person Sali an, die ihnen mit den Augen bedeutete, wer zur Familie gehört und wer nicht. Noch heute muss ich lachen, wenn ich daran denke, wie bierernst sie ganz dezent den Kopf schüttelte, wie eine geborene Türsteherin.

Nach zehn Jahren in München war ich auf einmal wieder in dem Städtchen, in dem ich meine Kindheit verbracht hatte. Die Siedlung, die ich als eine schöne, heile Welt in Erinnerung hatte, sah mit etwas Abstand viel beschaulicher und kleiner aus, als ich dachte. Als meine Familie und ich es endlich auf die Bühne geschafft hatten und ich mich spät in das Buch eintrug, war ich völlig überwältigt. Im Publikum sah ich viele bekannte Gesichter, viele der Kinder, mit denen ich aufgewachsen war. Es war etwas merkwürdig, von diesen Menschen, die ich ja persönlich kannte, so bejubelt zu werden.

Mein Vater trug seinen besten Anzug und hatte Tränen in den Augen, als ich mich in das Goldene Buch Erdings eintrug. Ich glaube, für ihn ging in diesem Moment ein Traum in Erfüllung. Er, der immer mehr für uns wollte, der als junger Mann große Träume hatte, die er nicht verwirklichen konnte, sah sich nun in seinem Verzicht bestärkt. Es war richtig gewesen, alles für uns aufzugeben. Hilde und Werner waren natürlich auch da, um am Glück meiner Familie Anteil zu nehmen. Als ich alle Interviews gegeben hatte und der offizielle Teil des Tages hinter uns lag, fuhren wir zu ihnen nach Grünbach und aßen dort Weißwürste. Meine Eltern hatten zu dieser Zeit Angst, dass ich ihnen entgleiten könnte, und sorgten sich auch wegen der vielen Schulstunden, die ich wegen der Sendung verpasst hatte, und darum, dass ich erst einmal kein Abitur machen würde. Für sie war es besonders schwer, das hinzunehmen, schließlich war Bildung für sie das höchste Gut. Ihr größter Albtraum war es, dass ich die Schule einfach so hinschmiss und sich meine Karriere nach wenigen Jahren als ein Wahn oder als falscher Weg herausstellen würde. Wie so oft waren Hilde und Werner wichtige Ansprechpartner für meine Eltern, die sie beruhigten und ihnen sagten, ich solle diese Chance nutzen, weil sie sich nicht noch einmal bieten würde. »Das Abitur kann sie immer noch nachholen«, sagte Werner zu meiner Mutter, und als sie diese Worte aus seinem Mund hörte, konnte sie sie endlich gelten lassen. Der Tag bei Hilde und Werner war ein letztes Durchatmen, eine vorübergehende Rückkehr in mein altes Leben. Ich fühlte mich geerdet und geborgen, als ich mit meinen Tanten, Cousinen, Hilde, Werner und meinen Eltern und Geschwistern am Esstisch saß. Sie schenkten mir einen großen Korb mit Kosmetikartikeln, damit ich mich von den Strapazen der letzten Wochen erholen konnte: Badeöl, eine Gesichtsmaske, Badesalz, eine Aromalotion, ein Handtuch, und ich war ehrlich gerührt davon, wie sehr sie sich alle für mich freuten.

Heute fällt es mir schwer, mich bewusst an diese Zeit zu erinnern und nachzuspüren, was in mir vorging. Die vielen Impulse machten es mir damals geradezu unmöglich, alles zu absorbieren. Ich kam gar nicht hinterher damit, alles zu verarbeiten.

Ich glaube, es wird mir nie gelingen, genau nachzuvollziehen, was in meinen Eltern vorgegangen sein muss, als sie nach 20 Jahren nach Erding zurückkehrten und bejubelt wurden. Auf einmal waren wir wirklich etwas Besonderes, wie meine Mutter immer zu Susann sagte, wenn sie sich wunderte, warum die Menschen auf der Straße sie und Susann so anstarrten. Jetzt wollten wirklich alle so sein wie wir.

Am Ende des Jahres wurde ich zu drei Sendungen eingeladen, die die Menschen des Jahres vorstellten. Mein plötzlicher Erfolg und dieser schnelle Ruhm fühlten sich ein bisschen so an, als hätte ich die Treppe links liegen gelassen und sei mit dem Aufzug gleich in die Penthouse-Etage gefahren. Ich verstand mit jedem Monat, der verging, den Satz von Heidi etwas besser: Es ist tatsächlich einfach, in einer solchen Situation bequem zu werden. Viele der Jobs, für die ich gebucht wurde, bekam ich einzig wegen meiner Bekanntheit, die durch die Sendung entstanden war. Ich war durch den *GNTM*-Sieg eine Marke geworden und wurde noch dazu ständig von einem Kamerateam begleitet, so dass ich auch eine ganz andere Reichweite hatte als andere Models. Es wäre tatsächlich ein Leichtes gewesen, sich auf diesem Erfolg auszuruhen, anstatt immer weiter an meiner Karriere zu arbeiten.

Ich tat mich oft schwer mit meiner neuen Rolle als Person des öffentlichen Lebens. Ehe ich in der Öffentlichkeit stand, las ich auch manchmal die Klatschgeschichten in den Boulevardmagazinen. Ich wusste also, warum man über das Leid der Reichen und Schönen liest: Man fühlt sich danach besser, denkt, es geht einem selber gar nicht so schlecht, und erfreut sich insgeheim daran, dass Demi Moore auch Cellulite hat und wir alle eben nur Menschen sind. Die Lektüre relativiert die eigenen Probleme. Doch auf einmal fand ich mich selber in diesen Magazinen wieder und merkte, welchen Schaden diese Art der Berichterstattung anrichten kann und wie schwer es ist, damit umzugehen, wenn wildfremde Menschen über einen schreiben, obwohl man überhaupt kein Interesse daran hat, in solchen Zeitschriften stattzufinden.

Wie hämisch der Ton dabei sein kann, bekam ich zu spüren, als ich für Irina Schrotter auf der Berliner *Fashion Week* lief. In einem beigefarbenen Kleid, das vorne sehr knapp geschnitten war und hinten bis auf den Boden reichte, ein sehr moderner Ethno-Look, der mir gefiel. Darunter trug ich einen farblich passenden Slip, der auf dem Catwalk wohl für einige Sekunden zum Vorschein kam, da mein Kleid leicht verrutscht war – lange genug jedenfalls, um von einem Fotografen eingefangen zu werden. Danach hieß es in einem Artikel, ich sei »mehr oder weniger unten ohne« über den Laufsteg gelaufen.

Ich war erschrocken und verletzt, dass man mit solcher Schadenfreude über mich berichtete, wobei ich im Vergleich zu vielen anderen Frauen, die in der Öffentlichkeit stehen, noch vergleichsweise gut wegkam. Andere Kandidatinnen von *GNTM* wurden beispielsweise auf der Straße beschimpft, und daran hatten auch reißerische Schlagzeilen ihren Anteil. Es ist die, wie ich finde, schwierigste Seite am Ruhm: die Verfügungsgewalt, die Medien über das eigene Bild haben. Dass wildfremde Menschen in einer Art vermeintlicher Wahrheitssuche Dinge über einen schreiben, die nicht stimmen, einen bewerten und einem so auch die Chance nehmen, selber zu entscheiden, ob man Berichterstattung möchte oder eben nicht. Bis heute merke ich, ob Menschen, die mich kennenlernen, wissen, dass ich bekannt bin – oder nicht. Am Anfang meiner Modelkarriere wurde ich oft nach Autogrammen gefragt und fand das immer auch ein bisschen merkwürdig und ungesund.

Heute habe ich einen Weg gefunden, mit meinem Ruhm, meiner Bekanntheit umzugehen. Ich lese keine Klatschzeitschriften, mich interessieren weder Artikel über mich noch über Kolleginnen. Ich genieße es, wenn ich Menschen kennenlerne, die keine Ahnung haben, wer ich bin, und die ich allein mit meiner Art, meinem Wissen oder meinem Humor für mich gewinnen kann. Zu Beginn meiner Karriere schuf ich Mechanismen, um nicht aufzufallen. Ich lief mit gesenktem Blick durch die Straßen und vermied es, Blickkontakt aufzunehmen. Meine frühere Freude an auffälligen Outfits kehrte sich ins Gegenteil um: Wie zum Trotz kleidete ich mich in meiner Freizeit betont lässig, manchmal sogar nachlässig. Es war mir aber völlig egal, wie ich aussah, wenn ich nicht gerade am Arbeiten war. Gerade in München stieß das auf Unverständnis, schließlich ist es hier besonders wichtig, wie man sich gibt. Dass ich kein Verlangen nach einem Promileben, nach Logo-Taschen und teuren High Heels hatte, fanden viele befremdlich. Ich merkte es an den Blicken, wenn ich privat in einem Restaurant war und mich die Menschen von oben bis unten musterten, weil ich ungeschminkt war und meine Haare einfach zu einem Zopf gebunden hatte, anstatt sie aufwendig zu stylen.

Doch natürlich wurde mit dieser neuen Bekanntheit auch ein Lebenstraum wahr: Ich flog das erste Mal nach New York, um auf der *Fashion Week* zu laufen, und kehrte so an den Schauplatz der Dokumentation zurück, die mich überhaupt erst auf die Idee gebracht hatte, ein Leben als Model könne mir den Weg in die große weite Welt eröffnen. Doch zuvor war ich das erste Mal mit der Stiftung *Menschen für Menschen* in Äthiopien, um Einblicke in eine mögliche Tätigkeit als Botschafterin zu bekommen, und als ich nach den Erlebnissen dort direkt im Anschluss nach Amerika flog, war ich viel zu sehr mit den Eindrücken aus Afrika beschäftigt, um meinen ersten Auftrag in dieser Metropole wirklich zu genießen. Schon beim Umsteigen in Frankfurt spürte ich eine Art Kulturschock, denn nach zehn Tagen in einem Land, in dem selbst Wasser ein kostbares Gut ist, überforderten und irritierten mich die vielen Menschen, Lichter und Schaufenster der Luxusboutiquen. In New York starrte ich aus dem Taxi auf die Wolkenkratzer und versuchte, mit meinem Geist meinem Körper zu folgen, der ganz offensichtlich schon in dieser neuen Glitzerwelt angekommen war, aber es gelang mir nicht. Ich vermisste meinen Vater, der mich nach Äthiopien begleitet hatte, und wünschte mir, ich könnte ihn mit Fragen löchern. Wie war es, als er als junger Mann in einem kleinen Dorf in Äthiopien aufwuchs? Wie fühlt er sich, wenn er seine Heimat heute sieht? Was ist in seinen Augen Armut – und wer hat seiner Meinung nach Schuld daran, dass Menschen im 21. Jahrhundert immer noch hungern müssen?

Diese Gedanken passten überhaupt nicht zu der Situation, in der ich in diesem Moment steckte. Ich war in einem schönen, wenn auch etwas angestaubten Hotel am Central Park untergebracht. Vor dem Fünf-Sterne-Haus nahm ein Page im Anzug mein Gepäck in Empfang. Mit seinem Hut und dem goldenen Wagen sah er aus wie aus einem Film. Aber ich konnte es nicht annehmen oder mich darüber freuen, so bedient zu werden. Stattdessen spürte ich wieder diese Enge in meiner Brust. Ich fühlte mich unglaublich privilegiert, wusste aber gleichzeitig, dass es nur einem Zufall geschuldet war, dass ich in Freiheit und Überfluss lebte, während andere Menschen ums bloße Überleben kämpfen mussten. Es war kein Glücksgefühl. Eher ein »Mir geht es so gut«-Gefühl, das einen nicht mit Dankbarkeit erfüllt, sondern mit einem Schuldgefühl gegenüber denen, die nicht aus ihrer Lage fliehen können, die ihrem Schicksal in einem armen Land einfach so ausgeliefert sind.

Die Kissen auf meinem Hotelbett waren akkurat drapiert und aufgeschüttelt, auf der Bettdecke lag eine Karte mit meinem Namen und eine kleine Schachtel Pralinen zur Begrüßung. Alles war genau so, wie ich es mir als kleines Mädchen erträumt hatte, und doch fühlte es sich gar nicht traumhaft an. Ich stellte meinen Koffer ab und öffnete ihn. Sofort stieg aus den braunen, von Staub und Erde bedeckten Klamotten der Geruch Äthiopiens in meine Nase. Ich dachte kurz: »Ist das wirklich alles passiert?« Im Bad staunte ich über die polierten Armaturen, die glänzenden Fliesen, die geräumige Duschkabine. Als ich den Wasserhahn aufdrehte, hielt ich inne. Noch vor wenigen Tagen hatte ich mir die Zähne mit Wasser aus der Flasche geputzt, weil es dort, wo ich war, kein Trinkwasser gab. Und bei jeder Dusche waren wir angehalten, so wenig Wasser wie möglich zu verwenden, und hatten uns oft nur sehr kurz mit kaltem Wasser abgebraust. Auf einmal nahm ich bewusst wahr, was es eigentlich für ein Luxus war, fließendes Wasser zu haben, jederzeit, so viel man will. Unter der Dusche dachte ich: Ich könnte jetzt stundenlang unter dem warmem Strahl stehen, ohne mir Sorgen machen zu müssen, dass er versiegt. Als ich Shampoo in meinen Haaren verteilte, färbte sich der Schaum vom Staub Äthiopiens dunkel, bis das Wasser ihn nach und nach in den Abfluss spülte.

Von meinem Hotelzimmer aus hatte ich einen Blick auf die 5th Avenue, aber selbst der war mir zu viel. Ich schloss die Vorhänge und versuchte, zu mir zu kommen und mich zu sortieren. Es war ein sonniger Spätsommertag mit strahlend blauem Himmel und dem ersten Duft von Herbst in der Luft. Normalerweise wäre ich sofort aus dem Hotel gelaufen und hätte meine Nachbarschaft erkundet. Aber allein der Gedanke an die vielen Menschen, die gehetzt durch die Straßen rannten, überforderte mich. Ich war noch zu sehr in Äthiopien, wo man so oft nichts sah außer Weite,

Landschaft, Frauen, die unter dem Gewicht der schweren Wasserkrüge auf ihren Köpfen das Gesicht verzogen. Ich war geplättet und überfordert von den Kontrasten zwischen der Heimat meiner Eltern und dieser Stadt. Vor 24 Stunden sah ich noch Kinder, die durch kniehohen Schlamm wateten. Hier hetzten Frauen in 500-Dollar-High-Heels zum Taxi. Der Überfluss, den ich sonst gar nicht als solchen wahrgenommen hatte, erdrückte mich plötzlich. Ich schlief mit nassen Haaren ein, so erschöpft war ich. Das Bett fühlte sich an wie der größte Luxus, den ich mir vorstellen konnte. Es war riesig und weich. Ich legte mich in die Mitte und nahm es komplett ein. Kurz vorm Einschlafen dachte ich noch: »Hoffentlich bin ich morgen nicht in Gedanken immer noch in Äthiopien.«

Am nächsten Morgen stand ich sehr früh auf und nahm beim Frühstück jedes Detail wahr, fast so, als hätte ich in meinem Leben noch nie ein Hotelbüfett gesehen. Ich erlebte die westliche Welt, in der ich aufgewachsen war, ganz neu und konnte mich gar nicht entscheiden, ob ich jetzt Tee, Kaffee oder heiße Schokolade mochte. Vor mir war eine schier unendliche Auswahl an frisch zubereiteten Speisen angerichtet ... In Äthiopien hatte ich Obst nur gegessen, wenn man es schälen konnte, damit ich nicht krank wurde, und so stürzte ich mich auf das viele Obst und Gemüse.

Mein erstes *Fitting*, eine Anprobe beim Designer, war um acht Uhr morgens beim spanischen Label Custo Barcelona. Ich war immer noch erschöpft und wurde wie immer auf Schritt und Tritt vom ProSieben-Kamerateam begleitet. Selbst die Fahrt im Taxi fühlte sich wie Arbeit an, denn ich musste ständig präsent sein. Es fiel mir immer noch schwer, die vielen Eindrücke zu filtern, die in New York auf mich einprasselten. In Äthiopien kam uns manchmal stundenlang kein Auto entgegen. Die Weite in diesem Land, das drei Mal so groß ist wie Deutschland, in dem aber auch nur knapp 100 Millionen Menschen leben, kann man kaum begreifen, wenn man noch nie in Afrika war. Jetzt war ich in einer Metropole, in der nahezu neun Millionen Menschen auf kleinster Fläche lebten und der Verkehr niemals aufzuhören schien. Aus dem Fenster sah ich Männer mit Aktenkoffer, die entschlossen Taxis heranwinkten. Ich war nervös, denn wir waren eigentlich schon viel zu spät dran, und nichts ist mir unangenehmer, als zu beruflichen Terminen zu spät zu kommen. Ich hatte die Uhr im Blick und konnte mich nicht entspannen, musste aber trotzdem ein Interview geben und beschreiben, wie ich mich fühlte, und schildern, wie sehr ich mich auf das Fitting freute. Ich bedauerte insgeheim, dass wirklich jeder meiner Schritte von einem Kamerateam begleitet werden musste. Eigentlich fahre ich viel lieber mit der U-Bahn als mit dem Taxi, vor allem in New York. Denn trotz aller Traurigkeit mochte ich das Pulsierende dieser Stadt, das sich in den vielen verschiedenen Gesichtern in den Bahnwaggons widerspiegelte, Menschen aus aller Welt, die hier ein Zuhause gefunden hatten: Frauen aus Lateinamerika, die ihre Einkäufe über der Schulter trugen und ihre Kinder an der Hand hielten, Afroamerikanerinnen, die an ihrem Handy klebten, Geschäftsleute, die mit gerunzelter Stirn in ihre Blackberrys tippten, Touristen, die irgendwie nie schnell genug waren und die man spätestens daran als solche erkannte.

Im Taxi versuchte ich mich in diese Gedanken versunken zu beruhigen und sagte mir, dass ich mich immer noch hinter meinem Team verstecken konnte, wenn wir wirklich zu spät kommen sollten. Wie so oft zweifelte ich auch jetzt wieder daran, dass es dem Designer wirklich nur um mich als Model ging, und nicht auch um die zusätzliche Promo, die so ein Fernsehteam brachte. Wie wohl alle Menschen in jedem Beruf habe auch ich Zweifel an meinen Fähigkeiten und meinem Werdegang, daran, ob ich wirklich ein Model im engsten Sinne des Wortes bin, obwohl ich mich nicht hochkämpfen musste wie viele andere. Laufen wir nicht alle manchmal mit dem Gefühl durch die Welt, eigentlich nur eine Mogelpackung zu sein, die irgendwann auffliegen wird? Vor allem Frauen geht es, glaube ich, oft so. Jede hat andere Triggerpunkte oder Komplexe: Da gibt es die Abteilungsleiterin, die sich nach ihrer Ausbildung im Unternehmen hochgearbeitet hat und sich unwohl fühlt, weil sie keine akademische Bildung besitzt. Die Sprinterin, die einen wichtigen Wettkampf gewinnt, aber nach den ersten euphorischen Momenten des Sieges ihre Leistung in Frage stellt, ihren Erfolg den an diesem Tag optimalen Bedingungen zuschreibt und ihn so kleinredet.

Ich bin unter den Augen der Öffentlichkeit in die Modebranche getreten, dabei ist das nicht der typische Weg. Ich habe nicht, wie andere Models, Jahre in Model-WGs verbracht, mehrere Monate von der Hand in den Mund in Paris gelebt und immer wieder aufs Neue Castings besucht, in der Hoffnung, Aufträge zu bekommen. Ich habe mir den Weg nach oben nicht mit jeder aus eigener Kraft gegangenen Treppenstufe verdient, sondern wurde in dieses Leben hineinkatapultiert. Und so romantisierte ich damals das harte Leben »richtiger Models«, anstatt auf mich und meinen Weg stolz zu sein. Dabei sollte ich doch eigentlich dankbar sein für mein Glück, und überhaupt: Es war ja auch eine Leistung, dass ich ein Millionenpublikum von mir überzeugt hatte und für viele ein Vorbild war – warum konnte ich das damals nicht sehen?

Wir kamen dann gerade noch pünktlich an. Custo Dalmau, der Designer hinter Custo Barcelona, hatte seine Räume in einem Industrieloft in Midtown. Bodentiefe Fenster, Backsteinwände, reduzierte Möbel: Es sah genauso aus, wie man sich das Büro eines erfolgreichen Designers in New York vorstellte. Kurz vor den Schauen ist die komplette Modewelt in New York in einer Hektik, die spürbar ist, sobald man in den Dunstkreis eines Designers tritt. Die Vorbereitungen liefen an diesem Tag schon auf Hochtouren, Assistentinnen schwirrten mit ans Ohr geklemmten Telefonen durch den Raum, an mehreren Tischen saßen Näherinnen über Nähmaschinen gebeugt und erledigten letzte Änderungen an den Kleidern für die Shows. Auf dem Sofa im Eingangsbereich saßen meist Models, die betont gelangweilt in Magazinen blätterten. Im Raum verteilt standen Frauen, die das Abstecken an ihren Outfits so stoisch über sich ergehen ließen, als wären sie gar nicht da. Ich erkannte sofort, wie routiniert und erfahren sie waren, und nahm mir vor, auch möglichst ruhig zu sein. Custo Dalmau war noch mit einem anderen Model beschäftigt. Als er fertig war, begrüßte er mich nur kurz angebunden – was an sich schon eine Ehre war, denn oft wird man als Model vom Designer gar nicht begrüßt.

Meine Agentur hatte schon im Vorfeld meine Maße an das Team durchgegeben, und jetzt drückte mir eine Assistentin mehrere Outfits in die Hand. Ich zog mich um und sollte von der Umkleide auf das Team zu und wieder zurück laufen. In meinem ersten Outfit fühlte ich mich nicht richtig wohl: ein schulterfreies Kleid in Taupe, das bis zu den Schienbeinen reichte und um die Hüfte wahnsinnig eng war. Ich hoffte, dass ich nicht in diesem Kleid meinen ersten Lauf auf der New Yorker *Fashion Week* absolvieren musste. Das zweite Outfit gefiel mir viel besser: ein weißes Blazerkleid, das mit pinkfarbener Spitze gesäumt war. Sofort fühlte ich mich selbstbewusster, und meine Haltung transportierte dieses Gefühl auch. Dem Team gefiel ich auch besser in der zweiten Option, die Entscheidung war gefallen, alles musste hier schnell gehen. Keine 15 Minuten später steckte eine Assistentin das Outfit zum Kürzen ab. Ich war etwas nervös, als sie mit den Stecknadeln an meinen Beinen hantierte, denn vor wenigen Wochen hatte ich in Berlin vor einer Schau ein Kleid übergezogen, in dem noch Stecknadeln waren. Als die Anziehhilfe es nach unten zog, zerkratzte mir eine der Nadeln den Oberschenkel derart, dass ich eine Narbe davontrug. Seitdem zucke ich immer zusammen, wenn mir jemand mit Nähzeug in der Hand zu nahe kommt. Aber natürlich durfte ich mir das nicht anmerken lassen, wenn ich nicht als Mimose gelten wollte. Zum Schluss machte die Assistentin noch Polaroids von mir, dann schwirrte sie sofort weiter, zum nächsten Model. Bloß keine Zeit verlieren. Der Weg vom Hotel hierher hatte wesentlich mehr Zeit in Anspruch genommen.

Wenn man Models im Fernsehen oder in Klatschzeitschriften sieht, bekommt man ein völlig falsches Bild von der Realität dieses Berufs vermittelt. Die wenigsten Frauen, die modeln, sind so erfolgreich, dass sie wirklich ein selbstbestimmtes und glamouröses Leben führen können. In den meisten Fällen ist man als Model austauschbar, ein Puzzleteil im großen Ganzen, nämlich der Kollektion, die ein Designer über Monate entwickelt. Die Aufgabe des Models ist es, die Kunst des Designers zum Strahlen zu bringen. Dazu muss man in den Augen des Modeschöpfers perfekt zu seinen Werken passen. Der Druck, gut genug zu sein, ist in der Branche allgegenwärtig, aber die Kriterien, nach denen Models ausgewählt werden, sind oft willkürlich. Gerade für junge Frauen ist es schwer, so austauschbar zu sein – das verkraftet wirklich nur, wer ein sehr gesundes Selbstbewusstsein hat – und die häufige Ablehnung und das negative Feedback nicht persönlich zu nehmen. Ich fragte mich zu Beginn ständig: Habe ich genug Sport gemacht, hätte ich mir die Pizza sparen können? Gleichzeitig wollte ich auf keinen Fall das Klischee des hungernden Models bedienen und tat mich schwer damit, mich an irgendwelche Diäten zu halten. Nicht aus Mangel an Disziplin, sondern aus Prinzip. Ich sah und sehe es einfach nicht ein. Als Model soll man eigentlich keine Kurven haben – wie absurd, wenn man bedenkt, dass nahezu jeder Frauenkörper Rundungen hat. Wie sehr die Richtlinien, nach denen Frauenkörper bewertet werden, dem Markt und wechselnden Trends unterliegen, merke ich auch daran, dass meine Figur im Laufe nur weniger Jahre völlig anders bewertet wird. Zu Beginn meiner Modelkarriere galt mein Hintern als etwas zu groß, heute machen alle Kniebeugen, weil sie einen gut geformten Hintern haben wollen.

Vom Fitting bei Custo Barcelona ging es gleich weiter zu einem Dreh für Reebok. Ich sollte ein neues Schuhmodell bewerben, das durch eine Federung in der Sohle die Muskeln zusätzlich beansprucht und so zu Gewichtsverlust führen soll. Dafür lief ich an Fixpunkten wie dem Times Square, der Brooklyn Bridge und dem Central Park vorbei. Ich musste inbrünstig und mit einem Lächeln im Gesicht Turnübungen machen. Es war nicht leicht, dabei dynamisch zu wirken, die Körperspannung aufrechtzuerhalten, aber gleichzeitig auch Freude auszustrahlen und nicht zu verkrampfen. Die Kunst bei dynamischen Fotos ist, dass man eigentlich nur auf der Stelle tritt, das aber voller Überzeugung tun muss, damit es nicht gestellt wirkt. Das sieht für Außenstehende natürlich vollkommen dämlich aus. Aber auch hier half mir die Vorbereitungszeit in der Maske, um in die Rolle zu schlüpfen, wie schon damals bei meinem allerersten Shoot in einem Münchner Hinterhofstudio. Beim Schminken lasse ich mein privates Ich hinter mir und werde Sara Nuru, das Model. Als viele Jahre später Selfies allgegenwärtig wurden und auch ich einen Instagram-Account einrichtete, merkte ich, wie schwer es mir fällt, mich für diese Art von Fotos zu entspannen. Für mich haben Selfies überhaupt nichts mit Modeln zu tun. Auf Schnappschüssen zeigt man sein persönliches Ich und kann dieses nicht ablegen, um in eine andere Rolle zu schlüpfen. Noch heute mache ich ungern Fotos von mir selber.

Als ich fertig geschminkt und gestylt war, joggte ich also im Central Park auf der Stelle und versuchte, die Menschen auszublenden, die mich anstarrten. Doch am Times Square wurde es unmöglich, die Schaulustigen zu ignorieren, denn es bildete sich binnen kürzester Zeit eine Menschentraube um mich, die den Shoot kurzzeitig sogar verhinderte. Die meisten der Männer und Frauen, die so starrten, kannten mich gar nicht, aber die Kombination aus Foto- und Videoteam und meinen Posen war international verständlich und signalisierte allen: Die könnte irgendwie prominent sein. Ich fand es überraschend, dass die Leute so auf mich reagierten und Fotos mit mir machen wollten, manche von ihnen waren richtig hysterisch.

Die verschiedenen Sportoutfits und Schuhe, die ich während des Shoots trug, bekam ich danach vom Hersteller geschenkt. Weil es viel zu viele Sachen für mich alleine waren, verschenkte ich später vieles an meine Schwestern und Freunde. Als ich das Bündel an Gratiskleidung neben die Leinenhosen und Shirts in meinem Koffer packte, die noch ganz dreckig vom Staub Afrikas waren, konnte ich nicht anders, als an die Kinder zu denken, die mir dort begegnet waren. Die barfuß aufwuchsen, ohne schützendes Schuhwerk. Hier, wo ich lebe, ist es keine große Sache, auf einen Schlag fünf Paar Schuhe geschenkt zu bekommen. Dort war ein einziges Paar schon Wohlstand. Die wenigen Tage in Afrika hatten meinen Blick verstellt, auch wenn ich dieses Gefühl für die Zeit der beiden Shoots gut ausblenden konnte. Ich konnte mich nicht uneingeschränkt an meinem Glück, am Überfluss und den vielen Erlebnissen erfreuen. Alles, was ich mir ausgemalt hatte, die Traumvorstellung, die ich mir von einem Job als Model in New York gemacht hatte: Jetzt, wo ich das wirklich lebte, konnte ich es nicht zu hundert Prozent genießen. Als ich am Nachmittag für das Team von ProSieben die 5th Avenue hinunterlief und für die Kamera einen Hot-Dog aß, kam es mir umso stärker vor, als würde ich lediglich eine Rolle spielen und als sei das verkehrt, weil es im Leben so vieles gab, das mehr zählte. Die Fragen des Redakteurs erschienen mir in diesem Moment so unglaublich belanglos.

Am nächsten Tag hatte ich einen Termin bei der renommierten Modelagentur *New York Models*. In der Branche nennt man diese Art von Terminen Go-Sees: Man stellt sich vor, gibt sein Buch ab, beantwortet Fragen zu Größe und Gewicht, präsentiert sich, hält sich die Haare hoch oder zeigt sich im Profil und wird schließlich noch gemessen. Das dauert meist nur 15 Minuten. Wenn alles passt, wird man in die Kartei aufgenommen. Zu diesem Termin durfte mich das Kamerateam nicht begleiten, und ich war erleichtert darüber, mal ein paar Stunden alleine zu sein, auch wenn es ein ungewohntes Gefühl war. Die Agentur lag in einem der Wolkenkratzer auf dem Broadway. Als ich aus dem Taxi stieg, war ich angespannt und fühlte mich etwas verloren. Ich war seit Wochen eigentlich ständig von Kameras umgeben und wusste schon gar nicht mehr, wie es sich anfühlte, mal etwas zu machen, ohne dabei gefilmt zu werden. Ich meldete mich am Empfang, bei einer jungen Frau mit einem strengen Pferdeschwanz, die zwischen den schier endlos klingelnden Telefonen saß und mir mit einem Blick bedeutete, ich solle mich kurz setzen. Als Stille einkehrte, sagte sie: »You must be Sara, you have an 11 a.m. with Scott, right?« Ich nickte und versuchte möglichst freundlich zu wirken, aber da hatte sie schon wieder den Hörer in der Hand.

Der Agent war etwas untersetzt und hatte kurz geschorene Haare. Er trug, wie irgendwie alle Modelagenten, eine schwarze Hose und ein schwarzes T-Shirt. Er fragte mich, wie alt ich sei, woher ich kam und wie lange ich schon in New York sei. Dabei wirkte er nicht sonderlich interessiert, als ich in etwas holprigem

Englisch antwortete. Es kostete mich ziemliche Anstrengung, meine Sätze zu formulieren, und ich fühlte mich unwohl, weil ich den Eindruck bekam, er würde nur darauf warten, dass ich zu einem Ende kam. Seine Assistentin nahm schließlich meine Maße und diktierte sie ihm laut. Als sie »Hips: 94 cm« sagte, schrie er auf. Jetzt hatte ich endlich seine ungeteilte Aufmerksamkeit. »What? 94 CENTIMETERS?«, sagte er, als könne er es nicht glauben. Er schaute von seinem Block auf und sagte gönnerhaft zu mir: »Wenn du bei 90 Zentimetern bist, kannst du wiederkommen, davor können wir leider nichts für dich tun.« Er stand auf, reichte mir die Hand und war schneller verschwunden, als ich reagieren konnte.

Der Assistentin war die Situation etwas unangenehm, mir war so, als würde sie entschuldigend blicken, als sie mich zu den Aufzügen begleitete. Noch vor wenigen Wochen hätte ich die Agentur wohl zu Tode betrübt verlassen und die Schuld bei mir gesucht. In den Wochen darauf hätte ich versucht, auf die vermeintlich richtigen Maße hinzuhungern. Doch auch hier hatte meine Reise nach Äthiopien meinen Blick geändert. Als ich im Aufzug nach unten fuhr, dachte ich: »Was für ein krankes System.« Ich war weder zu dick noch sonst irgendwie minderwertig.

Das ganze Business beruhte auf einer völlig falschen Logik. Nichts erschien mir absurder, als hungrig ins Bett zu gehen, wenn ich es nicht musste. Jetzt, wo ich Menschen getroffen hatte, die das wirklich mussten, und die große Not, die Hunger mit sich bringt, nicht nur aus dem Fernsehen kannte, wollte ich nie, wirklich nie hungern, um einem verzerrten Schönheitsideal zu entsprechen. Nur weil jemand wollte, dass ich mich freiwillig diesem Zustand unterwarf, der unangenehm war und den viele aushalten mussten, ohne überhaupt an ihre schlanke Linie zu denken, hieß es noch lange nicht, dass ich das tun musste, um Erfolg zu haben.

Ich dachte: Es muss auch anders gehen. Auf gewisse Weise hatten meine Erlebnisse in Äthiopien mich immun gegen den Druck in der Modewelt gemacht. Anstatt den Termin mit dem traurigen Gefühl zu verlassen, dass ich nicht gut genug für eine internationale Modelkarriere war, ging ich mit einer Mischung aus Trotz und Belustigung aus dem Gebäude. Ich war froh, das Büro verlassen zu haben, und dachte mir: Diese eine Absage wird ganz sicher nicht über dein Schicksal entscheiden.

Ich hatte aber auch gar keine Zeit, länger über dieses Thema nachzudenken. Nach dem Go-See eilte ich ins Hotel zurück und zog mich um. In nur wenigen Stunden würde ich meine erste Show im Lincoln Center laufen. Schon von Weitem sah ich das riesige Zelt mit dem Logo von Mercedes-Benz, dem Sponsor der Veranstaltung. Vor der silbernen Fassade drängten sich Models, Blogger, Journalisten und unzählige Fotografen. Ich holte an einem der Schalter meinen Backstage-Pass und verlief mich erst einmal, bis mir einer der Security-Männer den Weg zu Custo Barcelona wies. Es war vielleicht der einzige Moment dieser New-York-Reise, in dem ich das ungute Gefühl abschütteln konnte, eine einzige Lüge zu leben. In diesem Zelt sind alle großen Models schon gelaufen. Es war der Schauplatz der ganz großen Modeschauen, über die weltweit berichtet wurde. New York ist neben Mailand und Paris eine wichtige Modenschau, ganz sicher sehr viele Nummern größer als Berlin. Die Besten der Welt versammelten sich hier, und auf einmal war ich eine von ihnen. Ich lief an den Hair- und Make-up-Stationen der verschiedenen Designer vorbei, an denen Visagisten mit riesigen Farbpaletten hantierten und Models in hell erleuchtete Spiegel blickten. Die Make-up-Artists sahen fast aus wie Maler, die eine Leinwand bearbeiteten, so virtuos waren ihre Handbewegungen. An anderen Stationen schafften Stylisten mit

Lockenwicklern und Haarspraydosen aufwendige Frisuren, und von den Laufstegen drang die Musik der Proben für die einzelnen Schauen hinter die Bühne. Weil mir auch hier wieder das Kamerateam folgte, stach ich sogar in dem Gedränge des Backstage hervor. Viele der anderen Models drehten sich mit fragenden Blicken nach mir um. Es war mir unangenehm, weil ich wusste, dass sie dachten: »Wer ist das?«, und keine Antwort auf die Frage fanden. International war ich noch vollkommen unbekannt.

Ich war froh, als ich meine Visagistin entdeckte, eine Koreanerin, die fünf Jahre in Paris gearbeitet hatte, ehe sie nach New York gezogen war. Ein alter Hase. Für sie war die *New York Fashion Week* nichts Besonderes mehr, und genau diese Ruhe konnte ich jetzt gut gebrauchen. Ich schaute neugierig auf die Produkte, die auf ihrem Schminktisch lagen. In ihrer Make-up-Palette waren alle Hautfarben vertreten: von zartem Elfenbein bis zum tiefsten Braun. Daneben lag eine regelrechte Armada von Pinseln: schmale Pinsel für Lidstriche, buschige Puderpinsel, mittelgroße Lidschattenpinsel. Als ich mich setzte, konnte ich nicht anders, als wieder daran zu denken, wie ich im Fernsehen ein Model auf seinem Weg durch New York beobachtet hatte. Auf einmal wurde mir klar: Das bin jetzt ich. Ein Model in der größten Stadt Amerikas. Ich fragte meine Visagistin über jeden ihrer Handgriffe aus und machte Fotos von den Produkten, die sie verwendete. Sie schaffte es, mich so zu schminken, dass ich nicht geschminkt aussah – die eigentliche Kunst, an der viele scheitern, vor allem wenn sie in Deutschland mit dunkler Haut arbeiten. Mein Gesicht ist an den Wangen anders pigmentiert als an der Stirn. Die Visagistin in New York sah das sofort und arbeitete mit fünf verschiedenen Tönen, die sie ineinander verblendete, damit ich nicht aussah, als würde ich eine Maske tragen.

Später kaufte ich mir alles, was sie empfohlen hatte, weil es zu dieser Zeit in Deutschland kaum Kosmetikprodukte für dunkelhäutige Frauen gab. Visagisten verwendeten meistens einfach die dunkelste Farbe in ihrer Palette und benutzten dann einen matten Puder, der mein Gesicht einfach nur grau wirken ließ. Als Model gewöhnt man sich mit der Zeit daran, das eigene Aussehen von anderen formen zu lassen. Der Designer und die Heads of Make-up und Hair geben einen Look für die Schau vor, und die Individualität des Models ist dabei nicht gefragt. Oft wollen sich Visagisten ausprobieren, und das geht in meinem Fall meistens gehörig schief. Heute habe ich immer mein eigenes Make-up dabei, falls die Person, auf die ich treffe, sich nicht mit dunkler Haut auskennt. Ich bin auch besser darin geworden, deutlich zu sagen, was ich will: keine roten Lippen zu betonten Augen, keinen unpassenden Puder. Heute begegne ich Visagisten selbstbewusster. Natürlich bin ich freundlich, aber ich nehme es nicht mehr hin, anders als passend zu meinem Hautton geschminkt zu werden.

Früher habe ich mich oft klein gemacht und hatte Probleme damit, meine Meinung zu sagen. Das ging so weit, dass ich mich manchmal sogar heimlich im Bad neu geschminkt habe, weil ich das Ergebnis aus der Maske so schlecht fand. Als ich bei Günter Jauch zur Aufzeichnung von Stern TV eingeladen war, war es besonders schlimm. Weil man im Fernsehen nicht glänzen sollte, verteilte die Visagistin großzügig Puder auf meinem Gesicht. Als ich in den Spiegel blickte, sah ich aus wie ein Geist – dunkelhäutige Menschen wirken schnell fahl, wenn man ihre Haut abmattiert, etwas, das Menschen mit weißer Haut oft nicht wissen oder begreifen können. Im Englischen nennt man diese Art von Teint bei Dunkelhäutigen »ashy«, und tatsächlich sah ich in diesem Moment so aus, als hätte man Asche in meinem Gesicht verteilt. Zum Glück war Susann dabei, die mich ermutigte, mich im Bad abzuschminken. Auf der Toilette versuchte ich dann so schnell wie möglich etwas zu retten, etwas von dem Puder zu entfernen und mich zu überschminken, während die Tonmenschen vor der Tür schon unruhig wurden, weil sie mich verkabeln wollten.

Während ich im Zelt der New Yorker *Fashion Week* geschminkt wurde, beobachtete ich aus den Augenwinkeln das Geschehen um mich herum. Rechts von mir saß ein Model aus Brasilien, das seinen Make-up-Artist schon kannte, mit ihm scherzte und plauderte. Beide zeigten sich gegenseitig Fotos auf ihren Handys und wirkten sehr vertraut. Das freute mich, denn ich vermisste das Familiäre in der Modebranche oft und fand es schön zu sehen, dass es möglich war, auch hier Bindungen aufzubauen. Als meine Haare eingedreht wurden, zog ich ein Buch aus meiner Handtasche, aber ich konnte mich nicht auf das Lesen konzentrieren. Immer mehr Models strömten backstage und setzten sich in die Klappstühle vor den Schminkstationen, manche von ihnen kannte ich aus dem Fernsehen oder von Plakaten für Labels wie Chanel oder Louis Vuitton. Einige bedienten sich am eher spartanischen Büfett, es gab Stangensellerie, Brokkoli, Nüsse, Wasser und Kaffee. Insgeheim beobachtete ich die anderen dabei, wie viel sie aßen, einfach, um einen Vergleichswert zu haben. Es war alles noch sehr neu für mich. Viele der Models wirkten so abgeklärt, als würden sie gerade im Supermarkt einkaufen und nicht bei der größten *Fashion Week* der Welt backstage sitzen. Das Ganze hatte etwas von einem *inner circle*, einer Szene, in der jeder jeden kannte. Manche der Models rannten sich euphorisch in die Arme. Es war der Auftakt der Saison, und man hatte sich ein paar Monate nicht gesehen. Viele der Models machten alle Städte durch, flogen von hier nach London, Mailand und Paris.

Die Musik dröhnte aus den Lautsprechern, und die Hektik war jetzt wirklich körperlich spürbar. Außer den Models bewegten sich alle mit einem rasenden Tempo. Jeder Handgriff saß. Ich saugte die Energie in mich auf und war endlich im Augenblick angekommen, steckte nicht mehr in Gedanken irgendwo in Äthiopien fest. Dann war es Zeit für den ersten Durchlauf, die Generalprobe vor der Schau. Alle Models egal, ob sie schon fertig gestylt waren oder nicht, mussten aufstehen und sich vor dem Ausgang auf den Catwalk aufreihen. Wir sahen aus, als seien wir einem Schönheitssalon entsprungen, in dem gerade ein Feueralarm ertönt war, halb geschminkt, manche von uns noch mit Lockenwicklern in den Haaren.

Auf einmal war ich eines von diesen international bekannten Models und doch auch nicht, denn ich wurde das Gefühl nicht los, hier gar nicht hinzugehören. Es fühlte sich wieder so an wie bei *GNTM*, als würde ich nur mal kurz etwas Bühnenluft schnuppern. Anders als in Deutschland war ich nicht die einzige dunkelhäutige Frau. Überhaupt waren die Gesichter diverser, als ich es von zu Hause kannte. Mich interessierte besonders, wie die anderen Frauen gekleidet waren, denn die meisten hatten ein natürliches Gespür für Mode und sahen unglaublich cool aus. Eine von ihnen trug Cowboy-Boots zu einer engen Hose, dazu viele Ringe und ein lässiges Top. Zwei Jahre später sah ich diese Art von Outfit an Schaufensterpuppen in Deutschland. Viele der Models waren betont nachlässig angezogen, wie um zu zeigen, dass sie es nicht nötig hatten, sich herauszuputzen.

Neben uns stand der Produktionsleiter, mit Headset und einer Stoppuhr in der Hand, mit der er den zeitlichen Abstand zwischen dem Lauf der Models taktete. Der Probedurchgang sollte vor allem den Technikern die Möglichkeit geben, ihre Abläufe zu prüfen, zu kontrollieren, ob alle Spots richtig saßen und der Ton passte. Die Plätze im Zelt waren noch leer, als wir über die Bühne liefen, um ein Gefühl für das Tempo und die Musik zu bekommen. Wir traten von links auf den Laufsteg und gingen die rechte Seite hinunter. Die Erste machte vor, wie es ging: vorne kurz warten, dann zurück. Ich war als Elfte dran. Wir bekamen auch Anweisungen, wie die Stimmung und unser Gesichtsausdruck sein sollten, damit sie zur Stimmung der Schau passten: stark, selbstbewusst, eher neutral, nicht zu verspielt. Als ich an der Reihe war, sagte der Produktionsleiter:»Enjoy the walk und have fun!« Ich lief los. Ich war überrascht davon, wie riesig das Lincoln Center war, hier fanden bestimmt 300 Gäste Platz. Einkäufer, Prominente und die wichtigen Modekritiker würden gleich in den ersten Reihen sitzen. Meinen Probelauf brachte ich ohne Probleme hinter mich. Ich war erleichtert und konnte es kaum erwarten, bis die Schau endlich losging.

Am Ende verschwand mein aufwendiges Make-up hinter einer Sonnenbrille, die fast mein komplettes Gesicht verdeckte. Ich ärgerte mich ein bisschen – die zwei Stunden in der Maske erschienen mir auf einmal etwas überflüssig. Als es ernst wurde und wir wieder in einer Reihe vor dem Ausgang zum Laufsteg standen, spürte ich alles auf einmal: Neugier, Vorfreude, Aufregung. Die Make-up-Artisten machten letzte Touch-ups, die Hair-Stylisten zupften Strähnen aus den Gesichtern und sprühten Frisuren mit Haarspray fest, und auf einem Monitor sah ich das erste Model schon über den Laufsteg gehen. Ich blickte wie gebannt auf den Bildschirm und versuchte, mir den Beat der Musik einzuprägen, zu der wir uns bewegten. Dann klopfte mir der Produktionsleiter auf die Schulter, sagte:»And go!«, und es ging los. Das war der Moment, auf den ich Jahre gewartet hatte. Alle Augen waren auf mich gerichtet, als ich aus dem Dunkeln ins Licht trat. Meine Nervosität war mit einem Schlag verflogen, und ich genoss es, eines der Models zu sein, die die monatelange Arbeit des Designers erstrahlen ließen. In dem Moment, in dem das Spotlight auf mich gerichtet war, wusste ich, dass alles bei mir lag.

Auf dem Laufsteg gelten wenige Gesetze, eigentlich ist ein guter Lauf immer abrufbar, wenn man ihn einmal gelernt hat. Aber sobald nur eine Kleinigkeit schiefgeht, hat es sofort katastrophale und für alle sichtbare Folgen – was dem Modeln auf dem Laufsteg schon eine gewisse Fallhöhe gibt. Das Worst-Case-Szenario ist es natürlich, in High Heels umzuknicken oder zu stolpern. Aber auch die Art, wie man das Gewicht verlagert, wie lange man vorne ausharrt, der Schwung, mit dem man sich dann umdreht und wieder vom Laufsteg läuft, sind entscheidend. Als ich in die Weite des Zeltes blickte, erschrak ich dann doch kurz. Dutzende Fotografen drängten sich vor dem Laufsteg, es war sehr viel voller, als ich es mir vorgestellt hatte. Aber dem kurzen Schockmoment wich sofort ein angenehmes Kribbeln, und ich genoss den Adrenalinkick. Bei Fotoaufträgen überkamen mich manchmal Zweifel. Oft wusste ich zu Beginn nicht genau, was mein Gegenüber von mir wollte. Aber die Arbeit auf dem Laufsteg war unmittelbarer. Man ging nach vorne und hatte eine klare Mission, und die Musik half einem, in der Rolle, in der Arbeit zu versinken.

Nach der Schau lief Custo über die Bühne, und die Gäste im Saal applaudierten. Ich verfolgte seinen kurzen Auftritt im Scheinwerferlicht aus dem Backstage heraus, als eine amerikanische Moderedakteurin unvermittelt auf mich zukam und sagte: »You were wonderful.« Ich freute mich sehr über dieses Kompliment, vor allem, weil sie mich nicht zu kennen schien und einfach nur meine Leistung als Model bewertete. Nach dem Defilee, also der Präsentation, klatschen wir Models ab und stießen an. Wir gratulierten Custo zur gelungenen Show, und die Hektik wich Euphorie und Erleichterung. Als wir danach noch etwas essen gingen, genoss ich mein Essen und dachte an den Modelagenten, der mir empfohlen hatte abzunehmen. Die vielen verschiedenen Sushi-Rollen und das Nigiri schmeckten mir an diesem Abend besonders gut. Als die anderen noch zur Party eines großen Modemagazins weiterzogen, winkte ich ab und bestellte mir ein Taxi. Auch wenn ich am Modeln Freude habe: Die Partys waren für mich nie so wichtig gewesen.

An diesem Abend war ich einfach zu erschöpft und müde, außerdem immer noch mit den Eindrücken aus Äthiopien beschäftigt. Als die Anspannung von mir abfiel, spürte ich die bleierne Müdigkeit erst richtig. In meinem Hotelzimmer kam mir das Geschehen der *Fashion Week* auf einmal sehr weit weg vor. Mir entglitt der surreale Moment, auf den ich mich so lange gefreut hatte, und obwohl meine erste Modenschau in New York so ein schönes Erlebnis war, merkte ich im Hotelzimmer doch auch, dass es wieder eines dieser Highlights war, die ich mit niemandem teilen konnte. Meine Familie konnte ich aufgrund der Zeitverschiebung nicht anrufen, in München war es mitten in der Nacht. Und selbst wenn ich sie erreicht hätte: Wie dieses Gefühl in Worte fassen, das irgendwie nur mir gehörte und so weit entfernt war von der Welt, in der ich aufgewachsen war? Die Tage in New York fühlten sich an wie ein Leben auf der Überholspur. Als hätte jemand mehrere Wochen in ein paar Tage gepackt. Auch das trug dazu bei, dass ich die ganze Erfahrung als sehr unwirklich empfand. Die *Fashion Week*, die Fahrten mit dem Taxi, das Leben im Hotel: All das war nicht die Realität. Die Realität war irgendwo anders, abseits der Seifenblase aus Wohlstand, Stress und Neurosen, in der so viele unterwegs waren.

Doch mit der Zeit verflog mein Äthiopien-Blues, und die Erinnerungen, die mich so tief berührt und mitgenommen hatten, wurden vom Alltag und neuen Erfahrungen überlagert. Mein geschärfter Blick verlor sich, vielleicht auch, weil das Leben in meiner Wirklichkeit sonst gar nicht zu ertragen wäre. Überhaupt hatte ich damit zu tun, die immer neuen Highlights einzuordnen und zu begreifen. Das Jahr zog weiter wie im Zeitraffer an mir vorbei. Im Oktober waren mein Freund und ich bei der Halloween-Feier von Heidi Klum eingeladen. Auch die Gewinnerinnen der ersten und zweiten Staffel, Lena Gercke und Barbara Meier, waren dabei. Wir flogen nach Los Angeles, und auch dieses Mal begleitete uns wieder ProSieben für sein Format »red!«. Am Nachmittag suchte ich für mich und Barbara, die erst später dazukommen konnte, in einem riesigen Kostümladen ein passendes Outfit. Wie so oft in Amerika war ich auch hier erschlagen von den Möglichkeiten. Jackie Brown? Die Afroperücke und das Disco-Outfit hatten etwas für sich, aber so richtig kreativ fand ich die Idee nicht. Am Ende entschied ich mich, als Nofretete zu gehen.

Die Halloween-Party, die an diesem Abend in Hollywood wohl mit Abstand das meistfotografierte Event war, fand im angesagten Tao-Restaurant statt, das eher an einen asiatischen Palast erinnerte als an einen Ort, an dem man ganz profan zu Abend aß. Vor dem Restaurant warteten die Paparazzi auf die Ankunft von Heidi und fotografierten im Sekundentakt die vielen prominenten Gäste, die vor ihr auftauchten. Das Blitzlichtgewitter eskalierte vollends, als Heidi und Seal aus einem schwarzen Sportwagen stiegen, der aussah wie das Batmobil. Sie waren beide als schwarze Krähen verkleidet, und wie immer war die Verkleidung so perfekt, dass man Heidi im ersten Moment wirklich überhaupt nicht erkannte.

Ich genoss die Feier, auch wenn ich die meisten Prominenten gar nicht erkannte. Später fand ich heraus, wer Kim Kardashian war, die auch unter den Gästen war. Viele der amerikanischen Celebritys hatte man damals in Deutschland einfach noch nicht auf dem Schirm. Heidi stellte uns den anderen Gästen vor, wir tanzten und waren ausgelassen. Ehe ich richtig realisiert hatte, dass ich mal wieder etwas hautnah erlebte, was die meisten Menschen und bislang auch ich nur aus dem Fernsehen kannten, war es auch schon wieder vorbei, der Nachtclub machte gegen zwei Uhr zu, und Heidi kommentierte den frühen Zapfenstreich mit: »Willkommen in Amerika.« Nach der Party gingen mein Freund und ich noch in eine Filiale von »In-N-Out Burger«, in der sich schon eine ganze Reihe Nachtschwärmer in Halloweenkostümen stärkte. Wir hatten richtig Spaß und kamen mit einer Gruppe von Freunden ins Gespräch, die in Los Angeles lebten. Sie beschrieben das Nachtleben ihrer Stadt, empfahlen uns die Clubs, die gerade hip waren, und sagten uns, in welchen Vierteln sich die besten Restaurants finden ließen. Mein Freund und ich aßen unsere Burger und machten mentale Notizen, was wir uns alles noch ansehen sollten. Der nächtliche Imbiss war fast unterhaltsamer als die glamouröse Party – irgendwie hatte ich da erst das Gefühl, einen Einblick in das wirkliche Leben in Los Angeles bekommen zu haben.

Mittlerweile haben Heidis Halloween-Partys Tradition. Jedes Jahr rätseln alle aufs Neue, mit was für einem Kostüm sie wohl dieses Mal aufkreuzen wird. Das ist es, was Heidi ausmacht: Sie hat sehr früh verstanden, wie man mit den Medien umgeht, und beherrscht das amerikanische Showbusiness perfekt. Sie ist eine kluge Unternehmerin und schafft es seit über 20 Jahren, immer im Gespräch zu bleiben.

Zu meiner großen Freude bekam ich in diesem Jahr auch noch ein Angebot von Otto Waalkes, der für seinen neuen Kinofilm »Otto's Eleven« noch eine Schauspielerin für eine Nebenrolle suchte. Ich sollte Corinna spielen, eine von drei Frauen, die als Zigarettenmädchen und Bardamen in einem Casino arbeiteten. Ich fand die Vorstellung, in einem Spielfilm mitzuwirken, aufregend und sagte zu. In den vier Wochen Drehzeit hatte ich zwölf Drehtage und mietete mich in einem schönen Hotel an der Friedrichstraße ein.

Am Set staunte ich über die Professionalität der Schauspieler, die in den Pausen miteinander herumblödelten und in der Sekunde, in der es »Action!« hieß, einen Schalter umlegten und wieder ganz in ihrer Rolle waren. Neben Otto Waalkes beeindruckte mich auch Max Giermann sehr, denn ich hätte nie gedacht, dass ein auf Comedy spezialisierter Schauspieler im Gespräch auch so tiefgründig und ernst sein konnte. Ich staunte, wie er dem Regisseur immer wieder neue Versionen der gleichen Szene anbot – kein Take war gleich. Alle waren hoch konzentriert, wenn es darauf ankam, und hatten in den Pausen Spaß, so dass sich selbst lange Tage am Set überhaupt nicht nach Arbeit anfühlten. Meine erste Szene war gleich ein Sprung ins kalte Wasser: Ich drehte mit 200 Komparsen, die alle auf meinen Einsatz warteten, dazu kamen noch die rund 30 Menschen im Produktionsteam. Es war für mich eine echte Extremsituation, für die ich mich sehr weit außerhalb meiner Komfortzone bewegen musste, aber am Ende war ich doch sehr froh, es gewagt zu haben, und machte meine Sache ganz gut. Nach den Drehtagen lud Otto mich oft ein, mit ihm und seinem Team essen zu gehen. Er zeigte mir seine Lieblingsrestaurants in Berlin und ich merkte, dass er Freude daran hatte, wie aufregend ich alles fand, wie wenig abgeklärt ich im Vergleich zu den Menschen war, auf die er sonst im Filmbusiness traf. Ich war damals gerade 20 Jahre alt geworden und fand alles toll.

Außerdem hatten wir beide ein gemeinsames Hobby: Wir aßen wahnsinnig gerne. Otto sagte später einmal in einem Interview, dass es ihn erstaunt hat, wie eine so zierliche Person wie ich so viel essen kann. Als wir in das Uma von Tim Raue gingen, im Adlon, war ich völlig überwältigt von dieser Art der Küche: viele kleine, perfekt komponierte Gerichte, zum Beispiel feine Tempurashrimps mit einer Chili-Mayonnaise. *Fine Dining* war für mich damals völlig neu, noch vor einem Jahr hatte ich am liebsten

Käsespätzle im Wirtshaus gegessen. Ich konnte gar nicht aufhören zu schwärmen und zu staunen, wie gut Sterneküche schmeckte! Ich war beeindruckt von Ottos Bodenständigkeit. Wir blieben noch lange nach dem Dreh in Kontakt, und als ich seinen 70. Geburtstag verpasste, weil mein Flieger aus New York Verspätung hatte, war ich ziemlich traurig. Die Premiere von »Otto's Eleven« war auch die einzige Premiere, bei der ich mit meinen Schwestern Sali und Susann und meinen Eltern über den roten Teppich ging – so etwas haben wir gemeinsam noch nie erlebt.

Noch einige Monate nach dem Dreh nahm ich Schauspielstunden, aber ich merkte schnell, dass mir der Beruf nicht lag. Ich hatte viel zu viel Respekt vor dem Handwerk, um zu glauben, jeder, der irgendwie in der Öffentlichkeit stand, hätte die Berechtigung zu schauspielern. Aber als ich versuchte, es zu lernen, verstand ich, dass ich gar nicht bereit war, so viel Arbeit in etwas zu stecken, das mir keine besondere Freude machte. Mir fehlte schlicht die Leidenschaft dafür.

Mein Leben als Model – ausschließlich als Model – dauerte vier Jahre. In dieser Zeit war ich wie besessen. Das, was mir meine Eltern eingebläut hatten (»Nimm jede Chance wahr, die sich dir bietet«), schwang wie ein Mantra immer mit. So kam ich nie auf die Idee, einen Auftrag auch mal abzusagen oder mir eine Auszeit zu gönnen. Ich sagte einfach zu allem: »Ja«, aus dem Bewusstsein heraus, dass sich das Blatt schnell wieder wenden und das Interesse an mir abflauen konnte. Ich war dankbar, so privilegiert zu sein und ein solches Abenteuer erleben zu dürfen. Anstatt Luft zu holen, raste ich wie außer Atem von einem Auftrag zum nächsten. Bis ich mich fast verlor.

Mein Jahr der Rebellion

Der Moment, in dem mir klar wurde, dass etwas in meinem Leben furchtbar falsch lief, war folgender: Ich saß in der legendären Eisdiele »Serendipity 3« in New York und bestellte ein »Golden Opulence Sundae«, einen Eisbecher für 1000 Dollar. Für das Star-Magazin »red!« sollte ich mich durch New Yorker Luxusadressen schlemmen, und die Eisdiele mit ihrem Protz-Eisbecher war eine davon. Es war ein völlig absurdes Dessert, das mit Blattgold im Wert von 100 Dollar, einem speziellen Dessertkaviar und mit Gold umhüllten Mandeln sowie 24-Karat-Goldsplittern zubereitet wurde. Was zu Beginn noch neu und aufregend war, fühlte sich nach zwei Jahren auf einmal unaufrichtig und falsch an.

Doch meine Abkehr vom Modeln und der Welt, in der ich seit meinem Sieg bei *Germany's Next Topmodel* lebte, begann schleichend, meine Zweifel wuchsen allmählich, und gerade am Anfang fiel es mir gar nicht so leicht, sie zu benennen und zu spüren, weil ich dazu erzogen worden war, dankbar zu sein, jede Chance zu nutzen und mich nicht zu beschweren. Schließlich war das Modelleben von außen betrachtet ein Traum, etwas, nach dem sich viele junge Frauen sehnten – wer dachte ich, dass ich bin, wenn ich das alles ablehnte?

ProSieben begleitete meine ersten Gehversuche als Model, und der Übergang dazu, dass ich auch immer öfter in die Kamera sprach und durch Beiträge führte, ergab sich ganz automatisch. Ich stand gerne vor der Kamera, das Team und ich kannten uns mittlerweile sehr gut, und ich fühlte mich im Gespräch mit den Redakteuren sicher und unverkrampft. In einer eigenen Sendung begleitete ich die Kandidatinnen der neuen GNTM-Staffel hinter den Kulissen und war auch bei den Shoots dabei. Es ergab Sinn, schließlich war ich bis vor Kurzem noch eine von ihnen und konnte mich sehr gut in das einfühlen, was sie erlebten. Ich war neugierig und offen für alles Neue, und im ersten Jahr nach meinem GNTM-Sieg nahm ich alles mit, was sich mir an Möglichkeiten bot: Ich moderierte in der Lanxess-Arena das Finale der 5. Staffel von GNTM, vor 18 500 Gästen im Saal und einem Millionenpublikum von Fernsehzuschauern. Zu dieser Zeit war ich noch so unbedarft, dass es mir irgendwie gelang, diese Natürlichkeit und Euphorie, die für eine Moderation so wichtig sind, ohne viel Mühe hinzubekommen. Als der Aufnahmeleiter mich als »Naturtalent« lobte, war ich stolz. Doch schon im nächsten Jahr verzettelte ich mich. Auf einmal konnte ich nicht mehr so einfach ausblenden, dass ich vor einem Millionenpublikum stand. Ich machte mir Moderationskarten und war mir auf einmal sehr bewusst, dass das, was ich da machte, auch furchtbar schiefgehen konnte. Dadurch verkrampfte ich und wirkte weniger präsent.

Ohnehin wiederholte sich in diesem vermeintlich so aufregenden Leben im Showbusiness vieles: Auf den Partys traf ich immer wieder die gleichen Menschen, und auch das Produktionsteam von GNTM erschien mir etwas ermüdet und abgeklärter. Für sie war es das sechste Jahr in Folge, und wie so vieles war auch das Reisen an traumhafte Locations nicht mehr so reizvoll, weil es sich wiederholte und zur Pflicht wurde – irgendwann wünscht man sich selbst im luxuriösesten Hotel nur noch in das eigene Bett zurück.

Parallel zu meiner Arbeit als Model und Moderatorin reiste ich immer wieder nach Äthiopien, lernte das Land immer besser kennen und nahm viele Dinge in Deutschland anders wahr. Ich war mir meiner Privilegien nach jedem Besuch bewusster und konnte bestimmte Dinge nicht mehr so leicht als Beifang des Showbusiness abtun. Immer öfter fühlte ich mich durch den Zynismus und die Selbstgefälligkeit der Medienbranche abgestoßen. Als ich als Backstage-Moderatorin in einer Spezialsendung der 6. Staffel von *GNTM* dabei war, verstörte es mich, mit wie viel Kalkül manche der Kandidatinnen an den Dreh herangingen. In den wenigen Jahren, seit ich teilgenommen hatte, hatte sich etwas verschoben. Waren es in den ersten Staffeln wirklich noch junge Frauen, die eine Modelkarriere anstrebten, so hatte ich nun das Gefühl, dass viele der Kandidatinnen mit einer gewissen Berechnung und dem Wunsch, einfach irgendwie bekannt zu werden, an das Casting herangingen. Bei einem Dreh auf den Bahamas fuhren wir mit einem Boot zum berühmten »Pig Beach«, einer Bucht, in der Schweine, die hier von einer Gruppe von Matrosen zurückgelassen wurden, im türkisblauen Wasser baden. Natürlich war es traumhaft, dass einen die Arbeit an einen Traumstrand auf den Bahamas führte. Trotzdem fühlte ich mich unwohl, als ich manche der sehr jungen Mädchen dabei beobachtete, wie sie in ihren Bikinis bewusst lasziv für die Kamera tanzten, um möglichst oft im Bild zu sein. Ich wurde das Gefühl nicht los, dass die Sendung jeglichen Zauber verloren hatte. Auf einmal durchblickte ich die Mechanismen der Inszenierung, vielleicht auch, weil sie jetzt ausgereifter waren als noch vor wenigen Jahren.

Ich steckte im Rad und merkte gleichzeitig, dass ich Teil von etwas war, das mich überholt hatte. Ich mochte die Klatschmagazine nicht, in denen ich auf Galas und Events zu sehen war, und zog mich immer mehr von Feiern und Red-Carpet-Events zurück. Ich wollte nicht mehr in Klatschzeitschriften stattfinden, doch von außen wirkte es auf viele so, als würde ich einfach an Relevanz verlieren. Ab einem bestimmten Bekanntheitsgrad wird anderen Menschen durch die Medien das Gefühl vermittelt, sie wüssten, wer man wirklich ist. Im Dezember 2011 machte ich das erste Mal seit meinem Einstieg in die Modebranche Urlaub. Ich flog mit meinem Freund nach Vietnam, und es war traumhaft schön. Doch als wir wieder im Alltag waren, merkte ich, dass irgendetwas an unserer Beziehung aus dem Ruder gelaufen war. Wir hatten uns, ohne es wirklich zu merken, voneinander entfernt. Es machte mich sehr traurig zu spüren, dass auch diese Konstante, die mich all die Jahre begleitet hatte, wegzubrechen drohte. Sali wohnte zwei Stockwerke über uns, und wenn die Stimmung zwischen meinem Freund und mir mal wieder schlecht war, verbrachte ich den Abend bei ihr.

Als ein Kunde mir Karten für Rock am Ring anbot, entschieden wir uns spontan dazu, das Wochenende mit Freundinnen dort zu verbringen. Ich war das letzte Mal mit 15 bei Rock am Ring gewesen und fand damals alles daran aufregend und abenteuerlich. Meine Cousinen und ich waren tagsüber über das riesige Gelände geschlendert, und am Abend hatte ich mich getraut, beim Auftritt von Jamiroquai in die Menge zu springen und mich von einem Meer aus Händen tragen zu lassen. Als ich nach zwei Tagen am Münchner Hauptbahnhof wieder in die U-Bahn zu meinen Eltern gestiegen war, fühlte ich mich unglaublich erwachsen. Mein zweites Mal bei dem Festival war ganz anders: Sali, meine Freundinnen Sarah und Maria und ich waren in einem Sterne-Hotel untergebracht und hatten VIP-Pässe. Die Stimmung war weniger ausgelassen, aber ich genoss es trotzdem, dass ich zwei Tage ohne Verpflichtungen mit Menschen verbringen konnte, die mir etwas bedeuteten. Insgeheim beneidete ich die anderen, von denen keine in einer festen Beziehung steckte, um ihre Freiheit. Ich wusste eigentlich gar nicht, wie es war, ungebunden zu sein. Zuletzt war ich mit 17 Jahren Single gewesen. Ich stellte mir vor, dass man dann endlich die Zeit hatte, all die Dinge zu tun, die man sich schon immer vorgenommen hatte: eine neue Sprache lernen oder richtig weit wegfahren. Natürlich kann man all das auch in einer Beziehung tun, aber mir erschien es zu dieser Zeit unmöglich, meinen Freiheitsdrang und einen Partner unter einen Hut zu bringen.

Im Juli reiste ich mit meinem Freund und Sali nach Berlin, und als wir bei einem Asiaten Mittag aßen und ich in den Raum warf, dass es schön wäre, hier zu leben, schwieg mein Freund. Ich spürte in diesem Moment, dass wir unsere Liebe wahrscheinlich nicht würden retten können. Gleichzeitig konnte ich diese Beziehung nicht aufgeben. Sie war wie eine Brücke zu meiner Vergangenheit, zu der Zeit, als mich noch niemand gekannt hatte und ich einfach nur eine von vielen gewesen war, eine Schülerin aus München. Ich glaube, auch deswegen schluckte ich vieles hinunter: weil ich mir beweisen wollte, dass der Ruhm mir nicht zu Kopf gestiegen war, dass ich immer noch die gleiche Sara war wie davor.

In den Wochen darauf folgte ein großer innerlicher Kampf, der mich viele Nächte nicht schlafen ließ, aber nach ein paar Wochen trennten wir uns endgültig. Ich war jetzt fast 23 Jahre alt und hatte einen der wichtigsten Menschen in meinem Leben verloren. Nach der Trennung hielt mich nichts mehr in München. Mein Lebensgefährte war mir nicht nur über Jahre ein guter Partner. Er war auch mein bester Freund. Denn durch das unstete Modelleben bestand mein Privatleben eigentlich nur aus ihm, und jetzt, wo diese Konstante in meinem Leben wegbrach, fühlte ich mich schutzlos und ohne Anker, als würde mich nun nichts mehr festhalten. Wer war ich ohne meinen Freund, ohne all die gemeinsamen Erlebnisse und die Dinge, über die ich mich in den letzten sechs Jahren definiert hatte?

Durch die Trennung kamen Sali und ich uns näher. Ich zog übergangsweise zu ihr. Sali wusste, dass ich mit dem Gedanken spielte, nach Berlin zu ziehen, und sagte, dass sie in München eigentlich keine Verpflichtungen hatte und mitkommen könnte, um mir den Start zu erleichtern. Ich krallte mich an diesem dahingesagten Satz fest und nahm mir vor, sie dazu zu bringen, ihr Versprechen in die Tat umzusetzen. Mit jedem Tag merkte ich, dass mein Freundeskreis größtenteils aus Menschen bestand, die meinem Exfreund nahestanden, und wollte einfach nur noch weg.

In das Gefühl der Verlorenheit mischten sich aber auch Momente, in denen ich mich tatsächlich so frei fühlte, wie ich es mir vorgestellt hatte. Im August fuhr ich mit Sali nach Hamburg, um dort meinen Geburtstag zu feiern. Wir besuchten unsere Freundin Sarah, die dort ein Praxisjahr als Bauingenieurin machte. Es war das erste Mal, dass ich privat in die Hansestadt fuhr, die ich sonst nur von Shoots kannte und mit der ich nie richtig warm geworden war. Am Tag vor meinem Geburtstag schlenderten wir durch Eppendorf, schauten in die Schaufenster der schicken Boutiquen und genossen das schöne Sommerwetter. Später aßen wir im Portugiesischen Viertel Fisch und tranken Aperol Spritz. Wir führten lange Freundinnengespräche, tauschten uns über Träume und Ziele, Hoffnungen und Niederlagen aus und genossen es, endlich einmal wieder so viel Zeit füreinander zu haben. Am Abend zeigte uns ein Bekannter Salis das Nachtleben. Wir tanzten in einem Club, zogen mitten in der Nacht noch weiter in eine Kneipe und landeten schließlich in den frühen Morgenstunden auf dem Fischmarkt. Es war so befreiend, die Nacht zum Tag zu machen, ohne daran denken zu müssen, dass ich in der nächsten Woche einen Auftrag hatte und dafür nicht übernächtigt aussehen durfte. Als Salis Bekannter uns einlud, ihn am nächsten Tag in Berlin zu besuchen, sagten wir spontan zu und buchten das Zugticket noch nachts, ehe wir ins Bett stolperten. Am Morgen verschliefen wir und verpassten um ein Haar unseren Zug. Meine Freundin Sarah, eine gute Seele, schloss sich uns für ein paar Tage an.

Aus dem Wochenende in Hamburg wurden mit unserem Abstecher nach Berlin zehn Tage. Wir aßen Pizza und redeten darüber, wie toll es wäre, hier zu leben, besuchten Bars und Nachtclubs und steckten uns mit dem Berlin-Fieber an, das zu dieser Zeit so viele junge Menschen in die Metropole gezogen hatte. Als wir an einem Nachmittag durch den Prenzlauer Berg schlenderten, kamen wir an einem Immobilienbüro vorbei. In einer Art Schnapslaune gingen wir auf den Makler zu und beschrieben ihm, welche Wohnung wir uns vorstellten. Er hatte tatsächlich zwei Objekte im Angebot, die unseren Kriterien entsprachen, und bot an, sie uns am nächsten Tag zu zeigen. Die erste Wohnung im angesagten Teil von Mitte wirkte unglaublich edel: ein Neubau, der sich über zwei Stockwerke erstreckte, die über einen Aufzug verbunden waren. Es gab im Gebäude sogar einen Concierge. Ich fand die Wohnung zwar schön, hatte aber auch das Gefühl, dass sie nicht zu mir passte. Es war eine Wohnung, die das Erreichen aller Träume vorwegnahm.

Die zweite Wohnung hatte Flügeltüren, schöne Altbaudielen und Stuck. Eigentlich wirkte auch diese zu erwachsen für uns, außerdem war sie für zwei Personen etwas zu klein. Aber als wir in der leeren Küche standen, fühlte es sich einfach irgendwie richtig an. »Ist ja auch nur für ein Jahr«, sagte ich zu Sali. Und so unterschrieben wir am Ende eines Wochenendtrips nach Hamburg spontan einen Mietvertrag für eine Wohnung in Berlin. Bei der Abschiedsfeier, die Sali für uns in ihrer Münchner Wohnung ausrichtete, fühlte ich mich in meiner Entscheidung, die Stadt zu verlassen, bestärkt. Bis auf meine Freundinnen Mara und Diana kamen nur Gäste, die vor allem mit Sali befreundet waren. Mir wurde klar, wie sehr sich der Kreis meiner Freunde durch die Jahre des Modelns ausgedünnt hatte. Ich war bereit für einen Neuanfang, auch wenn ich immer noch nicht genau wusste, wohin die Reise gehen würde.

Sali und ich zogen in einer Hauruckaktion nach Berlin. Einer unserer Freunde hatte einen Lkw-Führerschein, und so bepackten wir einen gemieteten 7,5-Tonner mit unseren Sachen, setzten uns ins Fahrerhäuschen und schlichen im Schneckentempo in acht Stunden von München nach Berlin. Mein Bauch sagte mir, dass die Zeichen auf Aufbruch standen. Es konnte nur bergauf gehen.

Doch statt des erwarteten Gefühls der Freiheit erlebte ich hier ein Gefühl der Ohnmacht, das ich so nicht kannte und das mir den Boden unter den Füßen wegzog. Wenige Monate nach meinem Umzug trennte ich mich von meiner Agentin und riss damit auch die letzte Brücke zu meinem alten Leben ein. Die Chemie stimmte einfach nicht mehr. Ich hörte auf, Sport zu machen, und kam morgens vor elf Uhr nicht aus dem Bett. Schon Kleinigkeiten brachten mich zum Weinen, ich war antriebslos und dünnhäutig. Obwohl ich wusste, dass eine Tagesstruktur mir guttun würde, konnte ich mich nicht dazu bringen, irgendeine Tagesplanung einzuhalten. Selbst kleinste Aufgaben wie Mails beantworten fielen mir auf einmal unendlich schwer. Das erste Mal in meinem Leben fühlte ich mich richtig niedergeschlagen und konnte das Gefühl weder erklären noch es für mich irgendwie einordnen. Vor allem im Nachhinein, als es mir wieder besser ging, wurde mir klar, wie tief meine Traurigkeit damals wirklich war.

Es war, als müsste ich Schlaf nachholen. Das Tempo der letzten Jahre war rasant gewesen. Jetzt hatte ich das Gefühl, als wäre mein Tank mit einem Mal leer. Eine Vollbremsung, die mir Angst machte. Wo waren meine Motivation und meine Lust hin? An Tagen, an denen ich für Jobs gebucht war, funktionierte ich weiter, weil es Verträge gab und um viel Geld ging, aber wenn ich keine Verpflichtungen hatte, übermannte mich ein Gefühl der Verlorenheit. Statt etwas Sinnvolles zu tun, versuchte ich, den Tag so schnell wie möglich herumzukriegen. Irgendwie auch wenig überraschend: Seit der Schulzeit hatte ich keinen festen Tagesablauf gehabt. Ich hatte nie gelernt, wie man sich seine Zeit sinnvoll einteilt, wenn es einem nicht von außen diktiert wird.

Erst in Berlin kam ich auch richtig dazu, über die Trennung von meinem Freund nachzudenken, zu reflektieren, was da überhaupt passiert war. Es war, als wäre mein altes Leben über mir zusammengebrochen wie ein Kartenhaus. Ich stellte alles in Frage: die Gesamtheit meiner bisherigen Lebensentscheidungen, die Tatsache, dass ich der Arbeit so viel Raum gegeben und vier Jahre fast nur im Flieger oder auf Jobs verbracht hatte. Jetzt, wo ich Zeit hatte durchzuatmen, wurde mir mit einem Schlag klar, dass ich nicht mehr zu Geburtstagen meiner Freundinnen und Freunde eingeladen wurde (durch meinen neuen Lifestyle als Model war ich ohnehin nie da und musste immer absagen) und mein Freund so auch zum Ersatz für einen eigenen Freundeskreis geworden war. Mara, mit der mich so viel verbunden hatte, lebte für ein Jahr in Australien, während ich an *GNTM* teilnahm, und unser Kontakt hatte sich mit den Jahren etwas verlaufen. Das Einzige, was mir geblieben war, war meine Familie.

Sali war mir in dieser schweren Zeit eine echte große Schwester. Ihr Leben hätte nicht unterschiedlicher sein können: Sie studierte, hatte einen festen Tagesablauf und war ohnehin vom Wesen her viel strukturierter, als ich es selbst in meinen besten Phasen jemals gewesen war. Als ich nicht mehr weiterwusste und abzudriften drohte, passte Sali auf mich auf und redete mir gut zu, wenn ich mich mal wieder mit Selbstzweifeln und Vorwürfen zerfleischte. Sie betonte, wie toll ich war, hielt mir vor Augen, was ich schon alles erreicht hatte, und war für mich da, als ich nicht mehr richtig wusste, wer ich eigentlich war und mich von meiner Ohnmacht und Einsamkeit begraben fühlte.

Als wir zusammenzogen, wussten wir beide nicht, was uns erwarten würde. Wir waren zusammen aufgewachsen, aber wir hatten uns auch vier Jahre so gut wie gar nicht gesehen. Ich merkte relativ schnell, wie viel weiter Sali in ganz alltäglichen Dingen war. Sie wusste, wie man einen Haushalt führte, und zu Beginn hoffte ich insgeheim, dass sie die Hausarbeit einfach für uns erledigte. Sali war total entnervt, weil ich nie auf die Idee kam, mal die Wäsche zu waschen oder durchzuwischen. Ich wiederum hatte gar keine böse Absicht, ich vergaß es meistens einfach. Seit ich als Model arbeitete, habe ich keinen Haushalt führen müssen. Wenn ich besonders viel unterwegs war, habe ich mir manchmal sogar einfach ein neues T-Shirt gekauft, anstatt das alte zu waschen.

Wir zankten viel, bis unser Streit eines Tages eskalierte und Sali schrie: »Werd endlich erwachsen und wasch dein Zeug selbst!« Ich lief mit hängenden Schultern ins Schlafzimmer und musterte den großen Wäscheberg. Als ich alles, was nicht weiß war, in den Wäschekorb schmiss, stand Sali hinter mir und musterte mich. »Was machst du da? Das ist doch klar, dass du Wollsachen nicht mit den Jeans in einen Waschgang packen kannst.« Ich war versucht, ihr zu sagen, sie sollte es halt selber machen, wenn sie es so viel besser wusste, aber ich verkniff mir die Bemerkung. Sali beobachtete mich dabei, wie ich die dunkle Wäsche in die Maschine steckte, und half mir, das richtige Programm auszuwählen. Dabei schüttelte sie immer wieder den Kopf, und ich schämte mich, weil ich nicht einmal wusste, wie man eine Waschmaschine richtig bediente. Sie hatte ja Recht. Es war genau die Art von ruppiger Liebe, die ich dringend brauchte. Überhaupt schien Sali so viel mehr vom Leben zu wissen als ich: Ihre Freundinnen riefen sie jeden Sonntagabend an. Unsere Zimmer trennte nur eine Wand, die so dünn war wie Papier. Ich lag im Bett und hörte fast alles, was Sali sagte. Ich wusste, dass sie das nicht störte, zu vertraut waren wir mittlerweile. Während Salis Telefon stündlich klingelte, blieb meines still. Sali plauderte und verteilte Ratschläge, lachte und machte Pläne mit ihren Freundinnen. Ich hatte niemanden, den meine Meinung interessierte, niemand rief mich an und fragte mich nach Tipps oder Ratschlägen. Gleichzeitig merkte ich, wie versiert Sali darin war, andere zu trösten. Ich lernte sie durch die Wand besser kennen als in all den Jahren zuvor, weil ich hörte, wie liebevoll sie ihre Freundinnen aufbaute. Diese Verbundenheit, die sie mit ihren Freundinnen hatte, war wie ein Spiegel. Ich sah auf einmal deutlich, dass es das war, was mir am meisten fehlte. Ich war zwar auch von Menschen umgeben, es gab genug Bekannte, die ich anrufen und mit denen ich ausgehen konnte, aber mir fehlten die Tiefe und der Halt, die einem nur echte Freundschaften geben können.

Ich realisierte, dass ich durch meinen Fokus auf die Arbeit vergessen hatte zu leben, manchmal auch einfach jung zu sein, ein Mensch zu sein, der sich auslebte und zu seinen Bedürfnissen stand. Ich hatte gar nicht die Gelegenheit, mit meinen Freundinnen zu verreisen und Meilensteine in ihrem Leben mitzuerleben. Ich stellte auf einmal fest, dass ich die geworden war, die ich nie sein wollte. Mein Selbstbild geriet ins Wanken. Wenn man in der Öffentlichkeit steht, wird einem ständig suggeriert, alles drehe sich nur um einen selbst. Bei Jobs wird man immer so behandelt, als sei man unglaublich wichtig, egal, ob das so ist oder nicht.

Irgendwann beginnt man entgegen aller guten Vorsätze, das wirklich zu glauben. Obwohl ich vermeintlich alles hatte – Geld, Anerkennung, einen interessanten Job –, fehlten mir Erfüllung und richtige Freunde.

Umso mehr löste es in mir eine große Sehnsucht aus, als ich Sali dabei zuhörte, wie sie eine ihrer Freundinnen tröstete, die gerade eine schlimme Trennung durchlebte. Mir wurde klar, was für eine außergewöhnliche Persönlichkeit meine Schwester hatte und wie gut sie darin war, sich im entscheidenden Moment zugunsten ihrer Freunde zurückzunehmen und sich nur auf sie zu konzentrieren. Gleichzeitig merkte ich, dass ich mich nie für irgendjemanden zurückgenommen hatte. Oft gab es auch niemanden, für den ich mich zurücknehmen hätte müssen. Ich fühlte mich leer, als ich endlich einschlief.

Zumindest in meine Rolle als Mitbewohnerin wuchs ich allmählich hinein. Mit der Zeit wurde ich besser darin, auch mal staubzusaugen und den Boden zu wischen. Ich wollte auf keinen Fall eine Putzfrau, weil ich fand, Sali und ich waren viel zu jung und fit, um derartige Arbeiten zu delegieren. Doch Wäsche waschen hasste ich auch nach Monaten noch und fragte Sali jedes Mal, ob ich alles richtig gemacht hatte, ehe ich die Maschine anschmiss. Erst nach einem halben Jahr traute ich mich, auch mal alleine eine Ladung zu waschen. Eine Woche später sah ich, dass mein Lieblingspullover eingegangen war. Ich musste fast weinen, so frustriert war ich, weil ich all das, was Sali so selbstverständlich machte, anscheinend immer noch nicht hinbekam. Sali tröstete mich und wirkte richtig betreten, dass ich so traurig war. Sie kaufte mir sogar einen neuen Pulli, um mich aufzumuntern. Erst Wochen später gestand sie mir, dass sie diejenige war, die den Pullover aus Versehen zu heiß gewaschen hatte. Als mein erster Zorn über meine altkluge Schwester verflogen war, brachen wir beide in schallendes Gelächter aus.

Es tat mir gut, meine Seifenblase aus Taxitrips und Hotelübernachtungen zu verlassen, auch wenn ich erst lernen musste, mit dem Gefühl umzugehen, dass ich nicht so selbstständig, erwachsen und strukturiert war, wie ich geglaubt hatte. Nach Wochen der Gelähmtheit versuchte ich, die Verlorenheit, die mich immer noch begleitete, so weit wie möglich von mir wegzuschieben. Sali und ich gingen fast jeden zweiten Tag feiern, manchmal auch öfter. Bis fünf oder sechs Uhr morgens zogen wir um die Häuser und trafen uns mit Bekannten. Eigentlich entsprach das gar nicht meinem Naturell. Ich war eher der gemütliche Typ, der Freunde zum Essen einlud und mit ihnen kochte. Doch in dieser Phase kompensierte ich meine innere Leere und Zerrissenheit mit Nächten in Bars und Clubs. Ich war auf der Suche nach etwas, das ich nicht benennen konnte. Nach einiger Zeit kannten uns die Türsteher unserer Stammbars schon beim Namen und winkten uns durch. Ich dachte: Eigentlich ist das ein Zeichen, dass wir dringend kürzertreten sollten.

Im nächsten Jahr verstärkte sich meine Abneigung gegenüber dem Modeln so sehr, dass ich immer mehr Jobs absagte, manchmal sogar kurzfristig. Das ist in der Branche ein No-Go und ziemlich unprofessionell, aber es gelang mir einfach nicht, weiter reibungslos zu funktionieren. Mit jeder Woche, die ich mich von meinem alten Leben als Model entfernte, gewann ich Klarheit und hatte den Raum nachzudenken. Ich konnte noch nicht benennen, was genau ich wollte, aber ich wusste immer deutlicher, was ich nicht wollte. Jetzt, wo das Gegengewicht zu meinem Leben als Model – meine Beziehung, mein Privatleben – weggebrochen war, wurde mir erst klar, wie unbefriedigend diese Rolle war. Als wäre mir auf einmal nur noch die Arbeit geblieben. Und so rückte sie gnadenlos in den Fokus, und ich fragte mich: Was ist denn eigentlich meine Arbeit? Wofür stehe ich? Wofür werde ich geschätzt, wofür bekomme ich Aufmerksamkeit? Mir wurde klar: Ich wollte mich nicht nur über meine Karriere als Model definieren und mir das Gefühl, geliebt zu werden, über die Bestätigung im Job holen. Ich wollte keine von denen sein, für die Prestige die Lücke füllt, die im Privaten klaffte und die durch den Beruf das kompensieren, was ihnen tief im Inneren fehlt. Die Branche, in der ich arbeitete, war nicht berechenbar. Model zu sein ist kein Job, der Sinn stiftet. Ich merkte, wie wichtig es ist, etwas zu finden, das mich glücklich macht und mein Leben auf eine andere Art ausfüllt. So schlimm diese Zeit für mich war, heute weiß ich: Ich musste auch erst einmal unglücklich sein, um herauszufinden, was mich glücklich macht.

Dass ich mich wirklich sehr von meinem Modelleben entfernt hatte, merkte ich, als mich ein Bikinihersteller für einen Werbespot buchte. Die Marke hatte mit mir einen Jahresvertrag abgeschlossen, doch als ich zum Shoot auf Teneriffa erschien, hatte ich sieben Kilo mehr auf den Rippen als noch vor einigen Monaten. Auch im Gesicht sah man mir meinen ungesunden Lebenswandel an, meine Haut war etwas unrein, und meine Augen waren geschwollen. Beim Fitting sah ich im Bikini nicht gut aus, und die Stylistin versuchte, meine neuen Rundungen mit Tüchern, Taschen und anderen Accessoires zu kaschieren. Trotz aller Lust an der Rebellion war es mir in diesem Moment unangenehm, allen anderen am Set mehr Arbeit zu bereiten. Als der Auftraggeber wider Erwarten fragte, ob ich meinen Vertrag um ein weiteres Jahr verlängern wollte (und ob ich mir vorstellen könnte, die gewonnenen Kilo wieder abzunehmen), sagte ich ab.

Ich fühlte mich paradoxerweise trotzdem sehr viel wohler in

meiner Haut. Schließlich wusste ich, warum ich so aussah – ich hatte mir jedes Kilo mit Genuss angefuttert und war selbstbewusster als zu der Zeit, zu der ich fünf Mal die Woche zum Sport gegangen war. Seit ich mich von meiner Agentin getrennt hatte, antworteten Sali und ich auf die Anfragen, die mich erreichten. Eines Tages schrieb eine Redakteurin, sie habe aktuelle Fotos von mir gesehen und frage sich, ob ich schwanger sei. Die Frage traf mich, aber es war mir irgendwie auch wirklich egal, was diese Redakteurin dachte. Sali und ich mussten lachen. So schnell konnte das gehen. Im Sommer fuhr ich mit Sali nach Tel Aviv und überredete sie schließlich, mit mir auf Ibiza ein Abnehm-Boot-Camp zu besuchen. Jetzt, wo keiner Druck auf mich ausübte, wollte ich die sieben Kilo dann doch ganz gerne loswerden. Ich wollte wieder in meine alten Kleider reinpassen und sah mich jetzt nicht mehr von außen dazu verpflichtet, so dass mir diese Entscheidung auf einmal sehr leicht fiel. Sali dachte dagegen gar nicht daran, eine Diät zu machen, und ich versuchte ihr einzureden, dass das Boot-Camp trotzdem eine gute Idee sei. »Das ist richtig gut für dich, eine Woche lang Strand, Sonne und gesundes Essen«, sagte ich zu ihr. »Denke nur, wie schön du dich fühlen wirst!« Schließlich ließ sie sich darauf ein.

Wir waren eine bunt zusammengewürfelte Truppe aus Models, Karrieremännern und Angestellten, die das Ziel einte, möglichst schnell möglichst viel Gewicht zu verlieren. Bis auf Sali. Die kleinen Essensrationen brachten sie schon am zweiten Tag an den Rand ihrer Geduld. Beim Gruppensport hatte ich den Ehrgeiz zu gewinnen und ließ mich manchmal mit anderen hochmotivierten Teilnehmern in Teams einteilen, anstatt mit Sali eines zu bilden. In ihrer Verzweiflung pflückte Sali bei einem dreistündigen Wandermarsch durch die Berge schließlich so viele Feigen, wie sie tragen konnte, um die kargen Portionen der Boot-Camp-Küche wenigstens ein bisschen aufzubessern. Eine der Teilnehmerinnen, Esther, nahm die Regeln sehr genau und sagte völlig entrüstet zu Sali: »Das sollen wir aber nicht machen.« Sali schaute sie mit einem Blick an, der auf der ganzen Welt verstanden wird und der übersetzt bedeutet: »Leg dich bloß nicht mit mir an.« Esther, die begeistert von dem Camp und dem Abnehmerfolg war und schon am Morgen in bester Laune am Frühstückstisch saß, war für die hungrige Sali das perfekte Feindbild. Am letzten Abend aßen wir alle gemeinsam im Restaurant und durften endlich das bestellen, worauf wir Lust hatten, und so viel davon, wie wir wollten. Als Sali sah, dass Esther sich beim Schminken nicht besonders geschickt angestellt hatte, ging sie auf sie zu und bot ihr Hilfe an. Am letzten Abend versöhnte sich meine Schwester mit ihrer vermeintlichen Widersacherin, glättete ihr die Haare und schminkte sie. Auch ihre anfängliche Wut auf mich war verflogen, und wir reisten etwas leichter nach Berlin zurück.

Im nächsten Jahr ging es endlich wieder bergauf. Ich entwickelte ein neues Selbstbewusstsein und hatte wieder Energie für Dinge, die mir etwas bedeuteten. In meiner Phase der Niedergeschlagenheit war Jürgen, den ich bei meinem allerersten Laufsteg-Auftrag für die Esmod kennengelernt hatte, zu einem richtig guten Freund geworden. Wir verabredeten uns regelmäßig zum Telefonieren, so wie Sali es mit ihren Freundinnen immer machte. Früher empfand ich es als anstrengend, mir nach einem langen Tag die Sorgen anderer anzuhören. Doch Jürgen brachte mir bei, dass Freundschaften Zeit brauchen, die man sich füreinander nimmt, und wenn es nur ein kurzes Telefongespräch ist. Als wir uns an einem Samstag in München auf einen Kaffee trafen, sah ich sofort, dass es ihm nicht gutging. Er erzählte, dass seine Großmutter gerade verstorben war. Das erste Mal hatte ich Gelegenheit, ihm, der für mich immer eine Art großer Bruder war, beizustehen. Ich war mir

Gezeichnet vom Leben.
Im Gespräch mit Erkabe Mekonen.

Die Reisegruppe lässt grüßen. Mit Einkäufern aus Äthiopien, Taiwan, Japan und China sind wir auf dem Weg in die südliche Kaffeeregion Sidamo.

Mein erster Besuch in einer *coffee washing station*. Hier werden mehrere Tonnen Kaffeekirschen vom Fruchtfleisch entfernt, gewaschen und anschließend auf Sonnenterrassen getrocknet.

Zu Besuch bei einer Kaffeebäuerin, die uns ihre im
Garten wachsende Kaffeepflanze präsentiert.

Was als »handverlesener Kaffee« romantisiert wird, ist in Wahrheit mühselige Fleißarbeit.
Bei *natural coffee* werden die Kaffeekirschen mit ihrem Fruchtfleisch sonnengetrocknet.
Hier sortieren die Frauen alle grünen, also unreifen und defekten Kirschen, aus.

Im Gespräch mit kleinen Kaffeekooperativen.

Hier haben nicht nur die Männer was zu sagen! Weitere Gespräche mit Kaffeekooperativen, diesmal auch mit Frauen im Kreis.

Sali und ich, glücklich und entschlossen, den neuen Weg mit nuruCoffee zu gehen.

Endlich ist es so weit. Wir rösten unseren ersten Kaffee! Den Kaffeesack haben wir als Erinnerung aufgehoben und heute noch in unserem Büro hängen.

Herzliches Wiedersehen mit der *Mekane Selam Women's Association*.

Im Gespräch mit Mikrokreditnehmerin Immabeth.

Stolz und voller Vor-
freude, weil wir unsere
ersten Mikrokredite
vergeben können.

Gruppenfoto mit
alten und neuen
Mitgliedern der
*Mekane Selam
Women's Association.*

Das Kennenlernen
von neuen Mitglie-
dern ist immer wieder
etwas Besonders, so
wie hier das Treffen
mit Nurazala.

2009: Zum ersten Mal
als Model in New York
unterwegs.

2019, zehn Jahre später:
Ich hänge am Times Square!

nicht sicher, was ich sagen sollte – ich musste noch keinen Todesfall in meiner Familie wegstecken –, aber ich merkte, dass es ihm half, einfach nur über seine Großmutter reden zu können, darüber, wie wichtig sie ihm gewesen war und wie sehr sie ihn geprägt hatte, und dabei zu wissen, dass ich ihm zuhörte.

Wenn Freundschaften wachsen, wachsen wir immer auch als Menschen. Jürgen, der als Arzt so strukturiert und immer auf den Punkt ist, schaute sich mit den Jahren von mir eine gewisse Leichtigkeit ab. Ich wiederum lernte von ihm, für mich und meine Bedürfnisse einzustehen, egal, was andere denken. Und dass man sich nicht immer erklären muss.

»Charitylady«

Eigentlich bin ich selten pünktlich am Flughafen, meistens hetze ich in letzter Minute zum Gate. Vor allem bei Flughäfen, die ich kenne und bei denen ich mir sicher sein kann, dass die Abfertigung schnell geht. Wenn ich von München aus fliege, plane ich etwas mehr Zeit ein. Der Flughafen ist relativ weitläufig. Als ich nach einem Wochenende bei meinen Eltern von dort nach Berlin flog, hatte ich besonders viel Zeit und schlenderte in einen Zeitschriftenkiosk. Eigentlich meide ich sie immer. Seit ich in der Öffentlichkeit stehe, lese ich keine Klatschmagazine mehr. Der Gedanke, darin etwas über mich zu entdecken, stresst mich viel zu sehr. Aber als ich mich an diesem Tag neben der *GNTM*-Gewinnerin Lena Gercke auf dem Cover der *Stern View* entdeckte, wurde ich doch neugierig. Das Foto zeigte uns bei der Verleihung des Deutschen Fernsehpreises. Ich trug ein schwarzes One-Shoulder-Paillettenkleid. Ich erinnerte mich an den Abend zurück: Es war eines meiner ersten Male auf dem roten Teppich gewesen. Lena und ich standen nebeneinander und warfen über unsere Schultern einen Blick nach hinten. Ich stöhnte innerlich. Es war eine typische »Was wurde eigentlich aus?«-Berichterstattung. Vor einigen Wochen hatte ich einer Redakteurin für den Artikel ein kurzes Telefoninterview gegeben und hatte dabei eigentlich ein gutes Gefühl gehabt. Ich griff nach dem Magazin und brachte es zur Kasse.

Den Artikel laß ich erst im Flieger. Er war durchaus nett geschrieben, aber ich stutzte, als ich sah, dass er mit dem Wort »Charitylady« überschrieben war. Mir hat dieser Begriff noch nie gefallen. Natürlich war es an sich nichts Negatives, dass sich die Redakteurin so stark auf mein soziales Engagement konzentrierte, aber dieses eine Wort hatte doch einen Beigeschmack. Ich mochte es noch nie, in Schubladen gesteckt zu werden, und die flapsige Formulierung wurde der Komplexität von Entwicklungshilfe und meiner tiefen Verbundenheit mit Äthiopien und der Stiftung *Menschen für Menschen*, fand ich, nicht wirklich gerecht. Ich fühlte mich, als hätte man mir einen Stempel aufgedrückt und würde alle anderen Aspekte meiner Person und meine Tätigkeit als Model außer Acht lassen.

Dabei ist der Begriff *charity* im Englischen völlig neutral. Aber im Deutschen wird er oft im Zusammenhang mit wohlhabenden Frauen benutzt, die sich aus Langeweile sozial engagieren. Es ist ein fürchterliches, klischeebehaftetes Wort. Was sollte das bedeuten, Lady? Ich bin keine Lady, ich bin eine Frau. Der ganze Begriff schien meinem Tun die Ernsthaftigkeit abzusprechen, als ginge es mir bei meinem sozialen Engagement um mich und nicht um die Sache. Das alles passierte zu der Zeit, in der ich ohnehin mit mir rang. Jetzt merkte ich: Es gab einfach als Person des öffentlichen Lebens kein richtiges Entkommen vor der Öffentlichkeit.

Ich sagte die meisten Einladungen zu Events und Angebote für Fernsehauftritte ab und hörte auf, meine Eltern zu benachrichtigen, wenn ich doch einmal im Fernsehen zu sehen war. Ich wollte nicht mehr, dass sie das, was ich tat, toll fanden, weil ich es selber nicht mehr toll fand. Meine Eltern spürten natürlich, dass sich etwas verändert hatte, und machten sich Sorgen. Sie fragten mich oft, ob alles in Ordnung war, und erkundigten sich auch bei Sali, was denn mit mir los war. Manchmal rief meine Mutter sogar an, wenn sie mich im Fernsehen bei einer Veranstaltung nicht sah, bei der ich früher immer auf dem roten Teppich vertreten war. Aber ich wollte mich nicht dafür rechtfertigen, warum ich in diesem Jahr nicht beim Deutschen Fernsehpreis gewesen war. Nichts fand ich zu dieser Zeit furchtbarer, als auf dem roten Teppich völlig absurde Fragen zum Privatleben mir völlig fremder Menschen, von Schauspielern oder anderen Models, zu beantworten. Meistens erwischten mich diese Klatschreporterfragen in ihrer Willkür auch völlig kalt, und ich machte sofort zu und sagte, dass ich mich dazu nicht äußern möchte.

Natürlich zweifelte ich immer wieder an meiner Entscheidung. Weil ich noch nicht wusste, wohin meine Reise ging, war es manchmal schwer, nicht das Gefühl zu haben, dass ich gerade eine riesige Chance einfach so verstreichen ließ. Manchmal wurde ich auch darauf angesprochen, dass ich nicht mehr so präsent war. Entfernte Bekannte kamen mit den Worten »Warum sieht man dich denn gar nicht mehr?« auf mich zu, und diese Frage versetzte mir einen Stich. Vor allem in München fragten viele Menschen aus dem Umfeld meiner Eltern, ob es bei mir nicht mehr lief. Für meine Familie war diese bewusste Entscheidung gegen etwas, das ihnen so erstrebenswert erschien, schwer zu verstehen. Ich musste mir immer wieder selber sagen, dass alles gut werden würde und ich meinen Weg finden würde, auch wenn ich manchmal gar nicht selber daran glaubte.

Ich war der oberflächlichen Modewelt entwachsen, ein Prozess, der schleichend und im Hintergrund ablief und mich jetzt mit voller Gewalt einholte. Vielleicht lässt es sich so erklären: Fast zeitgleich mit dem Modeln eröffnete sich mir auch eine Welt, die mich wirklich mit Sinn und Glück erfüllte. Als ich noch ein kleines Mädchen war, fand Äthiopien nur manchmal im Fernsehen statt, das Internet war noch nicht Teil des alltäglichen Lebens, und meine Eltern hatten überhaupt keinen Zugriff auf Bilder und Neuheiten aus ihrer Heimat. Wohl ahnend, wie schwer das sein musste, griff Hilde immer dann zum Hörer, wenn sie sah, dass über *Menschen für Menschen* berichtet wurde. Denn die Berichterstattung über diese Stiftung des Schauspielers Karl-Heinz Böhm war das einzige Format, das sich der Heimat meiner Eltern widmete. Meistens ging meine Mutter an den Hörer und rief dann aufgeregt meinen Vater herbei und sagte ihm, er solle sofort den Fernseher einschalten. Für meine Eltern waren es »die guten Blauen«, in Anlehnung an das blau gehaltene Logo der Stiftung. Ich saß mit ihnen im Schneidersitz vor dem Fernseher und war ganz still, weil meine Mutter uns Kinder ermahnte, dass wir ruhig sein sollten. Für sie war es ein rarer Moment gegen das Heimweh, ein bisschen Heimat hier in ihrem neuen Zuhause auf einem anderen Kontinent. Natürlich konnte ich mir damals nicht erträumen, dass ich jemals selber humanitär arbeiten würde.

Als ich *GNTM* schon fast gewonnen hatte und meine Agentin sagte, dass wir viele Anfragen hatten, sogar von Charity-Organisationen, wurde ich hellhörig. Ich fragte sie: »Was für Charity-Organisationen denn?«, und als sie sagte: »*Menschen für Menschen*«, war ich völlig überrumpelt. »Was, die kennen mich?«, sagte ich, und meine Agentin lachte. »Na klar, Sara, viele kennen dich jetzt.« Es waren die drei Wochen Drehpause vor dem Finale, in denen sich ohnehin die Ereignisse überschlugen. Ich lief aus meinem Kinderzimmer, in dem ich mit meiner Agentin telefoniert hatte, ins Wohnzimmer und sagte zu meinen Eltern: »Wisst ihr, wer mich kennenlernen will? *Menschen für Menschen*!«

Sie waren genauso ungläubig wie ich. Meine Mutter fing sofort an zu weinen. Mein Vater versuchte, die Contenance zu wahren, aber spätestens in diesem Moment wurde meine neue Reichweite für meine Eltern so richtig nachvollziehbar. Die Bedenken meiner Agentin, dass man sich erst viel später im Laufe der Karriere wohltätigen Projekten widmete, überhörte ich. Ich wollte unbedingt einen Termin bei *MfM*, denn für das Schicksal der Äthiopier brannte ich und konnte mir vorstellen, mich mit vollem Herzen dafür einzusetzen, dass sich in diesem Land etwas änderte. Die Frauen, die man im Fernsehen Wasser schleppen sah, taugten für viele nicht als Identifikationsfigur, aber mir waren sie nah, weil auch meine Eltern früher kilometerweit laufen mussten, bis sie an einen Brunnen kamen, und bei mir immer der Gedanke mitschwang: Das könnte auch ich sein.

An dem Tag, an dem ich das erste Mal die Münchner Zentrale von *MfM* besuchte, begleitete mich mein Vater. Das Büro war nur eine U-Bahnstation vom Haus meiner Eltern entfernt, in einem Hintergebäude am Königsplatz. Es lag neben einem Gebäude, das Maras Familie gehörte und in dessen Erdgeschoss ein Lampengeschäft war, in dessen Schaufenster ich schon als kleines Mädchen gerne geblickt hatte und das schon in meiner Kindheit ein Fixpunkt war. Etwas, das mir ganz weit entfernt schien, lag quasi bei uns um die Ecke, und die scheinbar losen Punkte in meinem Leben verbanden sich auf einmal miteinander. Eine Assistentin empfing uns herzlich und führte uns in einen Konferenzraum, in dem auf einem Glastisch Brezen und Kuchen angerichtet waren und Pressemappen für uns bereitlagen. Wir trafen Jürgen Wacker, der für das Fundraising und die Betreuung der Botschafter von *MfM* zuständig war und in den nächsten Jahren zu einem meiner engsten Freunde und Vertrauten werden würde. Mein Vater war ganz still und saugte alles in sich auf, was Jürgen uns erzählte. Heute würde man Menschen wie ihn wohl Gutmenschen nennen. Solche, die ihren Job aufgegeben hatten, um etwas Sinnvolles zu tun, die für die Vision von Karl-Heinz Böhm brannten, dem Hunger und dem Elend in Äthiopien dauerhaft ein Ende zu setzen, und in Kauf nahmen, weniger zu verdienen, als sie es außerhalb des NGO-Sektors hätten können.

Die Stimmung zwischen mir, Jürgen und meinem Vater war sofort familiär. Jürgen erzählte mir von der berühmten Saalwette Karl-Heinz Böhms bei einer »Wetten, dass..?«-Sendung Mitte der Achtzigerjahre. Böhm, den man damals vor allem als den Mann von Kaiserin Sissi aus dem Fernsehen kannte, hatte gewettet, dass nicht jeder der Zuschauer eine Mark für die hungernden Menschen in Äthiopien spenden würde. Er behielt Recht – und schaffte es trotzdem, einen Millionenbetrag an Spenden zu sammeln. So wurde *Menschen für Menschen* geboren. Böhm war ein Vorreiter, einer, der sich für Menschen in Not engagierte, lange bevor es andere Prominente in Deutschland taten.

Jürgen sagte mir gleich, wie toll er es finde, dass mit mir eine junge, schöne Äthiopierin im Fernsehen zu sehen war, und dass er darin eine große Chance für die Stiftung sehe. »Du könntest uns mit deiner Reichweite helfen, eine ganz andere Zielgruppe zu erreichen«, sagte er. Zu dieser Zeit arbeitet *MfM* an einem »Sustainable Development Goal« der Vereinten Nationen: Die Rate der Analphabeten in Entwicklungsländern sollte gesenkt werden, und möglichst viele Kinder sollten Zugang zu Schulbildung bekommen. Das Projekt nannte sich Generation ABC 2015. Jürgen sagte, er könne sich gut vorstellen, dass ich dieses Ziel glaubhaft bewerben und jüngere Menschen in Deutschland erreichen könnte. Ich war sofort begeistert, merkte aber an, dass ich erst einmal wirklich verstehen wollte, wie *MfM* arbeitete, und mit eigenen Augen gesehen haben musste, was es bedeutete, wenn 60 Prozent der jungen Menschen in einem Land keinen Zugang zu Bildung hatten. Wir verabschiedeten uns mit dem Plan, dass mein Vater und ich Jürgen bei einer seiner nächsten Reisen nach Äthiopien begleiten würden. Bis heute gibt es zwischen mir und *MfM* keinen Vertrag – unsere Arbeit basiert auf gegenseitigem Vertrauen. Mit den Jahren würde zwischen mir und vielen Mitarbeitern eine tiefe Verbundenheit wachsen.

Fünf Monate nach diesem ersten Treffen flog ich tatsächlich zum ersten Mal mit *MfM* nach Äthiopien. Nach dieser Reise wollte ich entscheiden, ob ich wirklich als Botschafterin für die Stiftung anheuern würde. Meine Eltern waren überwältigt und wussten gar nicht, wohin mit ihren Gefühlen. Schon der Sieg von *GNTM* war für sie ein derartig intensives Erlebnis, aber dass mein Leben nun eine derartige Wendung nahm, überraschte sie noch mehr. Allein die Tatsache, dass ihre Tochter in ihre Heimat reiste, in das Land, nach dem sie jeden Tag Sehnsucht hatten, war für sie ein wahnsinniges Geschenk. Dass ich den Menschen dort womöglich auch noch helfen würde, im Auftrag einer Organisation, die sie bewunderten, seit sie in Deutschland lebten, machte das alles noch viel unglaublicher. Meine Mutter wäre gerne mitgeflogen, aber weil meine kleine Schwester Suleen gerade eingeschult wurde, war das nicht möglich. Wieder begleitete mich mein Vater, und bei dieser Reise lernte ich ihn ganz neu kennen.

Als es losging, flog ich schon von einem Modeljob zum nächsten. Wir alle – meine Agentin Pia, Jürgen, mein Vater und ich sowie das Redaktionsteam von »red!« – trafen uns am Flughafen, ich hatte nach einem Job zwei Tage Verschnaufpause in München gehabt und konnte in Ruhe packen. Ich war unglaublich froh, dass mein Vater dabei war, weil ich ahnte, wie emotional diese Erfahrung werden würde. Ich war voller Neugier und Aufregung und auch Respekt vor der Größe dessen, was geschehen würde. War ich wirklich in der Lage, echte Not zu sehen und auszuhalten? Dass ProSieben meine Reise begleitete, um den Zuschauern mehr Einblicke über ihre neue *GNTM*-Gewinnerin zu gewähren, sorgte bei mir für gemischte Gefühle. Für mich war diese Reise eine zutiefst persönliche und eigentlich private Angelegenheit. Ich wollte nicht den Eindruck erwecken, es würde dabei nur um Promotion gehen, und bekam Beklemmungen, als ich die Kamera sah und im Flieger ein Interview geben musste. Es fühlte sich irgendwie nicht richtig an. Dabei hatte mir Pia im Vorfeld erklärt, dass die Berichterstattung über meine Reise für *MfM* eine riesige Chance war, und auch das Münchner Team wünschte sich nichts mehr, als dass ich Aufmerksamkeit generierte und als Botschafterin ihre Mission nach außen trug.

Rückblickend betrachtet waren meine Bedenken natürlich total naiv: »red!«, ein Format auf einem Privatsender mit guten Einschaltquoten, das sich eigentlich eher Themen aus dem Bereich Lifestyle und Prominenz widmete, sendete eine 20-minütige Reportage über eine Hilfsorganisation – bessere PR hätte sich *MfM* wirklich nicht wünschen können. Noch Jahre später wurde ich auf den Beitrag angesprochen, der am Ende unserer Reise entstand. Im Jahr danach besuchte ich mit *MfM* Schulen in ganz Deutschland, und auch hier waren wir froh, dass wir eine angepasste Version des Beitrags zeigen konnten, weil so klar wurde, wie die Kinder dort wirklich lebten und wie groß ihre Not und Armut waren.

Schon als wir in Addis Abeba aus dem Flieger stiegen, hatte mein Vater ein ganz anderes Auftreten als in München. Er kümmerte sich rührend um das Kamerateam und die Redakteure, die uns begleiteten – wie immer war er sehr darum bemüht, dass es allen gut ging und keinem etwas fehlte. Aber in seiner Haltung schwang ein neues Selbstbewusstsein mit. Er war in diesem Land zu Hause, beherrschte die Sprache perfekt und konnte sich so artikulieren, wie er wollte, ohne Sorge, missverstanden zu werden. In Äthiopien hatte mein Vater uns allen etwas voraus, es war sein Land – er war hier nicht Migrant, sondern einer von vielen, einer, der hierhergehörte und dessen Daseinsberechtigung nicht in Frage gestellt wurde. Als wir auf das Rollfeld stiegen, stand schon ein Auto bereit, und ein äthiopisches Kamerateam nahm uns in Empfang. Mich hüllte eine warme Wolke ein, die feuchte Luft, getränkt vom Duft nach Kaffee, verbranntem Holz und Berbere, die mich auch heute noch jedes Mal, wenn ich hier wieder lande, sofort in Äthiopien verortet. Als wir am Terminal ankamen, führten uns Flughafenmitarbeiter in einen abgelegenen Raum, in dem ich dem äthiopischen Sender Ethiopian Broadcasting Corporation ein Interview gab. Meine Großmutter, die in Aksum im Norden des Landes lebt, sah den Beitrag Tage später und konnte es gar nicht fassen. Sie war so überrascht, dass sie trotz der hohen Kosten sofort meine Mutter in München anrief. Das Interview führten wir auf Englisch, ich spreche nur ein paar Worte Amharisch, und im Laufe der Reise merkte ich, wie ungewöhnlich das allen erschien. Wir arbeiteten mit einer Reihe von Dolmetschern, was wirklich nötig war, weil mich von allen eine Sprachbarriere trennte und es in Äthiopien außerdem je nach Region verschiedene Sprachen gibt. Jetzt, wo ich in Äthiopien war, fühlte ich mich manchmal unglaublich deutsch.

Am Abend gingen wir in das traditionelle Restaurant Yod Abyssinia, eine Institution in Addis Abeba. Auf der Bühne führten Tänzer verschiedener Stämme die traditionellen Tänze des Landes vor – davon gab es Dutzende, und jeder davon war einzigartig und mit dem Stamm verbunden, der ihn tanzte. Dabei ging es nicht nur darum, sich zu bewegen. Der Tanz war hier eine Kulturform, eine Art zu kommunizieren, Geschichten zu erzählen und sich und sein Volk zu präsentieren. Er griff tiefer als in der westlichen Welt und hatte eine wesentlich wichtigere Rolle. Als einige junge Männer vom Stamm meines Vaters auf die Bühne traten, rief er völlig außer sich: »Das sind Gurage!«, und ich hatte das Gefühl, er würde jeden Moment aufspringen und mittanzen, aber er blieb zu meinem Erstaunen sitzen. Mein Vater war sichtlich stolz, als die Gurage ihren Tanz aufführten, und hatte die Bühne immer im Blick. Als unser Essen kam, zeigte er allen, wie man richtig mit den Händen isst, wie man das *Injera* in die Hand nimmt und damit die verschiedenen Eintöpfe und Soßen richtig einwickelt. Er war überhaupt nicht so schüchtern, wie ich ihn kannte. In Äthiopien kommt es manchmal vor, dass man Menschen, die man besonders schätzt, füttert, und je weiter der Abend fortschritt, desto ausgelassener wurde mein Vater, bis er am Ende jeden von uns fütterte und wir alle lachen mussten.

Ich genoss es, wieder einmal so viel Zeit mit ihm zu verbringen. Schon als Kind war ich gerne mitgekommen, wenn er am Wochenende Einkäufe im Supermarkt zu erledigen hatte oder zu der Werkstatt gefahren war, bei der er nebenher manchmal Autos reparierte, um zusätzliches Geld für seine Familie zu verdienen. Diese Samstage im Auto mit ihm waren immer besondere Stunden, weil man als Kind mit Geschwistern seine Eltern nur selten mal für sich allein hat.

Nach dem Abendessen stiegen wir in das Auto von Gebeyehu, dem Fahrer, mit dem ich über die nächsten Jahre eine Freundschaft aufbauen würde. Er brachte uns ins Hotel, und ich war erstaunt, wie dunkel die Stadt vor unseren Autofenstern war. Ich konnte fast nichts erkennen. Im Hotel teilten mein Vater und ich uns ein Zimmer. Es war ziemlich spartanisch eingerichtet, und ich ertappte mich dabei, wie ich mich vor dem schmutzigen Teppich ekelte und mit meinem Vater darüber verhandelte, wer das bessere Bett bekam. Stolz war ich nicht darauf, mir war schon in diesem Moment klar, wie verwöhnt ich war. In dieser ersten Nacht fand ich wenig Ruhe. Ich war aufgeregt. Beim Frühstück bekam ich außer Kaffee nichts herunter. Um sieben Uhr ging es schon los, wir fuhren zur Zweigstelle von *MfM*, und ich lernte die Mitarbeiter vor Ort kennen, von denen die meisten Äthiopier waren.

Von Addis Abeba flogen wir schließlich mit einem sehr klapprigen Flugzeug nach Jimma, einer Stadt im Westen Äthiopiens. Der Flieger war fast leer, und gegenüber von unseren Sitzen lag ein großer Block äthiopischer Birr-Noten, in Plastik eingeschweißt und völlig unbewacht. Noch dazu war das Geld angeschnallt, als sei es ein Passagier, was dem Ganzen eine noch größere Absurdität verlieh. Diese Art von »Geldtransport« wäre in Deutschland völlig undenkbar, und irgendwie war es fast ein Sinnbild für die tiefen Unterschiede zwischen der deutschen und der afrikanischen Lebensart. Ich musste lachen und machte ein Foto, was mich für einige Momente von dem mulmigen Gefühl ablenkte, das ich schon beim Einsteigen in dieses alte Propellerflugzeug gehabt hatte.

Wir landeten auf einer Wiese, es gab kein Rollfeld vor dem Flughafengebäude, und wir rutschten nach der Landung noch 500 Meter weiter. Ich versuchte, meine Angst mit tiefen Atemzügen in den Griff zu bekommen. Am Flughafen bildete sich sofort eine Menschentraube um uns herum, es war eine Attraktion, wenn hier mal ein Flieger landete. Die Männer und Frauen riefen: »Ferensch! Ferensch!«, was so viel bedeutet wie »Weißer«. Vor allem die Kinder starrten fasziniert auf die Kamera. Es war das erste Mal, dass ich mit echter Armut konfrontiert wurde. Die Menschen, die uns belagerten, waren sehr dünn, viele trugen löchrige Klamotten, manche von ihnen waren wütend, andere bettelten. Ich war überfordert von der geballten Aufmerksamkeit, mit der uns diese Masse an Menschen begegnete, und atmete erleichtert auf, als wir ins Auto steigen. Von Jimma fuhren wir in den Norden, acht

Autostunden nach Mettu, wo eine neue Schule gebaut werden sollte. Es gab keine asphaltierte Straße, nur Schotterwege, und der Jeep ratterte voran. Für den Fahrer war es sehr anstrengend, uns durch den stetigen Strom aus Kühen, Ziegen und Kleinkindern zu navigieren, die in regelmäßigen Abständen auf die Straße liefen. Ich schaute aus dem Fenster und dachte nach. Mit jedem Kilometer verließen wir das, was ich kannte, ein bisschen mehr, und ich war unglaublich froh, dass mein Vater neben mir saß. Er war wie eine Erinnerung daran, dass es das Leben in Deutschland, das mir hier so weit weg erschien, wirklich gab.

Man konnte das Leben der Menschen hier sehr genau beobachten, weil alles draußen stattfand. Ich sah Frauen, die große Bündel Holz schleppten, und fragte mich, wohin sie liefen, weil ich weit und breit nichts sah. Ich war erschrocken darüber, wie wenig Infrastruktur es gab. Lehmhütten mit Strohdächern säumten die Straße, nur vereinzelt erspähte ich eine Hütte mit Wellblechdach. Ich fühlte mich fast wie in die Steinzeit versetzt und konnte nicht fassen, wie groß der Kontrast zwischen meiner Heimat und diesem Fleckchen Erde doch war. Dass wir alle tatsächlich auf demselben Planeten lebten, aber die Schere so weit auseinanderging. Ich war wie gelähmt von diesen Eindrücken, die ich so schnell nicht einordnen konnte.

Wir kamen bei Einbruch der Dunkelheit in Mettu an. Asenefesh, die die Küche leitete, begrüßte uns sehr herzlich und tischte ein großes Abendessen auf. Wir alle waren erschöpft und wahnsinnig hungrig, erschlagen von den Eindrücken der Reise. Wir waren zu platt, um wirklich ein Gespräch zu führen, jeder war für sich damit beschäftigt, die neuen Eindrücke zu verarbeiten und zu sortieren und sich nebenbei zu stärken. Nach dem Essen blätterte ich durch das Gästebuch. Das Guesthouse in Mettu war eines der ältesten von *MfM*, und so waren hier schon viele bedeutende Persönlichkeiten zu Gast gewesen. Ich laß die ersten Einträge, die noch aus den Achtzigerjahren stammten, und neuere Einträge, darunter die des damaligen Bundespräsidenten Horst Köhler und Münchens Oberbürgermeister Christian Ude. In den Einträgen schwang immer die Erkenntnis mit, dass die Reise nach Äthiopien die Autoren innerlich verändert hatte, dass sie mit Neugier auf Afrika angereist und mit Liebe für das Land wieder nach Hause zurückgekehrt waren. An diesem Abend, an dem ich mich erschlagen und überfordert fühlte, beruhigte es mich zu lesen, dass andere Menschen diesen Ort mit einem guten Gefühl verlassen hatten. Ich war einfach nur voller Mitgefühl und konnte es in dieser Wucht kaum ertragen.

Meinem Vater und mir wurden zwei Einzelzimmer zugewiesen, aber ich wollte mir ein Zimmer mit ihm teilen. Nach diesem Tag konnte ich auf keinen Fall allein sein. Er war ein Stück Heimat auf dieser Reise, die mich schon jetzt in meinen Grundfesten erschüttert hatte. Er schien zu merken, was in mir vorging, dass ich erst jetzt wirklich begriffen hatte, wie arm das Land ist, aus dem er kam. Auch für ihn waren es bewegende Eindrücke, auch er hatte lange keine echte Armut mehr gesehen.

Am nächsten Tag fuhren wir zum Mettu Karl Hospital, das *MfM* hier gebaut hatte. Das Krankenhaus ist für etwa 50 000 Menschen zuständig. In Europa, wo ein Arzt etwa 300 Patienten betreut, kann man sich kaum vorstellen, wie dürftig die medizinische Versorgung in Afrika ist. Als wir die Räume betraten, nahm ich sofort einen sehr strengen Geruch wahr, den ich nicht zuordnen konnte. Jürgen sagte den Satz, den ich erst nach Jahren verstand: »Wir machen hier große Fortschritte.« Aber ich sah nur Elend und schämte mich gleichzeitig dafür, weil alle um mich herum sichtlich stolz auf dieses Krankenhaus waren. Wir trafen eine Frau, die gerade entbunden hatte und ihren Säugling in ein Geburtstuch eingewickelt an ihre Brust hielt. Es war ein merkwürdiges Gefühl, hier zu sein. Ich war eine völlig Fremde und sah Menschen in sehr intimen Situationen, hatte Angst, wie eine Schaulustige zu wirken. Gleichzeitig war mir bewusst, wie wichtig es war, mich auch vor diesen unangenehmen Erfahrungen nicht zu verschließen und alle Eindrücke aufzusaugen, die mir ein besseres Bild von der Arbeit der Stiftung vermittelten. Die Krankenschwester zeigte uns den Brutkasten, den ganzen Stolz dieses Krankenhauses. Nur wenige Häuser in Äthiopien abseits der Hauptstadt waren so gut ausgestattet.

Auf der nächsten Station sah ich einen kleinen Jungen, aus dessen Nase ein Infusionsschlauch hing, der mit einem Pflaster im Gesicht fixiert war. Sein Vater saß neben ihm und war sichtlich besorgt. Als ich ihn fragte, was er hatte, sagte er: »Ich weiß es noch nicht, die Ärzte müssen ihn noch weiter untersuchen.« Er erzählte mir, dass er drei Tage laufen musste, bis er es zum Krankenhaus geschafft hatte, und mir schnürte die Ratlosigkeit dieses Mannes und die bedingungslose Liebe, die bei seinem Blick auf den kranken Sohn geradezu spürbar wurde, die Kehle zu. Ich hatte so starkes Mitgefühl, dass ich es nicht ertragen konnte und den Raum kurz verlassen musste. Am meisten brach es mir das Herz, dass der Vater einen tagelangen Weg auf sich nehmen musste, um zu diesem Ort zu gelangen, der für mich unangenehm roch und Lichtjahre von den medizinischen Standards entfernt war, die ich aus Deutschland kannte. Vor der Tür weinte ich und schnappte nach Luft. Mein Vater sah, wie sehr mir das alles zusetzte. Er umarmte mich und streichelte meinen Rücken. Es war das erste von vielen Malen, dass ich realisierte, dass das auch meine Familie, mein Vater sein könnte, der da mit einem von uns Mädchen sitzt. Die Erkenntnis, dass ich einfach nur Glück hatte und dass es zu großen Teilen dem Einsatz meiner Eltern zu verdanken war, dass wir es besser hatten, lastete schwer auf mir.

Das Schlimme war, wie vermeidbar das Elend schien. Die meisten Kinder starben hier an Durchfall, der durch verschmutztes Trinkwasser verursacht wurde. Eine Krankheit, die sich mit preisgünstigen Medikamenten behandeln lässt und die in Deutschland nur selten zum Tod führt. Ich merkte, dass mein Vater das alles schon wusste, dass es ihm auf einer Ebene bewusst war, auf die es bei mir erst einmal einsinken musste.

Wir fuhren weiter, an den Rand von Mettu, zum Abdii-Borii-Kinderheim, das Karl-Heinz Böhm hier 1996 eröffnet hatte, nachdem er immer wieder auf das harte Schicksal und die mangelnden Hilfen für Waisenkinder in Äthiopien aufmerksam geworden war. Abdii Borii bedeutet »Hoffnung auf morgen«. Als wir das Tor passierten, liefen wir an blühenden Büschen und Mangobäumen vorbei. Das Waisenhaus hatte eine eigene Farm, Kohl und Salat wurden angebaut, Bananen und Papayas. Auch Kühe und Hühner wurden auf den acht Hektar gehalten. Alles für den täglichen Bedarf der rund 160 Kinder und Jugendlichen, die hier leben, wurde vor Ort erwirtschaftet. Die Älteren von ihnen packten bei der Obst- und Gemüseernte mit an. In der Tischlerei zimmerten sie Möbel und lernten schon früh Fähigkeiten, mit denen sie als Erwachsene ihren Lebensunterhalt bestreiten können würden. Die meisten von ihnen waren im Alter von wenigen Wochen oder Monaten hierhergekommen. Viele wurden in zerrüttete Familien hineingeboren und einfach am Straßenrand ausgesetzt. Einige Kinder werden in solchen Situationen von Verwandten aufgenommen, aber die wenigsten haben das Glück.

Die Kinder waren völlig aufgeregt, als wir kamen. Nicht oft verirrte sich ausländischer Besuch hierher. Ich hatte die ganze Zeit mit den Tränen zu kämpfen, als wir mit den Kindern spielten und sie uns verschiedene Tänze zeigten. Als das Mittagessen serviert wurde, schaufelten sie alle ihr Essen in sich hinein, als gebe es kein Morgen. Auch mein Vater wurde ganz still, als wir hier waren, und verließ einmal sogar unvermittelt den Raum. Als ich nach ihm schaute, sah ich, dass er ganz verweinte Augen hatte. Es brach ihm das Herz, dass alle Kinder, die wir hier sahen, weder einen Vater noch eine Mutter hatten und alleine ihren Weg durchs Leben finden mussten. Mein Vater, der schon früh Halbwaise war und als Jugendlicher sein Elternhaus verlassen hatte, konnte die Einsamkeit dieser Kinder auf eine Art verstehen, die mir nicht möglich war. Er schlang die Arme um sich und schaute in die Ferne, während ich ihm über den Rücken streichelte und versuchte, ihn zu trösten. Es war eines der ersten Male, dass ich meinen sonst so starken Vater so emotional und verletzlich sah.

Eine der letzten Stationen unserer Reise – und die wohl wichtigste – führte uns in das Dorf Degele im Westen des Landes. Wir hatten schon einen langen Tag hinter uns, als wir dort ankamen. Der graue Regenhimmel machte uns noch müder, als wir ohnehin schon waren. Das änderte sich schlagartig, als wir uns dem Dorf näherten. Hunderte Menschen in bunten Gewändern strömten uns entgegen. Auch ohne Internet, Telefone, Zeitungen oder Fernsehen wussten alle Dorfbewohner, dass heute eine junge Frau aus Deutschland kommen würde, die ihnen helfen wollte.

Später erfuhr ich, dass es in den vergangenen Tagen hier anhaltend geregnet hatte, so dass der Weg ins Dorf komplett verschlammt war. Wir hätten es mit unserem Jeep gar nicht in das Örtchen geschafft, wenn die Männer im Dorf nicht den Weg mit Steinen geebnet hätten, damit wir den Berg hochfahren konnten und nicht laufen mussten. Ein kleiner Junge begrüßte mich und überreichte mir einen Blumenstrauß, dann lief ich durch Reihen an Männern und Frauen, die euphorisch tanzten, zum Ortseingang. An einem Torbogen hing ein Schild, auf dem in sauberen Lettern stand: »Welcome Sara Nuru, we wish you a long life«. Alle jubelten, klatschten und johlten, der Strom an Menschen, die auf mich zukamen, um mich zu begrüßen, riss nicht ab. Ich war zu Tränen gerührt: Wer waren diese Menschen, die mich nicht kannten, aber mir trotzdem ein langes Leben wünschten?

Als wir die Schule betraten, die *MfM* durch einen neuen Bau für 290 000 Euro ersetzen wollte, war ich schockiert. Hier wurden über 1100 Kinder in fünf Klassenräumen unterrichtet. Manche von ihnen legten jeden Morgen einen dreistündigen Fußmarsch zurück, um zum Unterricht zu kommen. Die Räume sahen aus wie ein Stall, nicht wie ein Ort, an dem Kinder Spaß am Lernen hatten. Es war dunkel und feucht in diesem mit Lehm verputzten Holzhaus, die Kinder hatten weder Bänke noch Tische, sondern mussten auf Baumstämmen sitzen. Die ganze Klasse blickte neugierig auf mich, meinen Vater, Jürgen und natürlich das Kamerateam. Das einzige Licht, das in das dunkle Klassenzimmer drang, kam von einem Loch in der Wand. Auch mein Vater war sichtlich schockiert. Viele der Kinder trugen abgelaufene Plastikschuhe, andere hatten gar keine Schuhe, sondern wateten barfuß durch den Schlamm und sanken bis zu den Knöcheln darin ein. Als den Kindern ein Film mit Eindrücken von *GNTM* gezeigt wurde, schämte ich mich. In dieser Lehmhütte, in der es so nass und ungemütlich war, wirkte der Glamour meines anderen Lebens so unangemessen und künstlich, so unwirklich und unnötig. Ich musste immer wieder den Blick vom Fernseher abwenden, weil es mir so unangenehm war. Die Schüler schauten fasziniert auf den Bildschirm und schienen sich nicht daran zu stören, dass es Bilder aus einer Welt waren, in der alle im Wohlstand lebten. Im Gegenteil: Sie waren wie hypnotisiert von den bunten Eindrücken. Als wir nach einigen Stunden wieder fuhren, stand für mich fest: Ich wollte diesen Kindern helfen. Hier musste eine neue Schule entstehen, und ich würde alles dafür tun, meinen Teil dazu beizutragen. Meine Entscheidung war gefallen: Ich würde Botschafterin für *MfM* werden. Als wir uns verabschiedeten, sah ich den Menschen die Freude über unseren Besuch an. Sie alle waren dankbar, dass wir ihnen helfen wollten, so dankbar, dass es wirkte, als hätten wir schon etwas getan, dabei hatten wir nichts geleistet, außer ein Versprechen zu geben.

In Addis Abeba wurden wir von der First Lady Azeb Mesfin überraschend in den Präsidentenpalast geladen. Der Weg zu dem prächtigen Gebäude führte vorbei an einem Elendsviertel mit Wellblechhütten, und ich staunte über die räumliche Nähe von Armut und Prunk, die ich so aus Deutschland nicht kannte. Als wir am Wächter vorbei durch das Tor auf das Gelände des Palasts mit seinem riesigen Garten fuhren, bewegte sich mein Vater unruhig in seinem Autositz hin und her. Im Gegensatz zu mir war er sich der Tragweite dieser Einladung bewusst: Die Frau des Präsidenten seines Heimatlandes wollte uns zum Kaffee bei sich empfangen. Eine einmalige Erfahrung, mit der er nie gerechnet hätte. Als die Tür aufging und wir die Empfangshalle sahen, fühlte ich mich an den Film »Der Prinz von Zamunda« erinnert. Von der Decke hing ein riesiger Kronleuchter, überall blitzte Gold, und auf dem Boden lag ein Läufer, der aus einem Löwen mit ausgestopftem Kopf hergestellt worden war. Mein Vater strahlte bis über beide Ohren. »Sara, das ist der unfassbarste Moment in meinem Leben«, sagte er. »Als Kind bin ich hier immer vorbeigelaufen und habe mich gefragt, wie es hinter den hohen Mauern aussieht, und jetzt bin ich drin. Das gibt's doch nicht!« Wir bekamen zunächst eine lange Führung, besichtigten das Museum im Erdgeschoss und das Schlafzimmer von Haile Selassie, dem letzten Kaiser von

Abessinien und einem der Hoffnungsträger des Landes, in dem antike Sportgeräte standen. Ich hatte mich noch nie tiefer mit der äthiopischen Geschichte auseinandergesetzt und begann zu ahnen, dass es noch viel mehr über die Heimat meiner Eltern zu lernen gab.

Schließlich betraten wir den Salon, in dem uns die First Lady empfing. Ein Bediensteter servierte uns Kaffee. Es war alles sehr westlich: keine Kaffeezeremonie, kein offenes Feuer, kein Weihrauch. Die First Lady erzählte uns, wie positiv mein Sieg für das Ansehen Äthiopiens war, und schien sichtlich erfreut. Ich war etwas verunsichert, weil ich mich mehr als Deutsche sah und außer meiner Familie und meinen Verwandten in Erding gar keine Äthiopier kannte. Für mich waren zu diesem Zeitpunkt meine Herkunft und meine Hautfarbe gar nicht so wichtig. Ich fühlte mich dem Land, in dem ich aufgewachsen bin, zugehöriger. Mein Vater merkte gar nicht, dass ich ein bisschen überfordert war, für ihn war es einer der ultimativen Momente seines Lebens, und der Stolz auf seine Tochter strahlte ihm aus jeder Pore. Als wir nach dem Besuch meine Mutter anriefen, war sie extrem neidisch.

Nach der Reise hielt ich Vorträge an deutschen Schulen, um so Spenden für den Bau der neuen Schule in Degele zu generieren. Jürgen und ich absolvierten die Schulbesuche meist als Team. Manchmal fuhren wir zwei, drei Tage am Stück von Schule zu Schule, in abgelegene Dörfer, von denen ich noch nie etwas gehört hatte. Auf den langen Zugfahrten lernten wir uns immer besser kennen. Am Ende des Jahres waren wir total vertraut miteinander und klatschten uns nach jedem erfolgreichen Vortrag gegenseitig ab. Jürgen erzählte mir, dass einer der Geschäftsführer von *MfM* als Jugendlicher Karl-Heinz Böhm bei einem Vortrag in seiner

Schule erlebt hatte und so sein Interesse für soziales Engagement entfacht worden war. Mir wurde klar, wie tiefgreifend Dinge sein können, die man als junger Mensch erfährt oder lernt, und wie sie den Lauf eines Lebens nachhaltig prägen können.

In den Klassen stellte ich unsere Bildungsoffensive vor und zeigte den Schülern den angepassten ProSieben-Beitrag, der bei meinem Äthiopienbesuch entstanden war. Vor allem dieser machte auf sie einen gewaltigen Eindruck. Wenn ich vor die Klasse trat, fragten mich die meisten Schüler erst einmal darüber aus, wie es ist, Model zu sein, wie es war, *GNTM* zu gewinnen, oder auch, ob Heidi nett war. Ich antwortete bereitwillig, aber knapp auf diese Fragen, denn darum sollte es ja eigentlich gar nicht gehen. Sobald die Schüler das Video gesehen hatten, kippte die Stimmung. Auf einmal war ich nicht mehr Sara Nuru von *GNTM*, sondern eine, die in Afrika war und die hautnah erlebt hatte, in welch rudimentärer Umgebung Schüler dort lernen mussten. Die Jugendlichen und Kinder, die wir in ihren Klassen besuchten, identifizierten sich mit den afrikanischen Kindern, sie sahen, wie diese barfuß durch den Schlamm wateten. Manche von ihnen waren derart geschockt, dass sie weinten. Viele der Schulen schlossen sich nach unserem Vortrag unserer Idee an und versuchten alles, um Geld zu sammeln. Sie veranstalteten Projektwochen zum Thema Afrika oder luden Eltern und Lehrkräfte zum Kuchenbasar ein. Erstklässler ließen sich von ihren Großeltern für richtig vorgelesene Sätze bezahlen und spendeten das Geld, wieder andere Schüler organisierten Benefizläufe oder Thementage. Der Schulklasse, die dabei am kreativsten war, winkte ein Fotoshoot mit mir und ein Konzert der Band Killerpilze in der Schule. Am Ende des Jahres hatten wir eine halbe Million Euro gesammelt, und eine Klasse der Oberstufe des Carl-Benz-Gymnasiums in Ladenburg gewann den Shoot. Eine der Schülerinnen, Rebecca, begann nach diesem für sie prägenden Erlebnis, sich sozial zu engagieren, und heiratete später einen Äthiopier. Sie beide unterstützen heute nuruWomen.

Nach drei Jahren kehrte ich, diesmal ohne meinen Vater, nach Degele zurück. Ich war froh und von Stolz erfüllt, als ich in die Gesichter der Dorfbewohner blickte und sagen konnte: Ich habe mein Versprechen gehalten. Als ich dieses Mal in Degele aus dem Jeep stieg, sah auch ich die Schönheit und den Fortschritt, nicht mehr nur das Elend. Viele der Häuser waren jetzt moderner gebaut. Neben den runden Tukuls, den in Äthiopien so typischen Lehmhütten mit Strohdächern, gab es auch einige viereckige Bauten, viele davon mit Wellblechdach. Und auch in mir hatte sich etwas getan: Ich kam mit einem anderen Bewusstsein. Die Begrüßung war jetzt, wo die Schule fertiggebaut war, noch um einiges überschwänglicher als bei meinem ersten Besuch. Ich konnte kaum fassen, wie viele Menschen uns entgegenliefen und tanzten, jubelten, um mich herumwirbelten.

Vor der Schule war ein symbolisches Absperrband gespannt, das ich zerschneiden sollte, ehe ich eintrat. Auf einem Schild über dem Eingang stand »Sara Nuru School« – ich war total überwältigt. Eine Schule wurde nach mir benannt! Nach mir? Ich konnte nicht anders, als in Tränen auszubrechen. Der herzliche Empfang und diese Geste waren einfach zu viel für mich. Als ich das Gebäude betrat, war ich beeindruckt: Die Räume waren hell, einladend und lichtdurchflutet. An den Wänden hingen von den Kindern gemalte Bilder. Es gab Bänke und Stühle, und der Ort wirkte wie einer, an dem man sich gerne aufhielt. Ich hatte vielleicht keinen Einfluss darauf, dass viele der Kinder noch immer einen Schulweg hatten, der stundenlang dauerte. Aber der Ort, an dem sie ankamen, war jetzt ein sehr viel schönerer, einer, der mit Leben erfüllt war und an dem man gerne lernte. Selbst Frauen, die so alt waren wie meine Großmutter, kamen auf mich zu und bedankten sich für den neuen Schulbau. Vormittags besuchten die Kinder die Schule, abends hatten die älteren Dorfbewohner die Möglichkeit, Kurse zu belegen und endlich Lesen und Schreiben zu lernen. Bei dem Bau war auch an all das gedacht worden, was oft vernachlässigt wurde. So gab es Schlafmöglichkeiten für die Lehrer, die von anderswo hierherkamen, um die Kinder zu unterrichten. Es klingt selbstverständlich, aber bei Projekten vieler anderer NGOs, die es nicht schaffen, ihre europäische Perspektive hinter sich zu lassen, wird das oft vergessen.

Die Dorfbewohner hatten ein richtiges Fest für uns ausgerichtet. Ein Moderator führte mit einem Mikrofon durch die verschiedenen Programmpunkte. Die Kinder präsentierten uns extra einstudierte Tänze und kleine Sketche, und eine Band aus dem Dorf spielte ein Konzert. Eines der Gesichter in der Menge kam mir bekannt vor: ein kleines Mädchen, das wahnsinnig strahlte. Es dauerte einige Stunden, bis ich sie endlich zuordnen konnte: Auf einem Foto von meiner letzten Reise nach Degele stand sie im Mittelpunkt. Das Bild hing im Flur meiner Wohnung, und ich sah es jeden Tag. Als wir uns wieder auf den Weg in das Guesthouse machten, schenkten die Dorfbewohner mir und jedem im Fernsehteam ein Glas Honig und ein äthiopisches Gewand. Die Rückkehr nach Degele war ein Ereignis, bei dem mich ein tiefes Glücksgefühl durchströmte, das ich nicht einmal ansatzweise bei meinem *GNTM*-Sieg gespürt hatte. Ich konnte nicht glauben, wie erfüllend es doch war, etwas zu tun, das einen in Verbindung mit etwas brachte, das so viel größer war als man selbst. Ich begriff an diesem Tag, was es wirklich bedeutete, Botschafterin zu sein: eine Brücke zwischen zwei Welten. Es ging dabei nicht um Eitelkeit, sondern die tiefere Bedeutung des eigenen Handelns. Auch wenn mein Name an der Schule geschrieben war: Ich stand stellvertretend für alle Schüler und Schülerinnen, die kreativ gewesen waren und sich die Zeit genommen hatten, Spenden zu sammeln. Viele Menschen in Industrienationen sind schockiert, wenn sie hören, wie viel es kostet, in Afrika eine neue Schule zu errichten. Ich finde das etwas ignorant. Schließlich baut man hier auch ein Haus mit einem ordentlichen Fundament, das hundert Jahre halten soll, und eben keine Holzhütte.

In den nächsten Jahren als Botschafterin von *MfM* lerne ich nicht nur viel über die Stiftung, sondern auch über Entwicklungsarbeit im Allgemeinen; ein Wissen, das ich später für die Gründung meines eigenen Vereins – nuruWomen e.V. – würde anwenden können. Dabei gefällt mir der nachhaltige Ansatz von *MfM*, die mehrere Maßnahmen miteinander verzahnen. Mich beeindruckt, wie systematisch die Stiftung dabei vorgeht. Am Anfang der Arbeit steht eine riesige Projektregion ohne echte Infrastruktur. Die Regionen, die Interesse daran haben, Hilfe zu erhalten, müssen sich darum bewerben. *MfM* geht nicht einfach in eine ländliche Gegend Afrikas und breitet sich dort aus. Der Ansatz ist einer des Miteinanders: Man kann nicht einen Brunnen bauen, ohne den Menschen beizubringen, wie man diesen wartet. Die Menschen, denen man hilft, müssen mitmachen und irgendwann lernen, sich selber zu helfen – nur so entsteht eine nachhaltige Entwicklung im Land.

Doch was bedeutet das eigentlich? Im Grunde ermöglicht eine solche Art der Entwicklungsarbeit den Menschen, aus eigener Kraft heraus etwas zu schaffen und ihr Leben zu verbessern. Man kann jedem Stift und Papier geben, aber wenn man ihm nicht beibringt, zu schreiben und zu lesen, sind diese Werkzeuge nutzlos. Viele Ansätze, die auf den ersten Blick gut wirken, entpuppen sich beim näheren Hinsehen als zu kurzsichtig. Eine Schule und Schulmaterialien sind sinnlos ohne Lehrer – und die müssen irgendwo wohnen, also braucht man für sie Unterkünfte. Viele romantisieren Entwicklungshilfe oder spenden, um ihr Gewissen zu beruhigen und ohne wirklich zu hinterfragen, was der Ansatz der jeweiligen NGO eigentlich bringt. Aus einer oberflächlichen oder westlichen Sicht ist es unvorstellbar, dass ein Land vielleicht nicht für jede Form der Entwicklungshilfe dankbar ist und Angst hat, in Abhängigkeit zu geraten. Gerade in Äthiopien sehen viele diese Art von Hilfen skeptisch: An wenigen Orten weltweit sind so viele NGOs aktiv wie hier. Die Äthiopier sind ein stolzes Volk, das nie kolonialisiert wurde und Unterdrückung durch weiße Kolonialherren nicht kennt. Umso schwerer tun sie sich mit dem Bild, das im Westen von ihrem Land vermittelt wird: eines, das dem wahren Äthiopien mit all seiner kulturellen Vielfalt und seinem Reichtum an Sprachen, Traditionen, Tänzen und Bauwerken nicht gerecht wird. Noch immer reduzieren viele NGOs Äthiopien auf ein Land, das von Dürre und Hunger geplagt ist, und befeuern somit das Klischee der armen Afrikaner, die auf Hilfe angewiesen sind. Natürlich ergibt es insofern Sinn, als dass diese Organisationen versuchen, Spendengelder zu sammeln. Aber es ist dennoch problematisch.

Gegen den Grundgedanken des humanitären Helfens ist nichts einzuwenden – versucht ein Land aber, aus eigener Kraft dieser Bedürftigkeit zu entkommen, und dieser Versuch wird von Menschen aus einem anderen Kulturkreis verhindert, die eine eigene Agenda verfolgen, so finde ich das sehr schwierig. Gerade kleine Vereine handeln oft allzu naiv und sind sich nicht der wahren Bedürfnisse der Menschen vor Ort bewusst. Auf der anderen Seite operieren NGOs ab einer gewissen Größe wie jedes andere Unternehmen auch, das geschäftliche Interessen verfolgt, ja, verfolgen muss. Das ist ein schmaler Grat, der oft dazu führt, dass der

Gedanke, Gutes zu tun, ins Hintertreffen gerät und wirtschaftliche Überlegungen immer mehr Raum einnehmen. Meine Idealvorstellung von gelungener Entwicklungshilfe ist Hilfe zur Selbsthilfe, bedeutet, in ein Land zu kommen, um wieder zu gehen, nicht um auf ewig dort zu bleiben. Für viele ist Entwicklungshilfe jedoch ein gut bezahlter Job, den sie nicht aufgeben möchten. Viele leben in den Entwicklungsländern auf hohem Niveau, mit Fahrern, Angestellten, geringen Ausgaben und einem Gehalt, das westlichen Standards entspricht. Ich finde das fraglich. Manchen dieser Menschen steigt ihr Status zu Kopf, und sie behandeln die Einheimischen abfällig, stellen sich über sie und sehen sie als minderwertig, weil sie weniger gebildet sind und einen viel niedrigeren sozialen Status haben. Diese Hierarchien haben einen Beigeschmack von Kolonialismus. Richtiger wäre es, die Leute im Land einzubeziehen, weniger Menschen aus dem Ausland zu holen und stattdessen einheimische Fachkräfte zu engagieren, denen es natürlich einfacher fällt, sich mit den Bauern oder Kindern, denen sie helfen, zu identifizieren.

Seit Jahrzehnten wird Entwicklungshilfe kritisiert, und ich kann das in vielen Punkten nachvollziehen. In vielen Empfängerländern herrscht Korruption. Viele Menschen haben Angst, dass ihr gespendetes Geld die Hilfsbedürftigen gar nicht erreicht, sondern auf dem Weg dorthin in die falschen Hände gerät und ihre Unterstützung versickert. Oft bringen NGOs auch nur vermeintliche Lösungen für afrikanische Probleme, die sehr aus der Perspektive eines entwickelten Landes gedacht sind. Manche liefern Geräte, die viel zu komplex und schwer zu warten sind, oder Lebensmittel, die nicht geeignet sind, weil es vor Ort keine Möglichkeit gibt, sie zu lagern. Das führt zur Zerstörung der Wertschöpfung vor Ort und demotiviert alle Beteiligten.

Hilfe schafft außerdem oft Abhängigkeit und unterbindet die

Eigenverantwortung. Das ist insbesondere der Fall, wenn dauerhafte Einrichtungen von Spenden abhängig bleiben, anstatt sich irgendwann selber zu tragen. Vor allem staatliche Geldgeber sind an Legislaturperioden und Jahresbudgets gebunden, die oft nur Programme zulassen, die ein bis drei Jahre laufen. Viele Prozesse vor Ort dauern wesentlich länger, angestoßene Initiativen versanden, und Dinge, die angefangen wurden, können sich nicht wirklich verankern. Oft wird der Erfolg von Projekten auch falsch gemessen: Es macht keinen Sinn, nur zu beurteilen, welche Menge von einem Medikament verteilt wurde. Wichtiger wäre es doch festzuhalten, wie viele Menschen dadurch geheilt wurden und ob das Medikament tatsächlich ein wirksames Mittel gegen Krankheiten ist.

Die Probleme in Entwicklungsländern sind vielschichtig und miteinander verwoben. Was mich am Ansatz von *MfM* immer wieder beeindruckt, ist der ganzheitliche Fokus und die Tatsache, dass das Konzept dieser Stiftung so gut durchdacht ist. Dieses ganzheitliche Denken verfolgen wir mit nuruWomen ebenfalls. *MfM* hat eigene Mitarbeiter und verwaltet sein Geld komplett selbst. Außerdem schließt die Stiftung Verträge mit lokalen Regierungen ab, damit auch von Seiten der Bevölkerung Leistungen erbracht werden müssen. So agieren beide Seiten auf Augenhöhe, und diese Art der Arbeit setzt eine Bereitschaft zur Eigeninitiative voraus. Die Verträge sind an feste Zusagen und Ziele von beiden Seiten gebunden, die in der Regel auch immer eingehalten und erreicht werden. *MfM* orientiert sich in seiner Arbeit an den Bedürfnissen der Bevölkerung und entwickelt gemeinsam mit ihr Lösungen für Probleme. Über 95 Prozent der Mitarbeiter vor Ort sind Äthiopier. Die Stiftung hilft der Bevölkerung, sich selbst zu entwickeln, anstatt ihr vorgefertigte Lösungen und Spenden überzustülpen.

Brunnen oder Schulen werden von Kräften vor Ort gebaut, alle Hilfen sind in die lokalen Strukturen eingebunden. Jedes Projekt ist so angelegt, dass es ein definiertes Ende hat und es immer eine über mehrere Jahre laufende Übergabephase gibt, so dass nie eine Abhängigkeit entstehen kann. Statt Entwicklungshilfe passt deswegen auch der Begriff Entwicklungszusammenarbeit wesentlich besser.

Im Schnitt bleibt die Stiftung 12 bis 15 Jahre in einer Projektregion. Eine halbe Generation also. In dieser Zeit können sich Prozesse, die etwas verändern, wirklich verselbstständigen. *MfM* konzentriert sich dabei auf fünf Bereiche: Wasserversorgung, Bildung, Gesundheit, nachhaltige Landwirtschaft sowie gesellschaftliche Entwicklung und Frauenförderung. In einer Region werden immer gleichzeitig alle fünf Parameter verwirklicht. Zugang zu Trinkwasser ist nötig, um die Gesundheit der Bevölkerung zu gewährleisten und die vielen Krankheiten zu vermeiden, die durch unsauberes Wasser übertragen werden. Erst wenn beides sichergestellt ist, kann Bildung wirklich eine Rolle spielen und ihre Wirkung entfalten. Wenn die Bauern lernen, wie man nachhaltig Gemüse anbaut, und dabei auch neue Gemüsesorten kennenlernen, werden sie unabhängig von Spenden und können sich selber ernähren. Diese Art der Entwicklungszusammenarbeit ermöglicht es den Äthiopiern, sich Schritt für Schritt von den Hilfen aus den reichen Industrienationen zu emanzipieren – eine Vision, für die ich brenne, und einer der Gründe, warum ich die Arbeit von *MfM* unterstütze.

Etwas, das zählt

In der Phase, in der ich mal wieder alles hinterfragte, mir unsicher war, ob ich jemals wieder als Model arbeiten wollte, erzählte mir ein Freund von einem Buch. Ich hatte ihm gerade davon berichtet, dass ich mit dem Gedanken spielte, mich selbstständig zu machen, dass ich einen Weg finden wollte, Arbeit und sinnstiftendes Tun zu verbinden, aber überhaupt nicht wusste, wie ich damit anfangen sollte. Er hörte mir aufmerksam zu und sagte, ich solle in den nächsten Tagen vorbeikommen, er habe genau das Richtige für mich.

Er schenkte mir ein Exemplar von »Start something that matters«, in dem der Gründer der Schuhmarke TOMS, Blake Mycoskie, von seinem Weg als *Social Entrepreneur* erzählt. Mein Freund schrieb mir eine Widmung auf die erste Seite. »Damit Du Deinem Traum näher kommst.« Ich war erst skeptisch – wie um alles in der Welt sollte ein Buch dieses diffuse Bündel aus Problemen lösen, die mir durch den Kopf gingen? Aber schon nach wenigen Seiten hatte mich die Geschichte gepackt, und ich konnte es nicht zur Seite legen. Mycoskie erzählte davon, wie eine berufliche Auszeit, die er sich im Jahr 2006 genommen hatte, sein Leben veränderte. Damals war er 29 und beschloss, nach vier erfolgreichen Start-up-Gründungen einmal durchzuatmen und wieder etwas für seine Seele zu tun, anstatt immer nur zu funktionieren. Wie gut ich das nachfühlen konnte! Mycoskie reiste nach Argentinien und versuchte, sich in der Kultur des Landes zu verlieren und etwas Zerstreuung zu finden. Er spielte Polo, lernte Tango tanzen und trank jede Menge Malbec. Wie die meisten Argentinier trug er nach wenigen Tagen *Alpargatas*, leichte Baumwollschuhe zum Hineinschlüpfen, eine Art Espadrilles, die dort vom Bauer bis zum Studenten wirklich jeder anzog. Das hätte sicherlich auch in Amerika einen Markt, dachte er, verfolgte aber die Idee nicht weiter – schließlich war er hierhergekommen, um Urlaub zu machen. Zum Ende seiner Reise hin lernte er eine Amerikanerin kennen, die sich mit anderen Ehrenamtlichen zusammengetan und einen »shoe drive«, also eine Sammlung gespendeter Schuhe, organisiert hatte. Mycoskie war das ganze Konzept neu – warum sammelten die Ehrenamtlichen ausgerechnet Schuhe und nicht etwa andere Spenden wie Medikamente oder Lebensmittel? Die Frau erklärte ihm, dass sich viele Eltern in den ärmeren Regionen Argentiniens keine Schuhe für ihre Kinder leisten können. Die Kinder stecken sich so mit Krankheiten an, weil sie den ganzen Tag barfuß laufen. Das Schlimmste sei, dass sie keinen Einfluss darauf habe, welche Schuhgrößen gespendet werden, und viele Kinder so auch nach ihrem Besuch leer ausgingen. Es brach ihm das Herz, und als ich das las, war ich ebenfalls tieftraurig bei der Vorstellung. Ich dachte an Äthiopien zurück, an die vielen Kinder ohne Schuhe.

Mycoskie ließ der Gedanke nicht los. Er machte sich auf in die abgelegenen Ecken Argentiniens und sah, in welcher Armut viele Familien außerhalb der Hauptstadt Buenos Aires lebten. Natürlich war ihm auch davor schon auf irgendeiner Ebene klar gewesen, dass viele Kinder weltweit barfuß aufwuchsen, aber jetzt sah er, was genau das bedeutete: Kinderfüße mit riesigen Blasen, wund gescheuerte und entzündete Füße, Kinder, die krank geworden waren, weil nichts sie davor schützte, sich mit Infektionen anzustecken, die durch Hautkontakt mit der Erde oder unreinem Wasser übertragen wurden. Er beschloss, etwas zu tun. Doch der Gedanke daran, dem Problem mit einer Wohltätigkeitsorganisation beizukommen, erwies sich in seinen Augen schnell als kurzsichtig. Wäre er dann nicht ewig auf die Güte von Spendern angewiesen? Woher sollten die kommen? Aus dem Familien- und Bekanntenkreis? Was, wenn es nicht genug Leute gab, die regelmäßig und über Jahre spendeten? Das Konzept erschien ihm, dem Unternehmer, nicht nachhaltig genug. Mycoskie hatte einen Geistesblitz: Wie wäre es, eine Firma zu gründen, die die leichten *Alpargatas* auf dem amerikanischen Markt verkauft und sich verpflichtet, für jedes Paar verkaufter Schuhe ein weiteres Paar an bedürftige Kinder zu spenden? Das Konzept von »Tomorrow's Shoes« war geboren, besser bekannt unter der Abkürzung »TOMS«.

Ich war sofort begeistert von diesem Ansatz des *Social Business*, also einer unternehmerischen Tätigkeit, die einen wohltätigen Aspekt hat. Das war es doch, womit ich rang – wie ich meine Arbeit als Model, die mir so oberflächlich und oft wenig sinnvoll erschien, mit etwas ergänzen konnte, wofür ich wirklich brannte. Zwar konnte ich mir mittlerweile meine Aufträge aussuchen, aber mir fehlte der tiefere Sinn. Gleichzeitig wollte ich das Modeln nicht aufgeben – schließlich war es meine Einnahmequelle, sicherte mich finanziell ab, und die dadurch erlange Bekanntheit würde für jedes künftige Projekt sehr hilfreich sein. Mycoskie schilderte, wie die örtlichen Schuhmacher ihn und seinen Geschäftspartner für verrückt erklärt hatten und er es trotzdem schaffte, nach ein paar anfänglichen Schwierigkeiten mit 250 Prototypen nach Amerika zu fliegen. Einige Paar verkaufte er an Freunde und Bekannte, die alle begeistert waren. Sein erster großer Coup war es schließlich, als die Einkäuferin der hippen Boutique »American Rag« in Los Angeles TOMS in ihr Sortiment aufnahm. Der nächste Durchbruch: ein Artikel über die Firma und ihre Mission in der *Los Angeles Times*. Als dieser erschien, bestellten binnen weniger Tage 2200 Kunden Schuhe. Eigentlich ein Glücksfall – aber Mycoskie hatte nur noch 160 Paar vorrätig. Er improvisierte, suchte im Internet Praktikanten, weil ihm klar wurde, dass er sein junges Unternehmen ab jetzt nicht mehr allein stemmen konnte, und informierte seine Kunden, dass die Lieferung statt der versprochenen vier Tage bis zu acht Wochen dauern würde, und lieferte die Gründe dafür gleich mit. Seine Entscheidung, ehrlich und transparent zu agieren, lohnte sich: Nur ein einziger Kunde stornierte daraufhin seine Bestellung.

Ich fühlte mich beim Lesen ermutigt, denn Mycoskie wirkte nicht wie einer, der alles besser weiß. Es war kein schwer zugänglicher Businessratgeber, den er da geschrieben hatte. Beim Lesen bekam ich das Gefühl, dass es völlig in Ordnung ist, beim Gründen Fehler zu machen, wenn man bereit ist, aus ihnen zu lernen. Man musste nicht den perfekten Businessplan und ein existierendes Netzwerk haben, um mit einem Start-up erfolgreich zu sein. Es gab mehr als den einen Weg, eine Firma zu gründen – und wirtschaftliches Denken und Wohltätigkeit mussten sich nicht ausschließen. Ich war völlig beflügelt. Mycoskies Ansatz war sehr amerikanisch – er riet jungen Gründern dazu, wirklich jedem, den sie treffen, von ihrer Firmenidee zu erzählen. Ein Rat, den man in Deutschland so nie hören würde, jeder hätte wohl eher Angst vor Nachahmern oder Konkurrenten. Ich fand Mycoskies Methode aber viel sympathischer. Als Sali und ich drei Jahre später nuruCoffee gründeten, erwies sich diese Herangehensweise als sehr nützlich: Nur so lernten wir überhaupt die Menschen kennen, die uns mit ihrer Expertise und ihren Kontakten halfen, aus einer spontanen Idee nach und nach ein echtes Unternehmen zu machen.

Nach 10 000 verkauften Paar Schuhe reiste Mycoskie schließlich nach Argentinien und verteilte dort wie versprochen »TOMS«-Schuhe – für jedes verkaufte Paar eines für ein Kind, in vielen verschiedenen Größen. Seine Eltern, Geschwister, einige gute Freunde sowie sein erster Praktikant begleiteten ihn auf dieser Reise durch die Dörfer im Nordosten des Landes, rund 18 Autostunden von Buenos Aires entfernt. Zehn Tage lang verteilten er und seine Helfer Schuhe an bedürftige Kinder. Ich konnte gut nachfühlen, als er schrieb, dass er oft weinend zusammengebrochen war, weil er so von seinen Gefühlen übermannt wurde. Ich dachte an den Moment, als ich die Sara Nuru School einweihen durfte, und die Freude, die ich damals empfand, war mit einem Mal wieder sehr präsent und abrufbar.

Was ist heute schon Erfolg? Das Streben nach Geld, Status und Anerkennung ist den meisten von uns längst nicht mehr genug. Im Gegenteil: Wir merken, dass wir uns in diesem Hamsterrad aufreiben, dass ein Leben für die Leistungsgesellschaft uns nicht glücklich macht und Geld zwar Freiheiten und Sicherheit kaufen kann, auf Dauer aber keine Erfüllung in sich sein kann oder zumindest niemals so glücklich macht wie gute Beziehungen, Freundschaften oder das Gefühl, etwas mit Sinn zu tun. Immer mehr Menschen sehnen sich danach, etwas dazu beizutragen, dass die Welt zu einem besseren Ort wird. Das mag für manch einen naiv oder utopisch klingen – aber beginnt nicht jeder reale Wandel mit einem Traum? Für die junge Generation, die heute ins Berufsleben einsteigt, ist ein Dienstwagen weit weniger wichtig als die Möglichkeit, von zu Hause oder bei Bedarf auch mal weniger Stunden in der Woche zu arbeiten. Schon längst hat sich ein

Wandel vollzogen, hin zu Werten wie Freiheit, Zeit für die Familie oder die eigene Selbstverwirklichung. Umso zeitgemäßer ist das Konzept des Social Business. Warum sollten sich Wohltätigkeit und finanzieller Erfolg ausschließen? Der Leitspruch der *Social Entrepreneurs* ist ein Zitat des indischen Pazifisten Mahatma Gandhi:»Be the change you want to see in the world.« Sei der Wandel, den du in der Welt sehen willst. Ja, sicherlich, das mag für viele abgegriffen und naiv klingen. Doch tatsächlich verändert eine neue Generation von Gründern die Welt stückchenweise zum Besseren.

Das Konzept des Social Business geht auf den bengalischen Wirtschaftswissenschaftler Muhammad Yunus zurück. Als ich das Buch von Mycoskie fertig gelesen hatte, waren meine Neugier und mein Wissensdurst geweckt. Ich beschäftigte mich mit Yunus' Arbeit und stieg immer tiefer in das Thema ein. Yunus promovierte in den USA an der Vanderbilt University im Fach Volkswirtschaftslehre und kehrte mit Anfang 30 wieder in seine Heimat zurück. Dort wurde er Professor an der Chittagong University und begann Mitte der Siebzigerjahre mit der Arbeit an einem Projekt, für das er 2006 mit dem Friedensnobelpreis ausgezeichnet wurde: die»Grameen Bank«. Die Idee dazu hatte er, als er sah, wie groß das Elend in Bangladesch in Folge einer großen Hungersnot war. Yunus, der gutgestellte Professor, ging jeden Tag auf dem Weg zur Universität an dem Dorf Jobra vorbei und sah hungernde Menschen. Er, der im Ausland studiert hatte und als Dekan der Fakultät für Wirtschaftswissenschaften arbeitete, fühlte sich auf einmal hilflos. Als sei all das Wissen, das er sich in den vergangenen Jahren angeeignet hatte, unnütz. Er beschloss, noch einmal zu studieren – dieses Mal das echte Leben, die Wirklichkeit, die das Leben der Armen ausmachte und der sie oft ein Leben lang nicht entfliehen konnten.

Yunus sprach mit den Bewohnern des Dorfes Jobra und versuchte zu verstehen, wieso gerade sie dem Elend ausgeliefert waren. Schnell merkte er, dass viele nur dann Darlehen für Rohstoffe bekamen, die sie für ihre Arbeit brauchten, wenn sie bereit waren, Wucherzinsen zu zahlen. So waren die meisten in einem Kreislauf der Verschuldung gefangen, den sie aus eigener Kraft gar nicht durchbrechen konnten. Vor allem Frauen waren davon betroffen. Er lernte eine Korbflechterin kennen, die ihm erklärte, dass sie sich Geld leihen musste, um Bambus zu kaufen. Darauf zahlte sie zehn Prozent Zinsen pro Woche – und jeglicher Gewinn aus dem Verkauf ihrer Bambushocker wurde so aufgefressen. Yunus erkannte, in welch misslicher Lage die Frau, die weder lesen noch schreiben konnte, sich befand. Er machte sich auf die Suche nach anderen Dorfbewohnern, die ebenfalls Kunden bei dem Kredithai waren. Am Ende fand er 42 Menschen, die sich insgesamt gerade einmal 27 Dollar geliehen hatten. Der Ökonom, der in den USA studiert hatte und wusste, wie weit entfernt diese Realität von seinem Leben oder dem Leben der Menschen in den reichen Industrienationen war, war schockiert. Zu Beginn lieh Yunus den Dorfbewohnern aus seiner eigenen Tasche Geld. Sie zahlten es alle zurück – was keiner erwartet hatte. Zehn Jahre lang kämpfte Yunus gegen Widerstände konventioneller Banken und die Bedenken der Regierung, bis er schließlich die Grameen Bank gründen konnte. Heute gibt es sie in 50 000 Dörfern im ganzen Land. Viele kennen Yunus als »Bankier der Armen«. Sein Ansatz ist relativ simpel: Die Grameen Bank vergibt Mikrokredite an Menschen, die bei einer normalen Bank keine Chance hätten. In Indien sind das fast ausschließlich Frauen. Frauen, die Kredite aufnehmen, schreibt Yunus in seiner Biografie, verwenden ihr Einkommen zuerst für ihre Kinder, dann dafür, die Lebensumstände der Familie zu verbessern. Wer einer Frau hilft, hilft also ihrer ganzen Familie, eine Philosophie, die mich sofort begeisterte. Es stimmt: In Äthiopien sind es ebenfalls nicht nur die Frauen, die mit Geld nicht wirtschaften können oder es leichtfertig ausgeben, sondern auch die Männer. Warum also wird es gerade Frauen so schwer gemacht, Kredite aufzunehmen?

Yunus' Ansatz ist einer, der mich an das Credo von *MfM* erinnert: Hilfe zur Selbsthilfe statt Almosen. Über die Kraft von Mikrokrediten und ihr Potenzial für Frauen in Äthiopien hatte ich bislang noch nicht nachgedacht. Doch jetzt war ich sensibilisiert für das Konzept des Social Business und sah überall Firmen, die ähnlich funktionieren. »Lemonaid Beverages« zum Beispiel, die mit ihren Softdrinks fairen Handel in den Ländern stärken, aus denen die Zutaten stammen, und so Sozialprojekte fördern. Die Gründungsgeschichte – drei Entwicklungshelfer, die keine Ahnung vom Getränkemarkt hatten, aber trotzdem Gutes tun wollten – ermutigte mich. Zu Beginn wollte ihnen keiner einen Kredit geben, heute sind sie nicht nur wirtschaftlich erfolgreich, sondern haben sogar einen Gründerpreis gewonnen.

Oder »Viva con Agua«, ein Verein, der sich dafür einsetzt, die Trinkwasserversorgung in Ländern wie Ruanda, dem Sudan und auch Äthiopien zu verbessern. Der FC-St.-Pauli-Spieler Benjamin Adrion rief die Initiative im Jahr 2005 gemeinsam mit der Welthungerhilfe ins Leben, nachdem er beim Trainingslager auf Kuba mit eigenen Augen gesehen hatte, wie problematisch die Trinkwasserversorgung dort immer noch war. Ein Jahr später wurde der Verein gegründet, fünf Jahre später ein Tochterunternehmen, das Mineralwasser in Glasflaschen verkauft – der Verein ist mit 20 Prozent daran beteiligt, 60 Prozent der Gewinne fließen direkt in die gemeinnützige Arbeit des Vereins. Auch ein Ansatz, der mich begeistert. Was auffällt: Die meisten Produkte, die von *Social-Business*-Gründern vertrieben werden, fristen keinesfalls ein Schattendasein in der Öko-Ecke. Längst sind Wohltätigkeit, Nachhaltigkeit und ein Bewusstsein für die Probleme anderer nicht mehr Nischenphänomene, sondern regelrecht im Trend. Viele junge Menschen konsumieren heute bewusster, bevorzugen es, Wasser zu trinken, das einem guten Zweck dient, als von einer Marke zu kaufen, die mit Trinkwasser Geschäfte macht und es in Kauf nimmt, die Wasserversorgung in Entwicklungs- und Schwellenländern sogar zu verschlechtern.

Der Ansatz des Social Business mag ähnlich klingen wie das Bestreben vieler großer Unternehmen, etwas zurückzugeben, das, was man »Corporate Social Responsibility« nennt. Aber diese ist immer ausschließlich unternehmerisch motiviert. Manchmal dienen die wohltätigen Aktivitäten eines großen Unternehmens auch dazu, weniger attraktive Aspekte der eigenen Tätigkeit zu verdecken oder diesen in der Öffentlichkeit durch groß angelegte PR-Kampagnen entgegenzuwirken. Das nennt man dann »Greenwashing«. Beim Social Business ist die Lösung eines gesellschaftlichen Problems der Antrieb, die unternehmerischen Aspekte sind dem untergeordnet. Das Konzept des Social Business greift weiter als der Ansatz vieler NGOs. Die Menschen, denen man durch seine Arbeit hilft, sind in vielen Fällen auch wichtige Partner, ohne die man gar nichts verkaufen könnte. Dadurch steht man auch in einem Arbeitsverhältnis und ist gleichberechtigt. Es geht darum, dauerhaft in Entwicklungsländer zu investieren und ihnen so auf Augenhöhe zu helfen. Dazu gehört es auch, dass man die Lieferkette so umweltfreundlich wie möglich hält, Arbeitsplätze vor Ort schafft und sich nicht an wirtschaftlichen Prozessen beteiligt, die ausbeuterisch sind oder die Umwelt schädigen.

Meine neue Maxime, über die Ideen, die ich habe, und meine Inspirationsquellen zu sprechen, zahlte sich aus. In einem Interview erwähnte ich, wie sehr mich das Buch von Mycoskie beeinflusst hatte. Kurze Zeit später kam sein Presseteam auf mich zu und fragte mich, ob ich daran interessiert wäre, ihn zu treffen, da er gerade mit seinem Buch auf Europatour war. Natürlich wollte ich! Unser Treffen war genauso inspirierend, wie ich es mir erhofft hatte. Mycoskie signierte mein Exemplar seines Buchs und schrieb mir eine Widmung: »Carpe diem, follow your dreams.« Am Abend gingen wir mit seinem Team und einer ausgewählten Gruppe von Social Entrepreneurs essen. Es war, als hätte ich endlich »meine Leute« gefunden: Ich fühlte mich sehr wohl, hatte das Gefühl, dass wir alle ähnliche Themen hatten und keiner es nötig hatte, sich vor den anderen zu profilieren. Ich war fasziniert von der Vielfältigkeit des sozialen Engagements der verschiedenen Gründer und den Projekten, von denen sie mir erzählten. Das war nach Jahren in der Modebranche und Öffentlichkeit so neu und erfrischend, dass ich kaum einschlafen konnte, als ich nach Hause kam. Mein Kopf schwirrte vor Ideen, und ich fühlte mich das erste Mal seit Langem wieder so, als stünde der Beginn von etwas Großem vor der Tür. Dass ich bald ebenfalls ein Social Business gründen würde, noch dazu mit meiner Schwester, war da allerdings noch Zukunftsmusik.

Ein paar Monate später fragte Mycoskies Team mich, ob ich bei seinem Projekt »Models give back« mitmachen möchte. Für eine neue Kampagne sollten drei bekannte Models ihr Lieblingsschuhmodell aus der aktuellen TOMS-Kollektion vorstellen. Der Erlös aus dem Verkauf dieser Schuhe sollte an eine gemeinnützige Organisation gehen, für die das Model sich engagierte. Nach und nach schien alles zusammenzufließen – sogar die Modewelt und Wohltätigkeit, zwei Bereiche, von denen ich nie gedacht hätte, dass sie sich vereinbaren ließen. Ich war geehrt und überwältigt. Noch vor ein paar Wochen war ich einfach nur Fan seiner Arbeit, jetzt sollte ich auf einmal mit Mycoskie zusammenarbeiten? Natürlich sagte ich sofort zu.

»Models give back« wurde das erste Projekt, bei dem ich wirklich aktiv mitgestalten konnte und einen Vorgeschmack davon bekam, wie es ist, wenn man Entscheider war – und nicht nur das Gesicht einer Kampagne. Ich holte Eva Padberg und Franziska Knuppe mit an Bord und war insgeheim stolz darauf, TOMS so gute Namen verschafft zu haben. Von jedem verkauften Paar Schuhe aus der Sonderkollektion gingen 20 Euro an die Organisationen, die wir ausgewählt hatten. Am Ende kamen 30 000 Euro zusammen. Es bereitete mir große Freude, von der Entstehung bis zum finalen Foto involviert zu sein. Als Model wurde ich ja immer erst gebucht, wenn der Look schon steht und alle wichtigen Entscheidungen getroffen sind. Es war ein völlig neues Arbeiten, und ich fühlte mich ermächtigt und ernst genommen. Es war für mich ein wichtiger Aha-Moment: Vielleicht musste ich gar nicht alles über den Haufen werfen, das ich gelernt und das mich geprägt hatte. Vielleicht konnte ich das, was ich gut konnte, mit dem verbinden, wofür ich brannte. Wenn man die richtigen Partner hat, passen diese vermeintlich gegensätzlichen Welten sehr gut zusammen. Diese Impulse führten schließlich auch dazu, dass ich den Mut fand, mein eigenes Unternehmen zu gründen.

Kaffee und mein neues Leben als Gründerin

Seit ich denken kann, hält meine Mutter am Mittwochnachmittag eine traditionell äthiopische Kaffeezeremonie ab – mittwochs, weil sie an einem Mittwoch nach Deutschland gekommen ist. Dann füllt sich der Hausflur unseres Wohnhauses in München mit dem Duft von frisch gerösteten Bohnen, Popcorn und Weihrauch. Diese Mischung ist für mich der Geruch meiner Kindheit, etwas, das ich mit Geborgenheit und Liebe verbinde. Jede Familie wird von Ritualen und Traditionen zusammengehalten, die eine Konstante bieten – sei es der immer gleiche Geburtstagskuchen oder eine jährliche gemeinsame Wanderung –, und in meiner Familie ist es diese Zeremonie, die jede Woche stattfindet und eine Tradition ist, die nie wegbricht, egal was gerade sonst um uns herum passiert.

Als ich ein kleines Mädchen war, kam ich gegen eins von der Schule und aß an diesem Tag immer nur eine Kleinigkeit. Meine Mutter wartete stets, bis mein Vater von der Arbeit nach Hause kam, ehe sie mit der Zeremonie begann. Sie freute sich schon eine Stunde davor auf ihn und lächelte, wenn sie hörte, dass sein Haustürschlüssel sich im Schloss drehte. Als wir noch in Erding wohnten, holte meine Mutter frisches Gras aus dem Garten, legte es auf einer Plastikplane aus und stellte den Hocker, von dem aus sie die Zeremonie leitete, darauf. In München behalf sie sich mit einem Plastikteppich made in China, der grüne Plastikfransen hatte. Beides sollte das Landleben und die Verbundenheit zur Natur symbolisieren, denn in Äthiopien wird diese Zeremonie meistens draußen durchgeführt – oft auch auf den gleichen giftgrünen Kunststoffteppichen wie dem, den wir hatten.

Wenn mein Vater durch die Tür ins Wohnzimmer trat, war immer alles schon vorbereitet: das Tablett mit den schön verzierten Tassen und Untertassen, das Popcorn, *Kolo*, eine äthiopische Knabberei aus gerösteter Gerste und manchmal auch Kichererbsen, die Zuckerdose, der Bunsenbrenner. Meine Mutter strahlte, als er sich zu uns setzte, und begann mit der Zeremonie, bei der jeder ihrer Handgriffe saß. Sie hatte ein Leben lang Übung. Sie wusch die grünen Bohnen, trocknete sie und röstete sie dann in einer kleinen Pfanne über dem Bunsenbrenner. Damit sie dabei nicht anbrennen, muss man etwas Geschick an den Tag legen, denn nach weniger als einer Minute beginnt es schon nach Kaffee zu riechen, und es ist eine Kunst, den richtigen Zeitpunkt zu erwischen. Die Bohnen sollten goldbraun sein. Als ich es viele Jahre später selber probierte, verbrannten mir die Bohnen sofort.

Meine Mutter schüttete die gerösteten Bohnen danach immer auf eine Bastmatte und nahm dann ein Stück Kohle und Weihrauchsteine, die sie ebenfalls ins Feuer hielt, bis sich der warme und würzige Duft ausbreitete. Schließlich mahlte sie den Kaffee mit einem Elektromörser (in Äthiopien machte sie das natürlich per Hand) und nutzte die Bastmatte als Trichter, um die Bohnen in die *Jebana* zu füllen. Diese Kaffeekanne aus Ton ist typisch äthiopisch, mit einem langen, dünnen Hals und einer halb runden Stellfläche. Dann gab sie kochendes Wasser in die Kanne, und wenn ich fragte: »Wie viel Wasser muss man nehmen?«, lächelte sie nur und sagte:»Genug für sechs Tassen, das wirst du schon noch lernen.«

Auf dem Bunsenbrenner ließ sie die Kanne schließlich so lange, bis es in ihr blubberte und der Kaffee fast überschwappte. Dann nahm sie die Kanne von der Flamme und ließ sie abkühlen, damit sich der Kaffeesatz setzen konnte. Die kleinen Tassen, die sie damals aus ihrer Heimat nach Deutschland mitgebracht hatte, reihte sie dicht nebeneinander auf und füllte sie mit einer flüssigen Bewegung, so schnell, dass ich mich als kleines Mädchen immer fragte, wie sie das nur machte. Schließlich fragte sie in die Runde unserer Nachbarn, wer Zucker möchte – im Haus hatte es sich herumgesprochen, dass Mulu Mittwochs zum Kaffee bittet, und so exotisch das auf unsere deutschen Nachbarn zu Beginn gewirkt haben muss, so schnell gewöhnten sich Teresa und die anderen an das Ritual und freuten sich, meine Mutter dabei zu beobachten und in den Genuss von drei guten Tassen Kaffee zu kommen.

Denn bei der Zeremonie wird der Sitte nach dreimal eingeschenkt. Der erste Aufguss ist der stärkste und dient dem reinen Genuss, bei der zweiten Tasse werden Probleme und Sorgen besprochen, der dritte Aufguss schließlich soll für alle Anwesenden Segen bringen. Für mich waren diese Stunden, in denen meine Eltern mit anderen Erwachsenen zusammensaßen, immer sehr heimelig und spannend, obwohl ich nie mittrinken durfte. Jahrelang erzählten mir meine Eltern, dass ich eine Koffeinallergie hätte, um mich davon abzuhalten, Kaffee zu trinken, bis ich es irgendwann durchschaute.

Dass Kaffee in meinem Leben einmal eine viel zentralere Rolle spielen würde, sah ich nicht kommen. Die Idee, dass Sali und ich Kaffee importieren könnten, entstand in der Zeit unseres Umzugs von München nach Berlin. Es würde zwar noch drei Jahre dauern, bis wir tatsächlich eine Firma gründeten und unter dem Namen NuruCoffee Kaffee verkauften, aber der erste Funke war entfacht.

Ehe Sali und ich uns endgültig dafür entschieden, Kaffee zu importieren, stand aber noch eine andere Option im Raum: *Teff*, Zwerghirse, ebenfalls ein typisch äthiopisches Lebensmittel. Aus *Teff* wird das Mehl für das große Fladenbrot, *Injera*, gemahlen, das zu fast jeder Mahlzeit in der Heimat meiner Eltern gereicht wird. Noch dazu ist *Teff* glutenfrei und äußerst gesund, liegt also sogar im Trend. Sali und ich gaben eine Marktanalyse in Auftrag. Es stellte sich heraus: Der Import von Zwerghirse war damals gar nicht erlaubt, also verwarfen wir den Gedanken sofort wieder und nahmen den Kaffee erneut ins Visier. Allerdings ist der Handel mit Kaffee ein sehr umkämpfter Markt, wir mussten also mit vielen Konkurrenten rechnen. Aber er hat auch den Vorteil, dass man das Produkt nicht erklären muss: Jeder kennt es. Wir entschieden uns also dafür, tatsächlich in Richtung Kaffee zu denken.

Doch wie startet man ein eigenes Unternehmen? Wir waren völlig ahnungslos und gingen intuitiv vor. Im September 2014 sahen wir eine Anzeige der Deutschen Röstergilde, die eine Art Messe, den »Kaffee Campus«, veranstaltete. Ich sagte sofort zu Sali: »Da müssen wir hin!« Mit Stiften und Blöcken rückten wir bei der Fachveranstaltung an, wie zwei Schülerinnen, die Stoff für ein Referat sammeln mussten. Wir waren völlig unbedarft und etwas erschlagen von den vielen Ständen, die sich unterschiedlichsten Aspekten des Kaffeebusiness widmeten: Von Verpackungsfirmen über Maschinenhersteller bis zu großen Röstereien war alles vertreten. Ich war gerade aus New York zurückgekommen und voller Tatendrang. Ich freute mich darauf, mit Sali zu arbeiten, und war hoch motiviert, mich unserem Projekt aus vollem Herzen zu widmen.

Sali und ich mögen ahnungslos gewesen sein, aber so waren wir auch völlig offen und lernwillig. Das war unser großer Vorteil. Als wir in den Händlerraum traten, sahen wir nur Männer mittleren Alters in Anzügen. Einer der wenigen in unserem Alter stand alleine an seinem Stand und sah so aus, als ob er Zeit für uns hätte. Er vertrat ein Hamburger Traditionsunternehmen, das auch aus Äthiopien Kaffee importiert. Wir löcherten den Vertreter mit Fragen und waren dabei so neugierig, dass er uns für die folgende Woche kurzerhand nach Hamburg einlud. Auch hier schien der Zufall auf unserer Seite zu sein: Wir wollten am nächsten Wochenende ohnehin hinfahren, weil wir Konzertkarten für Jay-Z hatten. Als wir wenige Tage später vor den Firmenräumen in der Speicherstadt standen, hatten wir das Gefühl, auf einem anderen Stern gelandet zu sein. Alles wirkte so hanseatisch und strahlte das Flair von altem Geld aus. Die Geschäftsführer nahmen uns persönlich in Empfang. Mir war klar, dass es daran lag, dass ich bekannt war, aber in diesem Fall störte es mich nicht, dass mein Name uns Türen öffnete und Einblicke bot, die wir dringend brauchten. Wir bekamen eine große Führung, sahen, woher die Kaffee-Samples kamen, wie diese in großen Industrie-Röstmaschinen geröstet wurden, und konnten sogar ein *Cupping* mitmachen.

In der Branchensprache bezeichnet Cupping die Verkostung von Kaffee, bei der die Qualität und der Geschmack der Bohnen bewertet werden. Dabei werden alle Kaffees zum gleichen Grad geröstet und gemahlen, damit man sie vergleichen kann. Dann riecht man an dem Kaffeemehl und vergleicht die Aromen der verschiedenen Sorten. Auch das Wasser, mit dem der Kaffee aufgegossen wird, muss eine bestimmte Temperatur haben: genau 96 Grad. Nach vier Minuten bildet sich an der Oberfläche der Tasse eine Kruste, die mit dem Löffel gebrochen wird. Dabei führt man die Nase nah an die Tasse, damit man die Aromen riecht, die dabei hervortreten. Dann schöpft man die übrigen Kaffeekrümel ab und probiert schließlich etwas Kaffee vom Löffel. Sali und ich waren begeistert von dem Crashkurs, den uns die beiden Chefs gaben. Nach dem Cupping gingen wir alle gemeinsam Mittag essen. Die Geschäftsführer kannten mich aus dem Fernsehen und waren neugierig, was mich zu ihnen führte und warum ich mich ausgerechnet für Kaffee interessierte. Als Sali und ich ihnen erzählten, was wir vorhatten, wurde klar, dass sie uns nicht ganz ernst nahmen und unser Vorhaben reichlich naiv fanden. Vielleicht lag es auch daran, dass wir junge Frauen waren und der Import von Kaffee noch immer eine Männerdomäne. Ich war erstaunt, wie schwer es war, als Gründerin ernst genommen zu werden. Gleichzeitig war ich dankbar für den Termin und die Zeit, die sich die beiden für uns nahmen. Am Nebentisch saß der Europa-Einkäufer von Starbucks, der nach dem Essen kurz an unserem Tisch hielt und mit den Geschäftsführern plauderte. Sie stellten uns ihm vor, und auch er schüttelte wohl innerlich den Kopf, als wir ihm von unserem Vorhaben erzählten. Er begann ein bisschen damit, uns die Welt zu erklären, und behandelte uns eher so, als sei das, was wir machen wollten, mehr ein Hobby als ein ernstzunehmendes Business-Vorhaben.

Dass man uns nicht ernst nahm, würde noch öfter vorkommen. Zwei Monate nach unserem Termin in Hamburg rief unser neuer Kontakt aus Hamburg an und sicherte uns zu, dass wir einen seiner Lieferanten in Äthiopien kennenlernen konnten – Sali und ich hatten ihn darum gebeten, uns zu helfen, Einblick vor Ort zu bekommen. Kurze Zeit später, im November 2014, saßen wir auf einmal im Auftrag des Kaffees im Flieger nach Addis Abeba. Wir übernachteten diesmal nicht im Beergarden Inn, wo ich seit Jahren immer schlief, wenn ich in Addis war, sondern in einem Businesshotel, und es war interessant, auf einmal nicht von Entwicklungshelfern und NGO-Angestellten umgeben zu sein, sondern von Geschäftsleuten.

Am Morgen nahm uns Bire in Empfang, ein junger Unternehmer, der gerade erst sein eigenes Kaffeeunternehmen gestartet hatte und der Reisegruppe aus Kaffeehändlern die schönen Seiten seines Landes zeigen wollte. Er war etwas erstaunt, als er sah, dass unter seinen Schützlingen zwei Frauen waren, die offensichtlich aus seiner Heimat kamen. Er fragte ganz neugierig nach unserer Geschichte und war sichtlich froh, nicht nur ältere Einkäufer aus Asien in seiner Gruppe zu haben. Das Addis, das er uns zeigte, war sehr entfernt von dem, das ich bislang kennengelernt hatte. Wir besichtigten die zentrale Prüfstelle für Kaffee-Exporte, und er zeigte uns die Räume seiner Firma. Am Abend gingen wir in ein schickes Hotel-Restaurant, das genau so auch in allen anderen Metropolen dieser Welt existieren könnte. Schließlich schlug Bire noch vor, dass wir einen Nachtclub besuchten. Einen Nachtclub?! Natürlich war es total absurd, davon auszugehen, dass es das in Addis nicht gab, aber ich hatte noch nie darüber nachgedacht, ob es in der Hauptstadt ein spannendes Nachtleben gab.

So fanden Sali und ich uns auf einmal in T-Shirts und Jeans vor einem der schicksten Clubs der ganzen Stadt wieder, auf der Vergnügungsmeile in Bole. Es gab sogar einen roten Teppich und einen Türsteher, der uns erst einmal nicht reinlassen wollte, weil ich Flip-Flops trug. Sali war minimal besser gekleidet und hatte zumindest Turnschuhe an, aber wir sahen beide aus wie Touristinnen, die den ganzen Tag in der Hitze rumgelaufen waren. Bire musste mit dem Türsteher verhandeln, bis dieser uns endlich reinließ, wahrscheinlich auch nur, weil wir aus Europa kamen und man so wenigstens davon ausgehen konnte, dass wir etwas

Geld daließen. Im Club zogen wir erst einmal nur kritische Blicke auf uns. Auf der Tanzfläche bewegten sich Frauen zur Musik, die atemberaubend schön waren und sich für den Abend zurechtgemacht hatten. Alle trugen High Heels, Kleider oder Miniröcke und sahen aus wie aus einem Modemagazin. Die Hippen und Coolen der Stadt trafen sich hier, und es war offensichtlich, dass das die neue Generation Äthiopiens war. Der Mittelstand und die Oberschicht, diejenigen, denen es richtig gutging, die ein modernes und interessantes Leben führten, weit weg von Dürre, Hunger und Elend.

Am nächsten Tag brachen wir früh am Morgen in zwei Jeeps nach Sidamo auf. In Äthiopiens Kaffeeregionen war gerade Erntezeit, und unser Hamburger Kontakt hatte für einige Geschäftspartner diese Reise organisiert, der wir uns anschlossen. Wir saßen auf einmal mit Einkäufern aus Taiwan, Japan und China im Auto und fuhren nicht wie sonst in Richtung Nordwesten, sondern in die südlichste Provinz des Landes, wo ich noch nie gewesen war. Die Strecke war ganz anders als das, was ich bislang in Äthiopien gesehen hatte, viel trockener und karger. Sali war wegen der dünnen Luft total ausgeknockt und döste manchmal mitten im Gespräch ein.

Wir kamen in der Dämmerung an. Unser erster Stopp war eine Lagerhalle, die gerade gebaut wurde, ein riesiges Konstrukt, in dem Kaffeesäcke gelagert werden sollten. Vor der Halle liefen die Maschinen, die die Kaffeekirschen vom Fruchtfleisch trennten, auf Hochtouren. In riesige Trichter wurden aus großen Säcken die Kaffeekirschen reingeschüttet und durch die Maschine geschleudert, bis sie unten entkernt wieder herauskamen. Es war das erste Mal, dass wir Kaffeekirschen sahen. Mir war bis zu diesem Zeitpunkt tatsächlich nicht klar, dass das, was wir als Kaffee kennen, lediglich der Kern dieser Frucht ist. Das Fruchtfleisch wird meist entsorgt und kompostiert, einige innovative Firmen machen daraus eine Art Limonade, manchmal wird es auch als Viehfutter weiterverwendet.

Es gibt zwei Arten von Kaffee: *washed coffee* und *natural coffee*. Washed Coffee, oder nass aufbereiteter Kaffee, ist wesentlich verbreiteter und von höherer Qualität. Dabei wird der Kaffee mit Wasser gereinigt und durch Schwemmen vorsortiert. In einem Entpulper, einer Art Walze, werden dann die Fruchthaut und das Fruchtfleisch, die Pulpe, abgequetscht. An der Bohne bleiben Schleim und das Pergamenthäutchen. Die Bohnen werden durch einen Schwemmkanal in einen Fermentationsbehälter transportiert und darin vergoren. Nach 12 bis 36 Stunden werden die Bohnen schließlich erneut gewaschen und zum Trocknen ausgebreitet. Der Nachteil dieser Methode ist, vor allem in Ländern wie Äthiopien, der hohe Verbrauch von Wasser in der Herstellung. Die sogenannten *Washing Stations* nehmen riesige Flächen in Beschlag. Tagelöhner sortieren und trocknen in mühsamer Handarbeit die Bohnen. Wir erschraken regelrecht, als wir sahen, wie viel Arbeit hinter der Herstellung von Kaffee steckt. Die Bohnen, die auf Planen in der Sonne trocknen, müssen immer wieder gewendet werden, damit sie gleichmäßig trocknen, die unreifen Bohnen werden von Hand aussortiert. Dass etwas »handverlesen« ist, hört sich immer so romantisch an, aber als wir die Arbeiter vor Ort beobachteten, merkten wir sofort, dass es eine wirklich mühselige Fleißarbeit ist.

Die ersten Washing Stations, die wir besuchten, waren sehr kommerziell, von hier aus ging der Kaffee in alle Welt und an die großen Händler. Es gibt enorme Qualitätsunterschiede, mehr als bei den meisten anderen Naturprodukten. Wir wussten zwar, wie umkämpft der Markt ist, aber als wir sahen, wie viel Mühe und Fleiß nötig sind, um Kaffee herzustellen, und uns klar wurde, dass es den meisten, wie uns ja auch, nicht bewusst ist, beschlossen wir, dass wir diese Geschichte erzählen müssen. Die meisten beschäftigten sich mit Kaffee erst ab dem Moment, ab dem er in Deutschland ankommt. Dann sogar geradezu fanatisch – von der Temperatur des Wassers, mit der aufgebrüht wird, bis zur richtigen Zubereitungsmethode widmen sich Kaffeeliebhaber mit fast religiösem Eifer diesem Getränk. Für die Leistung der Bauern und der Erntehelfer, den langen Weg, bis das Produkt überhaupt zu uns kommt, gibt es vergleichsweise nur ein geringes Bewusstsein. Wir waren motiviert und bestärkt. Wir möchten das ändern. Und so lohnte sich diese erste Reise, denn sie war unsere Initialzündung.

Nach dieser ersten Reise kamen uns jedoch Zweifel an der konventionellen Herstellung. Auf dem Großmarkt werden die Bauern benachteiligt, denn die Händler kaufen direkt von den Besitzern der Washing Stations. Auf diese sind die Bauern aber angewiesen, um ihre Ernte überhaupt zu verarbeiten, und müssen sich folglich dem Preis beugen, den der Besitzer aufruft. Dieser verkauft die Bohnen dann über die *Ethiopian Commodity Exchange*, eine Börse, wo neben Kaffee auch Sesam, Weizen und Mais gehandelt werden. Sali und ich besuchten die *Stock Exchange* bei unserer zweiten Reise, diesmal waren wir für die Gründung von nuruCoffee auf eigene Faust unterwegs. Wir waren erstaunt. Das Ganze hatte so gar nichts von der Wall Street oder dem, wie man sich als Deutscher eine Börse vorstellt. Stattdessen standen hauptsächlich Männer in weißen Kitteln in einem sehr spartanisch eingerichteten Raum und starrten auf einen Bildschirm, der die aktuellen Weltmarktpreise für Kaffee, Bohnen und andere Güter anzeigte.

Ehe der Kaffee überhaupt gehandelt werden kann, wird er in Addis auf seine Qualität geprüft und entsprechend eingestuft. Dabei wird auch noch einmal getestet, ob in den Säcken Steine oder andere Fremdkörper enthalten sind. Wir bekamen dieses Mal bessere Einblicke, probierten verschiedene Samples, waren bei einem Cupping dabei und erfuhren, dass einmal die Woche ein Laster mit Bohnen aus Sidamo in Addis ankommt. Wir waren ein bisschen überfordert davon, wie kleinteilig der Prozess war und durch wie viele Hände die Ware ging. Es war, das wurde uns jetzt noch einmal richtig klar, ein großer, heiß umkämpfter und auf maximalen Gewinn ausgelegter Markt. Unser Traum, die Geschichte der Bauern zu erzählen und nur nachhaltige und faire Ware zu verkaufen, wirkte auf viele der Händler sicherlich naiv.

Wir wollten aber nicht nur Kaffee beziehen, sondern es besser machen, wollten mit den Bauern ins Gespräch kommen und fair mit ihnen umgehen. Viele der Tagelöhner, die wir bei unserer ersten Reise in den Washing Stations bei der Arbeit beobachtet hatten, waren Jugendliche, manche von ihnen wirkten nicht älter als 13, vielleicht 14 Jahre. Wir wollten auf keinen Fall Kinderarbeit unterstützen. Wieder kehrten wir nach Deutschland zurück mit der Entschlossenheit, unseren Traum zu verwirklichen, aber auch mit vielen Fragezeichen im Kopf.

Und so recherchierten wir vor der dritten Reise im Jahr 2016 in Äthiopiens Kaffeeregion, welche Alternativen es zu den großen Händlern gab und fanden langsam einen Weg, der uns eher entsprach. Von dem Importeur aus Hamburg ließen wir uns eine Offertenliste geben. Darin entdeckten wir einen Anbieter, der uns interessant erschien: die *Sidamo Coffee Farmers Union*. Wir nahmen Kontakt mit der Kooperative auf und schrieben ihrem Marketing-Chef, der uns einlud, die Kooperative kennenzulernen. Und so saßen wir als einzige Frauen mit einer Gruppe von Männern am Tisch und ließen uns das Prinzip der Kooperative erklären: Die Genossenschaft arbeitet mit einer Reihe von Bauern zusammen, die kleinere Mengen an Kaffee ernten oder deren

Anbaugebiet sehr ablegen war und die so allein auf dem Markt kaum eine Chance hätten. Kooperativen bekommen meist mehr als doppelt so viel für ihren Kaffee wie die Bauern, die der Willkür der Washing Stations und des Großmarkts unterworfen sind, denn die Kooperative hat eine eigene Washing Station. Die *Sidamo Coffee Farmers Union* vereint mehr als 80 000 Bauern. Sali und ich fühlten uns endlich so, als würden wir unserem Traum allmählich näherkommen, als wir mit dem Chef der Genossenschaft an einem Tisch saßen und mit ihm über unsere Vision und unser Vorhaben redeten.

Wir hatten die Möglichkeit, auch mit den Bauern persönlich zu sprechen und ein Gefühl für ihre Situation zu bekommen. Obwohl der Marketingchef dolmetschen musste, spürten wir sofort, dass wir es mit Landwirten zu tun hatten, die selbstbestimmter arbeiten können als jene, denen wir bei unserer ersten Reise begegnet waren. Die Hierarchien waren hier flacher, und die Bauern hatten Spaß an ihrer Arbeit und daran, sie uns näherzubringen. Jeder, der in der Genossenschaft ist, hat ein Mitspracherecht und bekommt von den Gewinnen der *Association* eine Dividende ausbezahlt. Ein Ansatz, der uns gefiel: Auch hier ging es um Ermächtigung, Nachhaltigkeit und Langfristigkeit. Nach zwei Jahren hatten wir nun endlich unseren Kaffeehersteller gefunden und die Strukturen des Kaffeebusiness verstanden.

Wir testeten verschiedene Sorten, die von Bauern der Union hergestellt wurden. Drei davon kamen in unsere engere Auswahl. Die, die uns am besten schmeckte, war fair gehandelt und biozertifiziert. Ohne dass wir bei unserer ersten Vorauswahl wirklich darauf geachtet hätten, hatten wir gleich eine Bohne gefunden, die auch in Bezug auf die Herstellung den hohen Maßstäben entsprach, denen wir uns verpflichten wollten. Allein konnten wir uns aber keinen Container leisten, die Preise für einen Transport nach Deutschland waren horrend, und die Menge, die wir bei unserer ersten Bestellung abnehmen wollten, hätte den Container nur zu einem Bruchteil ausgefüllt.

Als wir wieder in Deutschland waren, setzten wir uns mit unserem Hamburger Großhändler zusammen. Wir fragten an, ob sie ein kleines Kontingent der Bohnen in einem ihrer Container für uns verschiffen könnten. Der Großhändler willigte ein, und so waren wir endlich an dem Punkt, an dem wir unsere erste Kaffeebestellung aufgaben. Wir kauften 240 Kilogramm. Langsam wurde es ernst. Doch unsere Ware hatte noch eine lange Reise vor sich: Der Kaffee wird teilweise per Esel vom Bauern zur *Sidamo Coffee Farmers Union* gebracht, von dort fährt alle zwei Wochen ein Lkw nach Addis, der die Ware zur Prüfstelle bringt, wo die Bohnen noch einmal gescannt werden. Von dort werden die Säcke schließlich in den Hafen von Dschibuti gebracht, wo sie in Container verladen werden, die drei Wochen später schließlich im Hamburger Hafen einlaufen. Vom Lager des Großhändlers kommen sie dann per Spedition nach Berlin.

Wir waren erleichtert, dass es so lange dauerte, denn wir hatten immer noch keine Ahnung, wo wir unsere Bohnen überhaupt rösten lassen sollten. In den nächsten Tagen organisierten wir überstürzt Meetings mit verschiedenen Röstereien und ließen uns Angebote geben. Dabei fanden wir heraus, dass wir Kaffeesteuer auf die geröstete Ware zahlen müssen – wie gesagt, wir waren in vielen Aspekten immer noch ahnungslos und agierten radikal nach der Methode »Learning by Doing« – und dass es außerdem einen Röstverlust von 18 Prozent geben würde. Von unseren 240 Kilogramm würden also nur knapp 200 übrig bleiben, und diese mussten wir auch noch versteuern. Unsere Preiskalkulation war hinfällig.

Am Ende entschieden wir uns für einen sogenannten Lohn-röster aus Kreuzberg – einen Röstmeister, der im Auftrag seiner Kunden Kaffee röstet und für sie ein Röstprofil entwickelt –, weil er uns zusicherte, dass wir beim Röstprozess dabei sein könnten. Besonders üblich war das nicht, aber uns war es wichtig, wirklich jeden Schritt zu begleiten und am Ende genau zu wissen, wie unser Produkt entstanden war. Als wir dann beim Röster mit Haarnetzen und Kitteln standen und die vier Säcke mit unseren – unseren! – Bohnen sahen, waren wir total aufgeregt und stolz. Für uns machten sie die Mühe und Ausdauer und den langen Weg, der uns hierher geführt hatte, sichtbar.

Um ein Röstprofil zu entwickeln, röstet man den Kaffee in verschiedenen Stufen und prüft dann, ab wann er zu dunkel und damit zu bitter ist und, umgekehrt, wann er noch nicht dunkel genug und damit zu sauer ist. Heute sind säurebetonte Kaffeesorten sehr angesagt, aber Sali und ich bevorzugen einen ausgewogenen Geschmack. Wir probierten uns durch die Röstgrade und ließen uns drei verschiedene Profile zum Testen geben. Dabei war uns wichtig, ein Profil zu finden, das alles abdeckt, das man sowohl in einem Vollautomaten als auch in einer Caffettiera oder einer Siebträgermaschine verwenden kann. Gerade für ein junges Unternehmen wie unseres war die größte Herausforderung aber eigentlich: sicherzustellen, dass der Kaffee jedes Mal gleich schmeckt und eine konstante Qualität hat. Das ist nicht ganz einfach: Kaffee ist ein Naturprodukt, und jede Lieferung wird etwas anders schmecken, je nachdem, in welcher Luftfeuchtigkeit oder Temperatur die Bohnen gelagert wurden. Am Ende entschieden Sali und ich uns für das mittlere Profil – unsere Geschmäcker sind ähnlich, wir fanden beide, dass es mit Abstand am besten schmeckt, und mussten so nicht lange diskutieren.

Als wir die erste Testladung gerösteter Bohnen mit nach Hause nahmen, um zu probieren, wie sie aus verschiedenen Maschinen schmeckte, stießen wir auf eine weitere Herausforderung: Wo bekamen wir einen Vollautomaten und eine Siebträgermaschine her? Wieder war unser Improvisationstalent gefragt, um eine Lösung zu finden. Mittlerweile überraschte es uns nicht weiter. Bei jedem Schritt unserer Firmengründung stolperten wir über etwas, das wir nicht bedacht hatten.

Wir hatten Glück, so viele nette Freunde zu haben, die an unsere Idee glaubten und uns unterstützten: Ein Freund von Sali stellte uns die Vollautomatikmaschine in seinen Büroräumen zur Verfügung, ein befreundeter Gastronom schleppte eine Siebträgermaschine in unsere Wohnung. Der Kaffee funktionierte in beiden gut, auch als French Press und auf dem Herd mit einer Caffettiera gebrüht schmeckte er großartig. Wir waren begeistert. Langsam wurde nuruCoffee für uns realer. Wir vereinbarten einen Termin mit dem Lohnröster, um die komplette erste Lieferung rösten zu lassen, und betonten, dass wir unbedingt dabei sein wollten. »Der muss langsam wirklich denken, dass wir völlig verrückt sind«, sagte Sali. Ich nickte und musste lachen.

Beim Rösten unseres ersten Kaffees hielten wir uns an den Händen. Nach drei Jahren waren wir endlich am Ziel. Auf den Röster wirkten wir mit großer Sicherheit völlig durchgeknallt – zwei erwachsene Frauen, die total emotional wurden, als ihre Kaffeebohnen geröstet wurden. Ich störte mich nicht daran und fragte ihn, ob wir die Säcke, in denen unser Kaffee geliefert worden war, behalten dürften. Sali musste laut losprusten (aber ich würde recht behalten, denn noch Jahre später hängt einer davon in unserem Büro an der Wand und erinnert uns an diesen ersten Schritt). Weil wir wirklich alles selber machen wollten, entschieden wir uns dagegen, die abgepackten Kaffeepakete von der Rösterei auch bekleben und verschicken zu lassen. Stattdessen ließen wir uns

200 Kilo Kaffee liefern. Dass wir im dritten Obergeschoss wohnten und die Kisten selbstverständlich nur ins Erdgeschoss geliefert wurden, bedachten wir dabei nicht. Als der Lieferant kam, staunten wir nicht schlecht. Innerhalb kürzester Zeit stapelten sich 50 Kisten im Hausflur, die wir alle nach oben tragen mussten. Sali und ich waren erst einmal völlig überfordert und erschlagen, aber dann packte uns mal wieder unser Tatendrang und die Euphorie. Das war jetzt wirklich der letzte Schritt, bis wir mit nuruCoffee loslegen konnten. Besser gesagt: Die letzten – vielen! – Schritte, denn wir verbrachten mehrere Stunden damit, die Kisten in den dritten Stock zu schleppen, und mussten jedes Mal lachen, wenn wir einander im Treppenhaus begegneten. Wir waren trotz der körperlichen Strapazen überglücklich.

Jetzt waren wir also wirklich so weit, dass wir ein Produkt hatten, das wir verkaufen konnten. Wie es immer so ist, gab es Probleme mit unserer Webseite, und wir schafften es nicht, wie eigentlich geplant, den Online-Shop vor Weihnachten live zu schalten. Die Webseite von nuruCoffee ging am 10. Januar 2017 mit sechs Wochen Verzug live. Wir hatten fünf Jahre damit verbracht, unser »Baby« auf die Welt zu bringen, und ließen in diesem Moment laut die Champagnerkorken knallen. Doch erst einmal passierte auf der Webseite … gar nichts. Denn weil wir so beschäftigt mit den anderen Aspekten der Firmengründung und der Herstellung gewesen waren, hatten wir das Marketing total vernachlässigt. Bis auf einige Freunde und Verwandte wusste keiner, dass es nuruCoffee überhaupt gab.

Unser Geschäft nahm erst nach einem halben Jahr Fahrt auf. Doch für uns war es schon ein riesiger Erfolg, dass die Seite überhaupt freigeschaltet war und sich in unserer Wohnung Kisten mit Kaffeepäckchen stapelten. Wir hatten uns wirklich getraut. Es gab jetzt nuruCoffee! Ich konnte es immer noch nicht glauben. Wir zögerten noch, zu viel Zeit und Energie in Werbung zu investieren. Unsere Abläufe waren noch nicht eingespielt, und wir fürchteten, wir würden bei einer großen Bestellung überhaupt nicht hinterherkommen. Im März postete ich das erste Mal eine Info zu nuruCoffee auf meiner öffentlichen Facebook-Seite. Die ersten Bestellungen kamen. Sali und ich waren glücklich und gespannt, wohin uns die Reise führen würde.

Wie viel sich für mich durch die Firmengründung geändert hatte, merkte ich, als ich für ein Videointerview für die Zeitschrift *Glamour* angefragt wurde. Darin sollte ich mich vorstellen – ganz klassisch, mit Alter, Name und Beruf. Eigentlich keine große Sache, aber ich hatte alleine bei dem Gedanken einen Kloß im Hals. Wieso? Über vier Jahre hatte ich eine Transformationsphase durchlaufen und mich mental darauf vorbereitet, eben nicht mehr nur ein Model, sondern auch soziale Unternehmerin zu sein. Im vergangenen Jahr lag mein Fokus so stark auf dem Thema Kaffee, dass ich alles andere ausgeblendet hatte. Ich hatte mich meiner Arbeit gewidmet und dabei völlig außer Acht gelassen, dass mit ihr auch eine neue Rolle, ein neuer Teil meiner Identität kam, den ich nach außen vertreten und zu dem ich stehen musste. War ich wirklich so weit? Würde es mir wirklich über die Lippen kommen, ganz selbstbewusst zu sagen: Ich bin Sara Nuru, 27 Jahre alt, Model, Moderatorin und soziale Unternehmerin? Ich übte es mit Sali und merkte, wie nervös ich war. Bei den ersten Versuchen holperte es noch sehr. Es war, als sei ich auf einmal wieder die schüchterne Schülerin, die ich gewesen war, ehe mich *GNTM* aus meiner Komfortzone zwang.

Jetzt, wo sich meine Identität noch einmal erweitert hatte und ich vielschichtiger geworden war, fiel es mir merkwürdigerweise

schwer, das nach außen zu tragen. Es war eine Sache, sich auszuprobieren – mit der eigenen Schwester, in Äthiopien, beim Röster –, aber war ich wirklich bereit, mich mit diesem neuen Titel
der Öffentlichkeit zu präsentieren? Was, wenn ich mit meinem
Traum scheiterte? Was, wenn ich verspottet wurde und es nicht
an mir abprallte? Sobald ich es äußerte, würde eine Fallhöhe entstehen, und die bereitete mir Angst. Gleichzeitig war mir klar,
dass ich es laut aussprechen und dazu stehen musste, damit es
irgendwann ein selbstverständlicher Teil meines Selbst wurde. Da
war sie wieder, die Angst, belächelt zu werden, sich angreifbar zu
machen, indem man ein Label für sich beanspruchte. Vor allem
bei Frauen heißt es dann doch oft: Model, Moderatorin, Unternehmerin – alles klar, die kann sich wohl nicht entscheiden. Männer hingegen gelten oft als tüchtig, wenn sie verschiedene Rollen
und Identitäten für sich beanspruchen.

Am Ende sagte ich genau den Satz, den ich mit Sali geübt hatte.
Als ich in die Kamera sprach, hatte ich meine Hände auf meinen
Knien und drückte sie ganz fest ineinander, als würde ich mir
selbst Mut zusprechen. Heute weiß ich, dass ich nicht auf Bestätigung von außen warten kann, sondern mir die Lizenz, die zu sein,
die ich sein möchte, nur selbst geben kann, niemand sonst. Ich
bin nach einer anfänglichen Blockade auch in diese Rolle hinein-
gewachsen – und war sicher auch gehemmt, weil uns Frauen aner-
zogen wird, nicht zu viel zu wollen. Was bei Männern als ehrgeizig
empfunden wird, ist bei uns immer noch viel zu oft größenwahn-
sinnig, übertrieben, eiskalt, lächerlich …

Was mir geholfen hat, mich trotz der vielen Wertungen, die
jeden Tag auf uns einprasseln, zu trauen, zu mir und meiner Leidenschaft zu stehen, ist das Bewusstsein darüber, dass ein neues
Kapitel begonnen hat. Ich sage mir immer wieder, wenn ich an
mir und meinem Weg zweifele: Du hast so viel Mühe in diesen

Weg investiert, jetzt musst du auch über Los gehen. Ganz oder gar nicht, stehe zu dir. Und das ist, so lapidar es klingt, das ganze Geheimnis. Manchmal muss man es einfach machen, es laut sagen, auch wenn es sich hochgestochen anfühlt und man Angst hat, sich lächerlich zu machen. Denn was noch viel schlimmer ist, als zu scheitern, ist doch: im entscheidenden Moment nicht zu sich selber gestanden zu haben.

Sali und ich sind als Quereinsteigerinnen zum Kaffee gekommen, am Anfang brachten wir nicht viel mehr mit als die Liebe zu diesen Bohnen, die für uns nach Heimat duften, und die Leidenschaft für die Geschichte Äthiopiens. Auf unserem Weg haben wir sicherlich viele Fehler gemacht, Zeit verschwendet, manchmal auch Geld oder Ressourcen. Aber wir sind drangeblieben, auch als alle noch dachten, dass wir verrückt seien, und haben uns bei unserem Start-up nicht um Konventionen des Gründens geschert. Dass aus unserer Idee etwas Reales entstanden ist, macht mich jeden Tag glücklich, und das Modeln macht mir mehr Spaß als früher, weil es mir finanzielle Unabhängigkeit gibt und ich heute bei Aufträgen oft auch meine Tätigkeit als Unternehmerin thematisieren kann. Unsere Firma hat weder 25 Mitarbeiter noch den Anspruch, um jeden Preis viel Ware zu verkaufen – obwohl wir natürlich so viel Kaffee wie möglich vertreiben wollen, um möglichst vielen Menschen zu helfen. Mein Glück hat nicht nur mit Geld oder materiellem Erfolg zu tun. Für mich ist wahrer Erfolg, das zu tun, was mich und mein Leben mit Sinn erfüllt.

Frauen helfen, sich selbst zu helfen

Wie lange dauert es, bis ein Traum Wirklichkeit wird? Und kann man den Punkt, an dem das passiert, überhaupt festlegen? Ist es nicht viel mehr ein ganz allmählicher, schleichender Prozess der Wirklichkeitswerdung? Entscheiden wir uns nicht jeden Tag bewusst dafür, an unserem Traum festzuhalten, bis er beginnt, Gestalt anzunehmen und immer klarer zu werden? Für Sali und mich dauert es zwei Jahre, bis wir die Umrisse unseres Traums ausmachen können. Als wir Äthiopien im April 2014 verlassen, sind wir entschlossen, den Frauen in der Heimat meiner Eltern zu helfen, und vor allem: ihnen zuzuhören und ihre Geschichten zu erzählen.

Doch ehe wir unseren Verein nuruWomen gründen und unsere Vision in die Tat umsetzen können, müssen wir vieles lernen. Mit nuruCoffee zahlen wir den Bauern in etwa doppelt so viel für ihre Ernte, wie sie auf dem konventionellen Markt dafür bekommen würden. Die Gewinne wollen wir in Mikrokredite und die Unterstützung von Frauen vor Ort investieren, aber auch das ist etwas, von dem wir zu Beginn wenig Ahnung haben. Sollen wir unsere Erlöse einfach an *MfM* spenden? Oder eine eigene NGO gründen? Wie genau schaffen wir es, äthiopischen Frauen Mikrokredite zu geben?

So klar unser Ziel ist, so verwirrend sind die vielen kleinen Schritte, die es braucht, um es umzusetzen. Wir haben kein wirkliches Netzwerk, keine ausreichenden Erfahrungen im Gründen und in Entwicklungsarbeit. Den Ausschlag gibt schließlich ausgerechnet eine Beauty-Kampagne, für die ich gebucht werde. LOV Cosmetics, eine günstige Kosmetikmarke, will sich auf dem deutschen Markt neu positionieren. Die Firma ist sofort von meinem Engagement begeistert. Gemeinsam kreieren wir ein Rouge, von dessen Verkauf drei Euro für gute Zwecke nach Äthiopien gehen sollen. Ein ordentlicher Betrag. Aber Sali und ich stellen schnell fest, dass wir als Firma das Geld gar nicht annehmen dürfen. Und so kommt es, dass wir nur ein Jahr nach unserer Firmengründung einen Verein gründen. Einmal mehr haben wir den zweiten Schritt vor dem ersten getan und sind gezwungen, schnell zu handeln. Doch wie so oft sind wir ziemlich gut darin zu improvisieren und haben endlich den Druck, unsere Mission genauer zu definieren.

In den nächsten Monaten beschäftigen wir uns intensiv mit Vereinsrecht. Sieben Mitglieder sind notwendig, um überhaupt einen Verein zu gründen. Klar, das Einfachste und Schnellste wäre, einfach die vertrautesten Menschen in unserem näheren Umfeld zu bitten. Aber Sali und ich merken schnell: Gerade weil wir so unerfahren sind, brauchen wir Menschen mit echtem Knowhow und Expertise, die für unsere Mission brennen. Mit Jürgen Wacker, der mich seit meinem ersten Besuch in der Zentrale von *MfM* begleitet hat, stehe ich immer noch regelmäßig in Kontakt, obwohl er die Stiftung mittlerweile verlassen hat. Als ich nach Berlin ziehe, freut er sich sehr, weil er ebenfalls plant, seinen Lebensmittelpunkt hierher zu verlagern. Seit Jahren scherzen wir, dass ich irgendwann etwas Eigenes machen werde und wir wieder zusammenarbeiten. Es scheint ganz so, als sei dieser Moment nun gekommen.

Ich möchte ihn unbedingt als Gründungsmitglied von nuruWomen gewinnen.

Sali und ich verabreden uns an einem Samstagnachmittag zum Bruch in einem Café in Berlin, in dem es ein Weißwurstfrühstück gibt – das erscheint uns nur passend, wenn sich vier ehemalige Münchner in der Hauptstadt treffen. Jürgen Wackers Frau Anne, die früher als Pressesprecherin für *MfM* gearbeitet hat und jetzt bei *Brot für die Welt* für die Öffentlichkeitsarbeit zuständig ist, ist auch dabei. Wir kennen uns zwar schon ewig und sind befreundet, aber dieses Mal liegt etwas ganz Offizielles in der Luft, und ich bin ein bisschen aufgeregt. Als wir bestellt haben, schaut Sali mich an, und ich beginne mit meinem Pitch. »Wir haben ja schon immer rumgesponnen, dass ich irgendwann mein eigenes Äthiopienprojekt gründe, und jetzt ist es so weit«, sage ich. Ich beschreibe, was wir uns vorstellen, warum wir an Mikrokredite glauben und dass wir uns auf Frauen konzentrieren wollen, weil wir der Meinung sind, echter gesellschaftlicher Wandel vollzieht sich erst, wenn die Frauen in einer Gesellschaft die Möglichkeit haben aufzusteigen. »Aber wir wissen auch wirklich nicht, wohin die Reise geht, nur, dass wir eben unbedingt einen Verein gründen müssen, damit wir die Spendengelder überhaupt annehmen können«, sage ich und blicke voller Erwartung in Jürgens Richtung. Jürgen schaut mich nur lässig grinsend an. Ganz offensichtlich amüsiert es ihn, wie aufgeregt ich bin, als ich ihn frage, ob er Gründungsmitglied werden will. »Ich dachte, du lässt mich ewig zappeln«, sagt er und lacht. »Darauf habe ich Jahre gewartet, klar bin ich dabei.«

Und so kommt der Stein ins Rollen. Jürgen ist das Beste, was unserem jungen Verein passieren konnte. Er empfiehlt uns sofort seine Freundin Britta, die Anwältin ist und uns helfen könnte, Fragen des Vereinsrechts zu durchschauen. Als wir sie in ihrem Büro treffen, stimmt die Chemie zwischen ihr, mir und Sali sofort. Wir sind erleichtert: Sali und ich trauen uns die alleinige Verantwortung für alle Zahlen und juristischen Fragen nicht zu, und jetzt haben wir eine vierte Person ins Boot geholt, die diesen Aspekt unserer Arbeit mühelos beherrscht. Britta ist sofort begeistert von unserer Mission. Dass sie so schnell zusagt und uns unterstützen möchte, bestärkt uns in unserem Glauben an die Sache. Es ist erstaunlich, wie bereitwillig Menschen helfen, wenn man sie direkt anspricht.

Ein weiterer Mensch, der mir viel bedeutet und den ich gerne dabeihätte, ist Jürgen Hartl, mein Modelkollege der ersten Stunde und bester Freund. Er denkt analytisch, kommt immer sofort auf den Punkt und geht sehr strukturiert vor. Als ich ihn anrufe, ist er gerade im Griechenland-Urlaub und etwas überrascht, von mir zu hören. »Hast du eine Sekunde? Es ist wichtig!«, sage ich. Dann beginne ich wieder mit meinem Pitch, schicke vorweg, dass alles noch im Aufbau ist und es sicherlich viel Arbeit werden wird. »Aber ich hätte dich wahnsinnig gerne dabei, du hast mich immer begleitet, und jetzt, wo dieses neue Kapitel meines Lebens beginnt, wäre ich sehr froh, wenn du auch ein Teil davon wärst«, sage ich. Jürgen ist total gerührt und stolz, dass Sali und ich ihm das zutrauen, und sagt sofort zu. »Du weißt aber schon, dass ich zwar sehr penibel, aber kein Experte bin?«, sagt er. Jürgen wird Protokollführer des Vereins.

Unsere Schwester Susann steigt ebenfalls ein. Sali und ich wollen auch ihr ermöglichen, einen neuen Zugang zu Äthiopien zu bekommen. Außerdem spricht Susann von uns allen am Besten Amharisch. So wird aus dem Verein für uns auch eine echte Familiensache. Denn ohne unsere älteste Schwester würde es sich unvollkommen anfühlen. Über meinen Manager werde ich auf Ricarda aufmerksam, die für den WWF arbeitet und gut zu uns passen könnte. Bei einer Kaffeezeremonie auf der grünen Woche lernen Sali und ich Ricarda kennen und sind sofort begeistert. Sie ist Expertin für Fundraising und Entwicklungsarbeit. Als wir uns einige Wochen später in einem Café in Charlottenburg verabreden, sind wir beeindruckt davon, wie viele Dinge sie aus dem Stegreif weiß, wie breit ihr Wissen ist. Sali und ich wechseln einen Blick und wissen, dass wir beide das Gleiche denken: Die müssen wir für uns gewinnen. Im Gespräch mit Ricarda verliert die Vereinsgründung auf einmal die Wucht und die Schwere, die sie noch vor ein paar Wochen hatte. Aber irgendwie traue ich mich erst nicht, sie zu fragen. Ich telefoniere mit Jürgen Wacker und erzähle ihm von meinen Bedenken. »Die ist doch eigentlich viel zu beschäftigt, ob sie überhaupt Zeit für so einen kleinen Verein hat?«, sage ich. Jürgen ermutigt mich, und als ich sie anrufe und um ein zweites Treffen bitte, bei dem ich dann endlich den Mut finde, sie zu fragen, ob sie Gründungsmitglied werden will, sagt sie noch am gleichen Tag zu.

Seit der Kampagne mit LOV Cosmetics und unserer spontanen Entscheidung, einen Verein zu gründen, sind mittlerweile fünf Monate vergangen. Im März 2018 laden wir die fünf anderen Mitglieder ein, sich in den Räumen von nuruCoffee auch gegenseitig kennenzulernen. Sali und ich rotieren in den Wochen davor auf Hochtouren, telefonieren immer wieder mit dem Finanzamt und erstellen einen Satzungsentwurf. Wir sind am absoluten Limit, weil wir so viele Dinge beachten müssen, über die wir uns im Vorfeld gar keine Gedanken gemacht haben. In solchen Momenten bin ich besonders froh, dass ich diesen Verein mit Sali gemeinsam starte, weil sie sich sehr schnell in die Materie einarbeitet, wie selbstverständlich die unangenehmen Aufgaben übernimmt. Sie ist diejenige, die mit dem Finanzamt kommuniziert und dabei die Ruhe wahrt.

Das erste Vereinstreffen findet an einem Freitag Ende März

statt. Am Nachmittag kaufen Sali und ich ein. Wir holen Oliven, Hummus, getrocknete Tomaten, Käse, Artischocken und Brot, kaufen frische Blumen und überlegen, wie viele Flaschen Crémant wir für sieben Leute brauchen. Eine, zwei, mehr? Sind die anderen gute Trinker oder nicht? Wir kaufen zwei Flaschen, schließlich gibt es im besten Fall am Ende des Abends etwas zu feiern.

Wir schreiben nuruWomen e.V. auf das Whiteboard. Vielleicht ist das der erste Moment, in dem unser Traum greifbar wird. Werden die anderen den Vereinsnamen gut finden? In den nächsten Stunden sind wir furchtbar aufgeregt und fiebern daraufhin, dass es 18 Uhr wird und unsere Vereinskollegen endlich kommen. Als alle nach und nach eingetrudelt sind, halten wir eine kleine Ansprache. Wieder einmal finde ich mich in einer ungewohnten Rolle wieder: Ich, Sara, bin auf einmal Vereinsvorsitzende und habe gemeinsam mit Sali den Hut auf. Ich merke, wie viel leichter es mir fällt, mich auf diese ungewohnte neue Identität einzulassen, jetzt, wo ich als Gründerin meine Komfortzone schon einmal erfolgreich verlassen habe.

In den nächsten drei Stunden folgt eine regelrechte Powersitzung, die uns teilweise fast ein bisschen überfordert. Wir gehen die Satzung durch und notieren uns notwendige Änderungen, verabschieden einzelne Punkte, stimmen über den Namen, die Beitragshöhe für Mitglieder und den Verwendungszweck unserer Spenden ab. Obwohl es ermüdend ist, ziehen alle es durch und sind hoch motiviert. Und so ist der Verein nuruWomen geboren, und die zwei Flaschen Crémant sind schon kurze Zeit später geleert. Sali und ich spüren, dass die Chemie in unserem Team stimmt und sich hier Leute gefunden haben, die sich sympathisch sind. Alle, die gekommen sind, haben ihr Ego an der Tür abgegeben und sind in der Lage, sich einer Sache zu verschreiben. Wir alle haben trotz aller Ernsthaftigkeit an diesem Abend auch viel gelacht. Es berührt uns, dass diese Menschen Lust haben, ein Teil von etwas zu sein, das uns so viel bedeutet. Wir verabschieden uns mit einem warmen Gefühl, voller Zuversicht und Freude darüber, was wohl noch kommen mag.

Susann, die sonst so laut ist, war an diesem Abend ziemlich still und hat sich aufs Zuhören konzentriert. Als alle gegangen sind, sagt sie: »Ich bin total beeindruckt von meinen kleinen Schwestern, ihr wart so gut vorbereitet und richtig professionell, so kenne ich euch ja gar nicht. Meine kleinen Babys sind gar nicht mehr klein!« Wir freuen uns über dieses unerwartete Lob von unserer großen Schwester.

Im folgenden Jahr beginnen wir, Frauen wie Erkabe zu fördern. Insgesamt ermöglichen es uns Spendengelder und das Geld, das von nuruCoffee erwirtschaftet wurde, fünfzig Frauen die Teilnahme an einer Schulung sowie einen Mikrokredit zu finanzieren. Wie weit Sali und ich gekommen sind, wird mir aber erst klar, als ich wieder nach Äthiopien reise und mit eigenen Augen sehe, wie unsere Arbeit vor Ort Spuren hinterlässt.

Seit unserer Vereinsgründung ist in meinem Leben viel passiert: Immer mehr Menschen interessieren sich für meine Arbeit mit nuruCoffee und den Verein nuruWomen. Im November 2018 ernennt mich das Bundesministerium für wirtschaftliche Entwicklung und Zusammenarbeit zur Botschafterin für fairen Handel. Jetzt, wo ich neben dem Modeln noch etwas anderes habe, auf das ich mich fokussiere, erreichen mich auf einmal Anfragen für Jobs, die eine andere Wertigkeit haben als noch vor einigen Jahren. Ich bin nun nicht mehr nur ein schönes Gesicht, sondern werde auch als Unternehmerin gebucht. Es ist, als würde sich endlich alles fügen.

Doch Anfang 2019, kurz vor meiner Äthiopien-Reise im März,

erreicht mich eine Anfrage von H&M. Der Modekonzern will mich als neues Gesicht für die Kampagne seiner aktuellen *Conscious Collection* gewinnen. Ich hadere sehr mit mir. Soll ich das machen? Aus der Sicht eines Models ist dieser Job ein Ritterschlag und bringt sehr viel Prestige mit sich. Man arbeitet mit den besten Stylisten, Fotografen und Visagisten zusammen. Ich denke daran, wie ich als junges Mädchen in einer Münchner H&M-Filiale stand und mich an dem Plakat mit Waris Dirie und Liya Kebede nicht sattsehen konnte. Und jetzt soll ich auch so ein Gesicht sein?

Aber es ist auch das erste Mal, dass die Modewelt und mein Engagement für Nachhaltigkeit, fairen Handel und ein besseres Leben in Äthiopien kollidieren. Ich bin mir bewusst, wie kritisch viele Menschen den Konzern H&M immer noch sehen. Als ich zuvor, im Oktober 2018, als eine von sechs Persönlichkeiten für die *Nur mit Euch*-Kampagne des Konzerns zu sehen war, habe ich das erste Mal negatives Feedback von Fans bekommen, die mich in den sozialen Netzwerken fragten, wie ich nur für eine solche Firma werben kann. Ich bin besorgt, dass sich mein Einsatz für Nachhaltigkeit und der Auftrag nicht miteinander vereinbaren lassen. Dieser Zwiespalt bereitet mir mehrere schlaflose Nächte. Ich weiß, dass H&M wie viele andere internationale Konzerne in vielen Punkten keinen guten Ruf genießt und dass die Kritik an den Herstellungsmethoden zum Teil sicherlich berechtigt ist.

Andererseits finde ich es gut, dass ein internationaler Konzern mit einer so enormen Reichweite das Thema Nachhaltigkeit überhaupt aufgreift. Ich telefoniere und treffe mich mehrmals mit dem Kampagnen-Team und stelle viele Fragen. Ich komme für mich zu dem Schluss, dass ich der Anfrage eine Chance gebe, statt aus Angst vor Kritik kategorisch abzusagen – auch weil ich es als Botschafterin für fairen Handel wichtig finde, großen Konzernen mit enormem Einfluss auf den Markt eine Chance zu geben und ihr

Bestreben, nachhaltiger und fairer zu wirtschaften, zu unterstützen. Schon allein weil sie eine solche Marktmacht haben und so auch Menschen erreichen, die sich mit diesen Themen bislang nicht auseinandergesetzt haben.

Bei dieser Reise im März 2019 mache ich mich einige Tage vor Sali allein auf den Weg, und in den Tagen vor meiner Abreise fühle ich mich gestresst und ausgebrannt. Am Tag vor meinem Abflug stehe ich für eine Kosmetik-Kampagne vor der Kamera und sitze morgens um sieben Uhr bereits in der Maske. Schon beim Shoot denke ich an die vielen Mails, die ich noch beantworten muss. Danach hetze ich ins Büro, um mit Sali eine Übergabe zu machen – in den Tagen bis zu ihrer Abreise ist sie alleine für nuruWomen und nuruCoffee zuständig. Ich habe ein schlechtes Gewissen, weil ich so vieles auf sie abwälzen muss. Das ist die Crux mit den vielen Rollen, die wir einnehmen: Manchmal fügen sie sich wie Puzzleteile ineinander, doch in anderen Phasen hat man das Gefühl, regelrecht zerrissen und keiner seiner Rollen gerecht zu werden. Der Dauerstress macht es mir schwer, mich überhaupt auf die Reise zu freuen. Als ich an einem Mittwoch im März endlich in den Flieger steige und mein Handy in den Flugmodus schalte, fühle ich mich das erste Mal seit Wochen so, als könnte ich endlich durchatmen.

Es ist nicht nur meine erste Reise als Vereinsgründerin, sondern auch das erste Mal, dass mein Vater in Addis Abeba auf mich wartet. Seit er vor ein paar Monaten in den Ruhestand gegangen ist, richtet er in seiner Heimat ein Häuschen her, das zu einem Alterswohnsitz für ihn und meine Mutter werden soll. Als ich aus dem Flugzeug steige, atme ich die erste warme Wolke von Äthiopien-Geruch ein, der mir schon immer so gefallen hat. Ich bin erstaunt, wie schnell der erste Eindruck verfliegt: Nur ein paar

Sekunden lang kann ich noch bewusst wahrnehmen, dass es hier ganz anders riecht, nach Afrika, Heimat, Berbere und Kaffee, dann sind die hohe Luftfeuchtigkeit und die Würze darin schon ganz normal geworden.

Ich hole so schnell wie möglich mein Gepäck und suche meinen Vater in der Ankunftshalle. Aber außer Hotelfahrern, die Schilder mit Namen in die Luft halten, ist da niemand. Mein Handy hat keinen Empfang. Ich frage einen der Männer, die auf ihre Fahrgäste warten, ob ich kurz sein Mobiltelefon benutzen kann, und rufe meinen Vater an. Als ich die Ankunftshalle verlasse, sehe ich schon, wie er auf Zehenspitzen steht und mit seiner Cap in meine Richtung winkt. Obwohl mein Flieger zwei Stunden Verspätung hatte, kam es ihm nicht in den Sinn, im geparkten Auto auf mich zu warten, weil er mich auf keinen Fall verpassen wollte. Er strahlt, und wir fallen einander in die Arme. Auf dem Weg zum Auto sagt er immer wieder, wie sehr er sich auf mich und Sali gefreut hat und dass er seit zwei Monaten ununterbrochen am Haus arbeitet, aber immer noch viel zu tun sei. »Ich wollte es eigentlich schon längst fertig haben, wenn du kommst«, sagt er.

Auf den Straßen von Addis ist jetzt, gegen Mitternacht, wenig Verkehr. Ich kurbele das Autofenster hinunter. Eine angenehme Brise weht in mein Gesicht. Schon jetzt spüre ich, wie sich die Anspannung der letzten Wochen verflüchtigt und an ihre Stelle eine Ruhe und Zuversicht tritt, die ich immer nur spüre, wenn ich in Äthiopien bin. Nicht weit vom Flughafen ist seit meinem letzten Besuch schon wieder ein neuer Bau entstanden: Das Ethiopian Skilight Hotel, ein riesiger 5-Sterne-Bau, der genauso gut nach Beverly Hills passen würde. Wie immer, wenn ich in Addis ankomme, bin ich verblüfft vom Wachstum der Metropole, die mit jedem Mal mehr wirkt wie eine Großstadt in einer westlichen Industrienation.

Lafto, wo das Haus meiner Familie liegt, ist ganz anders: Das Viertel auf einem Hügel über der Stadt ist verschachtelt angelegt, die Häuser sind hinter Bäumen oder Zäunen versteckt, und die Baustellen sind fertigen Villen und weniger prächtigen Einfamilienhäusern gewichen. Als mein Vater das Tor öffnet, ist er ganz stolz. Meine Tante Amina und ihre Tochter Sebiba sowie ihre Enkelin Sabrina wohnen im Erdgeschoss, mein Vater in der Etage darüber. Aber als wir angekommen sind, schlafen schon alle.

Am nächsten Tag holen mein Vater und ich Sali vom Flughafen ab. Wir sind, mal wieder, viel zu früh dran. Mein Vater steigt aus und behält wieder über zwei Stunden beide Eingänge im Blick. Ich warte im Auto und staune über diese bedingungslose Art der Liebe: Selbst in der größten Hitze ist meinem Vater sein Komfort weniger wichtig, als dass Sali ihn gleich sieht, wenn sie den Flughafen verlässt. Als Sali ins Auto steigt und wir uns umarmen, bin ich glücklich. Als wir im Haus meiner Familie ankommen, sind meine Tante und meine Cousinen noch wach, und wir sitzen zwei Stunden zusammen, essen Avocadosalat und Baguette und plaudern, ehe wir alle weit nach Mitternacht erschöpft ins Bett fallen.

Beim Frühstück kann sich meine Tante am nächsten Morgen nicht einkriegen, wie ähnlich Sali meiner Mutter doch sieht. Sie tut so, als würde sie vor einem Spiegel stehen und sich aufwendig schminken, und macht dann die Gestik und Mimik meiner Mutter nahezu perfekt nach. Sali und ich müssen lachen, weil ihre Nachahmung so realistisch ist und auch weil sich unsere Mutter und ihre Schwester offenbar genauso gerne necken wie wir. Anders als meine Mutter hatte sie keinen Partner, der bereit gewesen wäre, mit ihr zusammen Äthiopien zu verlassen, und blieb so zurück. Trotzdem ist es ihr in den vergangenen Jahrzehnten gut ergangen – nicht zuletzt, weil meine Eltern, wie die meisten im Ausland lebenden Äthiopier, ihre Verwandtschaft in der alten Heimat immer finanziell unterstützt haben. Mein Vater dolmetscht, und auf einmal vermissen wir alle meine Mutter, die eigentlich auch mitreisen wollte, aber aufgrund eines Knieleidens nicht fliegen durfte. Meine Cousinen bringen uns immer wieder Essen. Nach einer Weile sage ich zu meinem Vater: »Kein Wunder, dass du so gerne hier bist, du wirst hier ja auch von vorne bis hinten bedient.« Sali fügt hinzu: »Erwarte bloß nicht, dass es so weitergeht, wenn du wieder in Deutschland bist.« Wir alle lachen, und ich sehe meinem Vater an, wie sehr er es genießt, seine Familie um sich zu haben.

Sali zeigt meiner Tante und den Cousinen Fotos von ihrer Hochzeit, zu der sie nicht kommen konnten, und es fühlt sich in diesem Moment nicht so an, als wären wir weniger afrikanisch als meine Tante und ihre Töchter, auch wenn es natürlich so ist. Der Graben, der entsteht, wenn ein Teil der Familie auswandert und die Verwandten in der Heimat unterstützt, lässt sich nicht wegleugnen. Manchmal habe ich Angst, dass meine Familie in Äthiopien uns für überheblich halten könnte, aber ich habe auch selten die Zeit, mich mit ihnen zu treffen und richtig auszutauschen. Umso schöner ist es zu merken, dass die Distanz, die zwischen uns herrscht, weit weniger ausgeprägt ist, als ich befürchtet habe.

Wir haben noch einen ganzen Tag in Addis, ehe wir ins Landesinnere aufbrechen. Sali und ich haben vor, mit meinem Vater eine Tour der wichtigsten Cafés in Addis zu machen, um zu sehen, wie Kaffee hier, in seinem Ursprungsland, zubereitet wird. Wir brechen nach dem Frühstück auf und staunen über den komplett wahnsinnigen Verkehr – sonst bin ich meistens mitten in der Nacht angekommen und sehr früh ins Landesinnere gefahren – und die vielen Autos, die sich überall stauen. Mein Vater navigiert uns todesmutig durch wirres Gewusel. Am Ende des Tages haben wir in der ganzen Stadt genau eine Ampel gesehen.

Unser erster Stopp ist Tomoca, eine echte Institution in Addis. Das Interieur ist einer italienischen Kaffeebar täuschend ähnlich. Mein Vater bestellt einen Cappuccino. Es ist ganz ungewohnt, dass diesmal wir das Programm vorgeben, und wir sind froh, dass er sich darauf einlässt, sich seine Heimatstadt von seinen Töchtern mal aus einem anderen Blickwinkel zeigen zu lassen. Als wir ausgetrunken haben, fahren wir weiter zu Garden of Coffee, einem Café, das so modern und minimalistisch eingerichtet ist, dass es genauso gut auch in Amerika sein könnte. Von dort geht es weiter zu Galani Coffee, einem äußert hippen Laden im Stadtteil Jackros, und spätestens jetzt haben wir alle ganz zittrige Hände vom vielen Koffein.

Mein Vater beschließt, dass wir unbedingt den Merkato Market sehen müssen, den größten Freiluftmarkt in ganz Addis. Hier gibt es auch alles, was man für eine richtige Kaffeezeremonie braucht: ganze Stände alleine mit Weihrauch, Röstpfannen und Jebanas in allen Größen und Preisklassen, Kaffeetassen in allen möglichen Farben, giftgrüne Plastikteppiche und Bunsenbrenner. Uns strömen Massen an Menschen entgegen, die riesige Getreidesäcke oder Kartons auf dem Kopf transportieren. Über den Straßenlärm legen sich die ständigen Rufe der Marktschreier. Es riecht nach Sandelholz und Kaffee. Obwohl ich die Stadt so gut kenne, staune ich immer wieder darüber, wie pulsierend und hektisch Addis ist und wie scheinbar unvereinbare Gegensätze hier ganz normal nebeneinander existieren. Auf den Straßen sieht man Bettlerinnen, die ihre Kinder auf den Rücken geschnürt tragen, neben Frauen, die mit kunstvoll frisierten Haaren in ihren High Heels über die unebenen Straßen schweben.

Am nächsten Morgen brechen wir schon um kurz nach sechs Uhr auf, mein Vater bleibt in Addis, während wir uns aufmachen, für nuruWomen ins Landesinnere zu fahren. Es ist Sonntag, vielleicht der einzige Tag in der Woche, an dem der Verkehr zur Ruhe kommt. Die vielen Pkws sind ein echtes Problem in Addis: Mittlerweile erhebt die Regierung sogar eine Importsteuer von 200 Prozent auf neue Autos. Die Abgase sind unerträglich, an heißen Sommertagen legt sich der Smog wie eine Glocke über die Stadt. Am Wochenende, in den frühen Morgenstunden, gehört Addis den Sportlern, die die Ruhe nutzen. Wir fahren vorbei an alten Männern, die im Park Aerobic machen, Lkw-Fahrern, die vor ihren geparkten Lastern Liegestütz absolvieren, und Frauen, die in pinken Shirts über die Straße sprinten. Auf einer der Straßen hat eine Volleyballmannschaft ein selbst konstruiertes Netzt aufgebaut, und die Autofahrer müssen ihnen ausweichen. Frauen in weißen Gewändern mit Schleiern aus dünner Gaze sind auf dem Weg zur Kirche, an ihren Händen kleine Mädchen mit akkurat frisierten Zöpfen und Sonnenschirmen. Viele Männer laufen Hand in Hand über die Straße, diese Zärtlichkeit ist hier in Äthiopien üblich. Männer und Frauen hingegen sieht man kaum so, denn die Tradition verbietet es, dass sie ihrer Intimität in der Öffentlichkeit Ausdruck verleihen. Viele Väter sind mit ihren Kindern alleine unterwegs, halten sie im Arm und küssen sie. Mir fällt auf, wie fürsorglich und liebevoll die Väter hier sind, wie sehr sie ihre Vaterrolle auch nach außen tragen.

Wir fahren zurück nach Borena, wo Erkabe und die anderen Frauen wohnen, die wir unterstützen wollen, rund 470 Kilometer nördlich von Addis, und mir fällt in den zehn Stunden auf, wie viel besser die Straßen ausgebaut sind, als sie es noch vor ein paar Jahren waren. Ein immer größerer Teil der Strecke ist asphaltiert. Wir durchfahren völlig verschiedene Landschaften: Berge, die in der Morgensonne rot glühen, grüne Landschaften, die an Irland oder die Drehorte von »Herr der Ringe« erinnern und nicht an Afrika, diesen Kontinent, den man vor allem mit

Trockenheit, weiten Steppen oder rötlicher Erde verbindet. Wir erreichen in wenigen Stunden eine Höhe von 3000 Metern, mit jedem Kilometer wird die Luft dünner. Zwischendurch sind die Nebelschwaden so dicht, dass man kaum etwas sehen kann und wir nur schleppend vorankommen. Schon eine halbe Stunde später klart es plötzlich auf, und eine Horde von Blutbrustpavianen kommt uns entgegen. Wir sind regelrecht umzingelt von den Tieren, die wegen ihrer goldfarbenen Mähne hier auch »golden monkeys« genannt werden. Die Landschaft hat jetzt etwas von einem Dschungel, satt und grün und wuchernd. Wenig später säumen mächtige Akazienbäume die Straßen, Kühe grasen auf den Wiesen. An einem Punkt ist die Landschaft so schön, dass wir eine Pause machen müssen. Von hoch oben haben wir einen Blick auf ein grünes Tal, das schier endlos und unglaublich weit wirkt. Wir sind hungrig und erschöpft und essen unsere Brote im Stehen. Gleichzeitig stellt sich endlich das Gefühl ein, dass wir wieder da sind, wo wir sein wollen, wo wir unsere Arbeit sehen.

Das Wetter wechsel in den zehn Stunden von Sonne zu Hagel und Regen, und ich habe Kopfschmerzen von dem schnellen Anstieg. Die Schere zwischen Addis und dem Landesinneren scheint mir immer kleiner zu werden: Oberflächlich betrachtet sieht man zwischen den Menschen hier und denen in Addis keinen großen Unterschied mehr, nur auf den zweiten Blick merkt man, dass ihre Kleidung sehr viel abgenutzter ist. Viele von ihnen haben nur eine Hose und ein Oberteil und tragen jeden Tag das Gleiche. Früher sah ich hier nur die runden Tukuls aus Lehm, mittlerweile gibt es viel mehr im europäischen Stil gebaute Häuser, die zwar oft immer noch mit Kuhkot und Lehm verputzt sind, aber richtige Dächer aus Wellblech haben. Bei manchen der halb fertigen Häuser sieht man, dass es zwei Zimmer gibt. Früher lebten die meisten in nur einem Raum, den sie sich mit ihrem Vieh teilten. Am Straßenrand fällen Männer Eukalyptusbäume, und Frauen schälen die dünnen Äste, die sie als Baumaterial auf dem Markt verkaufen. Andere schlagen Steine klein, um ihr Haus zu verputzen. Überall herrscht Betriebsamkeit, und sogar mehrere Autostunden von Addis entfernt entstehen jetzt neue Siedlungen. Äthiopien ist im Aufbruch.

Abends kommen wir im *MfM*-Guesthouse in Borena an und begegnen Mariam wieder. Sie zeigt uns Fotos ihrer zwei Kinder und empfängt uns wie alte Bekannte. Ihre Schüchternheit ist wie weggeblasen. Aus der Küche hören wir das Öl brutzeln und merken, wie hungrig wir sind. Es fühlt sich an wie nach Hause kommen: Unser Zimmer ist das gleiche wie letztes Mal, und Mariam hat es auch schon für uns hergerichtet. Als wir unsere Koffer abladen und uns einrichten, entscheiden wir uns wortlos für die gleiche Bettverteilung wie immer: Sali schläft rechts, ich links. Sali ist viel routinierter und weniger besorgt als noch bei der ersten Reise, und ich spüre, dass sie es genießt, sich in der Heimat unserer Eltern nicht mehr fremd zu fühlen.

Mariam tischt wie immer das Essen auf, das ich so mag. Es gibt Reis mit Bohnen, Zwiebelsoße und Fleisch und den Salat, den sie immer macht, mit Avocado und einem Dressing aus Olivenöl, Zitronensaft und sehr viel Knoblauch. Wie immer schmeckt es durch den großen Hunger, den wir haben, noch mal sehr viel besser als alles, was ich zu Hause esse. Das Gemüse ist aus dem Garten hinter dem Guesthouse, alles ist frisch zubereitet, und wir wissen, dass es nicht selbstverständlich ist, dass man hier eben nicht mal schnell alles Notwendige im Supermarkt einkaufen kann.

Am nächsten Tag treffen wir Adane, den Projektmanager von *MfM* der Region Borena, der für ein Einzugsgebiet von 50 000 Menschen zuständig ist. Wir besprechen das Programm der nächsten Tage und sagen ihm, dass wir gerne einige der Frauen porträtieren und auch bei den Trainings dabei sein wollen. In den fünf Tagen, die wir da sind, durchlaufen die Frauen eine Schulung in Sachen Finanzen, Kredite, Buchhaltung und Unternehmensgründung. Wir haben für die Hälfte der Frauen das Training finanziert. Zwar bekommt jede der Frauen einen 200-Euro-Kredit, aber damit sind die Kosten längst nicht gedeckt – die Löhne der Mitarbeiter, die die Schulung durchführen und nach der Kreditvergabe für die Frauen vor Ort ansprechbar sind, die Trainings- und Materialkosten sind ebenfalls abzudecken.

Wir sehen durch die geöffnete Tür, dass im Klassenraum 150 Frauen sitzen, die meisten von ihnen in bunten, bodenlangen Gewändern, die Haare mit einem Kopftuch bedeckt, mit Blöcken auf dem Schoß und Stiften in der Hand. Obwohl viele von ihnen älter sind als wir, wirken sie wie junge Schülerinnen, wie sie da sitzen und aufmerksam dem Lehrer zuhören. Hussein, der selber gerade mal 28 Jahre alt ist, arbeitet schon seit neun Jahren als Lehrer, seit drei Jahren ist er für *MfM* tätig. Wir haben mit der Stiftung eine Implementierungsvereinbarung geschlossen: Wir finanzieren die Trainings und die Vergabe von Krediten mit unseren Spenden, durchgeführt werden sie von *MfM*, aber wir tragen die Verantwortung. Als wir den Klassenraum betreten, schauen uns die Frauen etwas erstaunt an und beobachten uns, statt Hussein weiter zuzuhören. Unser Dolmetscher stellt uns als Gründerinnen des Vereins nuruWomen vor und erwähnt, dass wir vielen von ihnen die Kursgebühr und die Teilnahme am Projekt ermöglicht haben. Er erklärt, dass wir zwar aus Deutschland kommen, aber äthiopische Wurzeln haben. Die Frauen nicken und schauen uns freudig an, man merkt förmlich, wie sie auftauen. Eine der Frauen, die in der ersten Reihe sitzt, steht auf und sagt: »Es ist gut, dass ihr eure Wurzeln nicht vergessen habt, es ist toll, dass ihr aus Äthiopien nach Deutschland gegangen seid und trotzdem Frauen aus Äthiopien helft.« In ihrer Stimme liegt Herzlichkeit und Dankbarkeit, und wir merken, wie alle anderen im Raum zustimmend nicken.

Nach dem ersten Unterrichtsblock, der schnell verfliegt, erklärt Hussein uns, wie die Frauen in einzelnen Schritten lernen, möglichst schnell ihre eigene Geschäftsidee zu verwirklichen. Das Seminar beginnt mit ganz grundsätzlichen Sachen: Viele der Frauen wissen nicht, was ein Kredit überhaupt ist und wie man Geld spart. Der Lehrer erklärt ihnen diese Konzepte und untermauert sie mit Erfolgsgeschichten von Frauen aus der Community. Dann erklärt er ihnen, dass auf sie auch Pflichten zukommen, wenn sie Teil der *Women's Association* werden. Wer seinen Kredit nicht zurückzahlt, für den müssen die anderen aufkommen – für die meisten Grund genug, keine ihrer Raten zu verpassen. Die Frauen stellen im Anschluss ihre Geschäftsideen vor und bekommen Feedback: Welche Pläne ergeben Sinn? Welche sind eher schwer umzusetzen? Hussein erklärt uns, dass die meistgestellte Frage ist, was Zinsen sind und warum man diese zahlen muss. Bei der *Women's Association* liegt der Zinssatz für einen Kredit bei sieben Prozent. Bei Banken sind es meistens 15 oder mehr Prozent, und die meisten würden einer Frau aus einer ländlichen Community ohne Sicherheiten gar keinen Kredit geben.

Viele der Frauen nehmen enorme Strapazen auf sich, um überhaupt zum Seminar zu kommen, laufen Stunden zu Fuß und am Abend wieder zurück in ihre Dörfer, obwohl sie auch vor Ort übernachten könnten – für diejenigen, die Kinder haben, ist das aber keine Option. Am Ende des Seminars bilden die Frauen Fünfergruppen und arbeiten in diesen über die nächsten zwei Jahre zusammen. Hussein sagt, die größte Herausforderung sei es, ausgewogene Gruppen zu bilden. Viele Frauen, die erfolgsorientiert sind, möchten sich mit anderen Macherinnen zusammentun, aber das Ziel der Trainings ist es, Frauen in Teams zu vereinen, die sich gegenseitig tragen und bei denen sich die Starken und die Schwachen ergänzen. Viele der Frauen können weder lesen noch schreiben, aber das Seminar ist so konzipiert, dass auch Analphabetinnen den Inhalten folgen können – sie müssen lediglich mehr Fragen stellen, damit der Lehrer sich sicher sein kann, dass auch sie die Kursinhalte verstanden haben. Viele der Frauen sind schon mittags völlig erschöpft und schlafen beim Teetrinken im Schatten fast ein. Man merkt, dass es für sie eine neue Erfahrung ist, die Energie kostet – aber auch, wie entschlossen sie sind, ihr Leben umzukrempeln.

Sali und ich freuen uns besonders auf den nächsten Programmpunkt: Wir treffen Erkabe Mekonen wieder, die uns schon bei unserer allerersten gemeinsamen Reise im Jahr 2017 so beeindruckt hat. Erkabe ist eine Veteranin, was Mikrokredite angeht: Sie war im Jahr 2013 eine der ersten Frauen in dem Einzugsgebiet, die einen Kredit aufgenommen haben. Seitdem ist sie zur Schatzmeisterin der *Mekane Selam Women's Association* gewählt worden und entscheidet darüber, an welche Frauen Kredite ausgezahlt werden. Auch unsere Rollen haben sich gewandelt: Als wir sie kennenlernten, waren wir als Beobachterinnen gekommen und wollten erst einmal nur die Situation vor Ort begreifen. Zwei Jahre später haben auch wir dazugelernt und wollen die Erfolgsgeschichten dieser Frauen sammeln, um so noch mehr Menschen zu motivieren, diese Form von Unterstützung zu fördern und Geld für neue Mikrokredite zu generieren. Erkabes Geschichte ist eine, die wir unbedingt erzählen möchten.

Als Sali und ich Erkabe das erste Mal sahen, fanden wir sie gleich interessant, weil sie so zerbrechlich und vom Leben gezeichnet wirkte. Wir staunen nicht schlecht, als wir sie jetzt sehen: Sie hat sich herausgeputzt, trägt große goldene Ohrringe, frisch geflochtene Zöpfe, einen blauen Schleier und sieht so schick und stolz aus, dass wir sie im ersten Moment fast nicht wiedererkennen. Sali und ich wechseln Blicke, als wir sie schon von Weitem vor ihrem Haus stehend erspähen: Offenbar hat sie sich für uns in Schale geschmissen. Viele der Frauen rechnen nicht damit, dass Menschen aus dem Westen ein zweites Mal wiederkommen. Umso mehr freut Erkabe sich auf uns. Wir umarmen uns unzählige Male, und Erkabe küsst uns immer wieder auf beide Wangen. Wir scherzen und lachen miteinander und fragen sie, wie es ihr geht. Sie wirkt ausgelassener und entspannter als vor zwei Jahren, und man merkt, dass ein gewisser Stolz mitschwingt, wenn sie redet, weil sie sich freut, dass wir so interessiert an ihr und ihrem Business sind. Erkabe strahlt auch dieses Mal eine unglaubliche Wärme aus und spricht sehr offen mit uns. Sie sagt, dass sie fleißig ist und es vorangeht. Zurzeit hat sie sechs Schafe, die sie mästet. Die Geschäfte, sagt sie, laufen gut. Sie könne sich nicht beklagen: Sie habe sogar Geld, sich neues Equipment zur Viehzucht wie Futtertröge zu kaufen und sich selbst vielleicht sogar einen neuen Zahn leisten zu können.

Sie zeigt uns, wie sie das Futter mischt, mit dem sie ihre Schafe mästet: zu gleichen Teilen Heu und Stroh, das in einen alten Autoreifen gekippt wird, der als Futtertrog dient. Die Schafe sind braun und pummelig und sehen neugierig zu, während Erkabe das Futter mischt. Erkabe wirkt zufrieden und ganz bei sich, als sie ihrer Arbeit nachgeht. Sie erzählt uns, wie froh sie ist, dass sie keinen Mann mehr an ihrer Seite hat, der sie bevormunden könnte. Dass sie jetzt endlich tun und lassen kann, was sie will, selbstbestimmt. Sie fühle sich zu alt, um sich noch mal emotional auf einen neuen Partner einzulassen, und habe auch gar kein Bedürfnis danach. »Ich will einfach in Frieden allein sein«, sagt sie und scheucht nebenher ganz routiniert ihre Schafherde zusammen. Als wir sagen, dass wir gerne ein Video mit ihr machen wollen, nimmt sie gleich eine aufrechte Pose ein. Uns fällt auf, dass auch ihre Berührungsängste mit der Kamera, die sie noch beim letzten Mal hatte, gänzlich verschwunden sind. Als sie sich im Video vorstellt, sieht man deutlich, wie gelöst und befreit sie ist.

Erkabe ist für viele der Frauen, die am Anfang stehen, ein Vorbild: Sie hat sich von ihrem Mann getrennt, ohne zu wissen, wie ihr Leben danach aussehen wird. Ohne einen Mikrokredit und die Möglichkeit, ein eigenes Geschäft zu starten, wäre sie vielleicht wieder zu einem Mann geflohen, aber ihr ist es gelungen, sich aus eigener Kraft etwas aufzubauen, das sie trägt und unabhängig macht. Heute will Erkabe mit ihrer Geschichte andere Frauen aufklären und ihnen klarmachen, dass es keine von ihnen nötig hat, sich von einem Mann schlagen zu lassen. Sie sagt, dass sie selber oft Zweifel hatte, ob es klappt, aber dass sie heute weiß, dass es auch für Frauen in Äthiopien eine Perspektive gibt.

In den nächsten Tagen lernen wir zwei weitere Frauen kennen, die es geschafft haben, trotz aller Widrigkeiten und Schicksalsschläge ihr Leben in die Hand zu nehmen und zum Besseren zu wenden. Mestawut Tegegn, eine Näherin, lebt mit ihren drei Kindern in der Nähe von Mekane Selam. Vor fünf Jahren konnte sie sich dank eines Mikrokredits eine eigene Nähmaschine kaufen, mittlerweile hat sie sich durch mehrere Kreditrunden eine eigene Änderungsschneiderei aufgebaut. Als Mestawut uns erzählt, dass sie HIV-positiv ist, wollen wir ihr instinktiv unser Beileid aussprechen, aber unser Dolmetscher rät uns davon ab. »Dadurch macht ihr etwas Größeres daraus, als es für sie und die anderen Frauen ist«, sagt er.

Vor dem Tod ihres Mannes war Mestawut Tagelöhnerin im Straßenbau, aber die Arbeit fiel ihr immer schwerer, oft kippte sie dabei um. Lange Zeit wusste sie nicht, woran das liegen könnte.

Ich bin von mir selber überrascht, weil ich nach äußeren Zeichen für ihre Krankheit suche – dabei halte ich mich doch für offen und aufgeklärt. Und natürlich weiß ich, dass HIV heute nicht mehr das Todesurteil ist, das es in den Achtzigerjahren noch war. Ich bin beeindruckt davon, mit welcher Selbstverständlichkeit die Frauen hier eine HIV-Positive in ihren Reihen akzeptieren – schließlich ist die Krankheit selbst in Ländern wie Deutschland ein ziemliches Tabu – und dass Mestawut nicht ausgegrenzt wird. Ich schäme mich ein bisschen dafür, dass ich nicht ausblenden kann, dass sie eine ernste Krankheit hat, und immer wieder darüber staune, wie vital sie wirkt.

Mestawut hat, anders als viele Frauen mit HIV in Äthiopien, ihre drei Kinder nicht zur Adoption freigegeben. Sie bekam rechtzeitig Zugang zu Medikamenten und wurde über ihre Prognose aufgeklärt. Viele andere haben nicht dieses Glück und fallen ausländischen Adoptionsagenturen zum Opfer, die HIV-Erkrankten sagen, sie hätten keine Überlebenschance, um sie dazu zu bringen, ihre Kinder zur Adoption durch ausländische Paare freizugeben. Mestawuts Schicksal zeigt auch, wie wichtig Aufklärung ist: Sie wusste, dass es die Möglichkeit gibt, durch die richtigen Medikamente wieder zu Kräften zu kommen, und sah sich deswegen auch nicht mit der Perspektivlosigkeit konfrontiert, die skrupellose Geschäftemacher vielen Eltern in ihrer Situation suggerieren. Heute hat Mestawut dank der Kredite ein Haus für sich und ihre Kinder gebaut, spart auf ein Wellblechdach und erfreut sich an ihrem ersten Enkelkind.

Später kommt Hawa Yimam zu Wort. Sie ist erst 25 und hat einen dreijährigen Sohn. Mit leiser Stimme erzählt sie, dass sie vor einigen Jahren aus Äthiopien nach Saudi-Arabien ging, gelockt von dem Versprechen einer Job-Agentur, dort genug Geld zu verdienen, um ihre Familie zu unterstützen. Doch die meisten der

Frauen aus Äthiopien, die als Haushaltshilfen oder Au-Pairs ins Ausland gehen, erleben dort häusliche Gewalt und Missbrauch. Oft werden sie von den Familienvätern, für die sie arbeiten, vergewaltigt. Häufig erfahren sie zusätzlich von den eifersüchtigen Frauen in den Familien körperliche Gewalt, werden mit dem Bügeleisen verbrannt oder brutal verprügelt. Allein das Flugticket abzuarbeiten, das den jungen Äthiopierinnen von den Job-Agenturen bezahlt wird, kann bis zu zwei Jahre dauern. In dieser Zeit behält die Agentur ihren Pass ein, so dass es keinen Weg für sie gibt, ihrem Schicksal zu entkommen. Hawa ist mit der Hoffnung nach Saudi-Arabien gegangen, Geld an ihre Familie schicken zu können, doch stattdessen bezahlte sie zwei Jahre ihre Schlepper ab und floh in dem Moment, in dem sie ihren Pass zurückbekam, wieder in ihre Heimat. Ohne näher darauf einzugehen, was ihr in ihrer Gastfamilie widerfahren ist, sagt sie eindrücklich, dass man sich nicht ausmalen kann, wie furchtbar die Erfahrung war. Heute spekuliert sie mit Getreide. Ihr Mann handelt mit Mais, Weizen und Teff auf dem Markt, und sie hat einen Kredit aufgenommen, um ihn zu unterstützen und den Handel weiter auszubauen. Von dem Geld hat sie einen kleinen Kornspeicher gebaut, in dem sie Getreide lagern kann, bis der Preis steigt und es lukrativ ist, es wieder zu verkaufen.

Erkabe, Mestawut und Hawa eint eines: Sie sind die Mutigen. Die Sozialarbeiter von *MfM* informieren die Dorfbewohnerinnen in ihrem Einzugsgebiet regelmäßig über Mikrokredite und die *Women's Association*, aber es braucht immer einige, die sich als Erste trauen. Viele dieser Vorreiterinnen sind unverheiratet und müssen keinen Mann nach Erlaubnis fragen. In den Tagen, die sie bei der Schulung sind, bekommen sie ein kleines Honorar, damit sie es sich überhaupt leisten können, fünf Tage am Stück nicht zu arbeiten. Die Frauen, die Kredite aufnehmen, haben nach einer gewissen Zeit die Mittel, ihr Haus auszubauen und sich neue Kleidung zu kaufen. Ihre Nachbarinnen sehen den neuen Reichtum, sehen, wie sich die Lebenssituation dieser mutigen Frauen verbessert – in diesen Dörfern sind ein neues Paar Schuhe oder ein schönes Tuch schon Wohlstand und ein Ansporn, es auch zu probieren.

Am Abend sage ich beim Zähneputzen zu Sali etwas, das ich schon die ganze Zeit über loswerden will: »Du hast dich ganz schön verändert, oder? Du bist viel härter im Nehmen.« Sali nickt und sagt, dass es sie beim ersten Mal selber genervt habe, wie empfindlich sie doch war, dass sie darüber erschrocken sei, wie sehr sie mit Äthiopien gefremdelt hat und wie stark ihr Drang war, alles zu desinfizieren. »Dabei fand ich es selber ganz schrecklich, so zu sein, aber ich konnte nicht anders.« Ich muss lachen. »Also mich hat es nicht gestört, im Gegenteil: Immer wenn ich mich dir unterwegs bin, ist es schön sauber.«

Als unsere Äthiopienfahrt sich ihrem Ende zuneigt, fühlen Sali und ich uns beide, als seien wir ein paar Zentimeter gewachsen. Unser Traum, der vor zwei Jahren mit einem vagen Gefühl begann, ist jetzt Wirklichkeit – und gleichzeitig sind wir lange noch nicht am Ende unserer gemeinsamen Reise angekommen. Vieles auf diesem Weg war für mich ungewohnt: Es ist für mich noch neu, auf Augenhöhe mit *MfM* zu operieren. Ich bin jetzt nicht mehr nur als Botschafterin, sondern als Vorsitzende meines eigenen Vereins in Äthiopien, und es ist eine Rolle, in die ich erst noch hineinwachsen muss. Als Model weiß ich, wer ich bin und was ich kann, aber als soziale Unternehmerin muss ich mich noch finden, und der Spagat zwischen meinem Engagement für *MfM* und meiner eigenen Vision mit nuruWomen ist nicht immer ein einfacher.

Sali und mich beflügelt besonders, dass man die innere Entwicklung, die viele der Frauen, die wir unterstützen, durchlaufen haben, geradezu sehen kann. Viele von ihnen sind in den zwei Jahren richtig aufgeblüht, sie lächeln mehr, sind offener und weniger schüchtern, und wenn wir bei einer Kaffeezeremonie zusammensitzen, ist es fast so, als würden wir unsere Familie besuchen. Keine von ihnen zweifelt jetzt daran, dass wir uns wiedersehen werden. Für sie ist es besonders schön, dass wir aus ihrem Land kommen und zu Äthiopien eine ganz persönliche Bindung haben. Uns wiederum ist es wichtig, sie über einen langen Zeitraum zu begleiten und zu sehen, wie es bei ihnen in den nächsten Jahren weitergeht. Im Jahr 2018 haben wir 50 Frauen unterstützt, 2019 sind es schon 75. Die Kredite, die sie von uns bekommen, liegen bei 4000 bis 6000 Birr, umgerechnet 180 bis 230 Euro. Wir sind immer noch ungläubig darüber, wie sehr eine so kleine Summe ein Leben verändern kann. Mittlerweile hat die Mekane Selam Women's Association über 750 Mitglieder und ein Kapital von umgerechnet rund 140 000 Euro. Jeden Monat kommen neue Frauen hinzu. Wir wollen auch weiter ein Teil dieses Wachstums sein.

In Addis wartet schon unser Vater auf mich und Sali. Wir beschließen, den frühen Abend in einer Rooftop-Bar ausklingen zu lassen, ehe wir uns auf den Weg zum Flughafen machen. Mal wieder gelingt es weder Sali noch mir, uns schick zu machen. Wir fühlen uns wie schon das letzte Mal etwas fehl am Platz, als wir die hippe Bar auf dem Dach eines Hotels betreten, beschließen aber, uns davon nicht den Spaß verderben zu lassen. Vom Dach hat man einen herrlichen 360-Grad-Blick über Addis, aus den Boxen dröhnt R'n'B-Musik, und die Menschen, die hier einen Feierabenddrink nehmen, sind so international und vielfältig, dass wir uns einen Moment lang fragen, ob wir nicht in New York gelandet sind. Als der Kellner meinen Vater für unseren Bruder hält, fühlt er sich total geschmeichelt und ist noch mal mehr von dieser Bar begeistert, die er in seiner Heimatstadt niemals vermutet hätte. Als ich an meinem Gin Tonic nippe und von der Terrasse auf die vielen Wolkenkratzer sehe, denke ich: Ich könnte hier leben. Wie wäre es wohl, ein ganzes Jahr hier zu verbringen? Ich weiß, dass ich dieses Mal, wenn ich in Deutschland lande, keine Ohnmacht mehr spüren werde. Das erste Mal seit zehn Jahren ist meine Angst vor dem Äthiopien-Blues wie weggeblasen. Addis liegt in der Mitte zwischen den zwei Welten, die mir immer so weit voneinander entfernt und so unvereinbar schienen. Dass die Stadt so aufblüht, gibt mir Hoffnung. Außerdem habe ich jetzt eine Mission, ich habe Geschichten von Frauen gehört und aufgezeichnet, die erzählt werden müssen, und durch meine Arbeit für nuru-Women habe ich ein Stück Äthiopien immer bei mir – egal wo ich bin.

Sali und mein Vater reden und lachen, während ich in Gedanken versunken in meinem Sessel sitze. Ich schließe die Augen. Für eine Sekunde kann ich den Geruch meiner zweiten Heimat wieder bewusst wahrnehmen. Ich bin glücklich. In diesem Moment, auf dem Dach in Addis, spüre ich, dass ich alles sein kann, was ich will: Model, Unternehmerin, Deutsche, Äthiopierin, Botschafterin von *Menschen für Menschen* und Vorsitzende meines eigenen Vereins nuruWomen. Das Leben ist viel zu lang und vielschichtig, um sich auf nur eine Rolle festzulegen. Ich bin gespannt auf die, die ich morgen sein werde.

Nachwort:
Gesehen werden

Als ich mit dem Team des Verlags das erste Mal über das Cover für dieses Buch sprach, sträubte sich etwas in mir gegen die Idee, darauf mein Porträt zu sehen. Ich hatte Angst, es würde zu sehr wirken wie ein weiteres Promi-Buch, und irgendwie fand ich auch, es suggerierte eine gewisse Eitelkeit.

Doch in den Wochen und Monaten, die ich mich mit mir, mit meiner Geschichte, meiner Identität und den Rollen, die ich vereine, auseinandersetzte, merkte ich: Es geht um mehr als nur um mich und meine Befindlichkeiten. Es geht um Sichtbarkeit und Repräsentanz. Wenn junge Frauen heute in eine Buchhandlung gehen, so sehen sie – bis auf wenige Ausnahmen, wie beispielsweise Michelle Obama – gegenwärtig kaum dunkelhäutige Frauen auf den Buchcovern. Umso wichtiger finde ich es, mir diese Selbstermächtigung zu erlauben und somit ein Signal für andere dunkelhäutige Frauen zu senden.

Es mangelt heute, im Jahr 2019, in Deutschland immer noch in vielen Bereichen an Identifikationsfiguren für die Gruppe, die man »People of Color« nennt – Menschen also, die von der Mehrheit oft vor allem als »nicht weiß« angesehen werden und von negativen Zuschreibungen wie Rassismus und Diskriminierung, aber auch positiven Vorurteilen, wie etwa eine unterstellte Sportlichkeit bei dunkelhäutigen Frauen und Männern, betroffen sind. Die sich oft mehr anstrengen müssen, um vorwärtszukommen. Damit sich das ändert, ist Sichtbarkeit eines der wichtigsten Instrumente. Natürlich gibt es immer mehr Persönlichkeiten im öffentlichen Leben, die »People of Color« sind, als noch in den Achtziger- und Neunzigerjahren, als es neben Naomi Campbell und Liya Kebede kaum Models gab, mit denen ich als Frau mit afrikanischen Wurzeln mich identifizieren konnte.

Wie sehr sich das gerade wandelt und wie weit der Weg zu wirklicher Repräsentanz und Sichtbarkeit gleichzeitig auch noch ist, wird mir bewusst, als ich das erste Mal für die deutsche Ausgabe des Modemagazins »Vogue« vor der Kamera stehe. Für den Shoot zur Serie »Weil Sichtbarkeit das Wichtigste ist« bin ich mit vielen anderen dunkelhäutigen Persönlichkeiten, Influencern und Kreativen gebucht. Auch das komplette Styling- und Make-up-Team ist dunkelhäutig. Ich stelle fest, dass ich es wirklich noch nie erlebt habe, an einem Set der Mehrheit anzugehören. In diesem Moment bin ich umgeben von starken, gebildeten und witzigen Frauen, die »People of Color« sind, und merke, wie viel noch aufzuholen ist.

Ich, die immer inkludiert wurde und selten Diskriminierung erfahren hat, dachte bislang immer, es wäre undankbar, wenn ich Rassismus anprangern würde. Als hätte ich, weil ich Glück hatte, kein Recht dazu. Schließlich habe ich selber nur sehr selten, eigentlich nie dieses hässliche Verhalten direkt erfahren. Doch mittlerweile habe ich ein neues Bewusstsein für mich, meine Rolle und meine Hautfarbe. Es reicht nicht, als dunkelhäutige Frau in der Öffentlichkeit zu stehen und somit ein Vorbild für Mädchen und junge Frauen zu sein. Es ist auch an mir, meine Stimme zu erheben und die Geschichte der »People of Color« in Deutschland mit zu ändern. Schließlich habe ich, als eine von ihnen, schon aufgrund meiner Reichweite die Verpflichtung, mich für den Kampf gegen Rassismus einzusetzen.

Es ist auch meine Verantwortung, mich dafür einzusetzen, dass »People of Color« gesellschaftlich akzeptierter werden. Aufgrund meiner Bekanntheit und der Tatsache, dass ich Model bin, erfahre ich weniger Diskriminierung als beispielsweise ein dunkelhäutiger Verkäufer, der in einer deutschen Kleinstadt lebt, oder eine aufstrebende Schauspielerin, die aufgrund ihres Aussehens immer nur für klischeehafte Rollen besetzt wird. Doch diese Diskriminierung anderer »People of Color« betrifft mich und macht mich betroffen, zu lange haben sich dunkelhäutige Menschen in die Opferrollen drängen lassen oder versucht, bloß nicht aufzufallen.

Sichtbarkeit ist auch Macht, Selbstbewusstsein. Wer auffällt, macht sich angreifbar – genau das haben Menschen, die jahrhundertelang diskriminiert wurden, lange vermieden. Aufzufallen, sich zu zeigen ist ein grundlegender und wichtiger Schritt hin zu einer neuen Selbstverständlichkeit – einer Gesellschaft, in der die Hautfarbe wirklich nachrangig ist und die Gesichter, die wir im Fernsehen, auf der Leinwand, in den Modemagazinen und in den Buchhandlungen sehen, die gesellschaftliche Realität auch repräsentieren.

Danksagung

In tiefer Dankbarkeit möchte ich euch, Mama und Papa, für alles danken, was ihr mir, Susi, Sali und Suleen in all eurer Aufopferung ermöglicht habt. Ich werde euch für euren Mut, eure Stärke und euren unermüdlichen Wunsch, uns Kindern ein besseres Leben zu ermöglichen, auf ewig dankbar sein – danke, Mama, für deine Leichtigkeit und deine Werte, und danke, Papa, für deine Weisheiten und das Gefühl, das du mir, Susi, Sali und Suleen immer gegeben hast, nämlich dass dir eine Tochter so viel wert ist wie zehn Söhne.

Danke, Susi, für deinen Zusammenhalt, deine Güte und für dein großes Herz. Suleen, du bist unser aller Geschenk, und Sali, zu dir komme ich noch. Mein großer Dank gilt auch Hilde und Werner, die meiner Familie und mir gezeigt haben, was Nächstenliebe wirklich bedeutet. Ohne euch wäre unser Leben sicher anders verlaufen. Es braucht mehr Menschen, wie ihr es seid! Die tiefe Freundschaft, die euch mit Mama und Papa verbindet, ist eine ganz eigene Geschichte. Danke, dass ich ein wenig davon erzählen durfte.

Lynette und Philip, ohne euch wäre alles erst gar nicht passiert. Danke, dass ihr in mir schon immer mehr gesehen habt, als ich es jemals zu träumen gewagt habe.

Michi, danke, dass du mich motivierst und immer wieder anspornst, die Frau zu werden, die ich sein möchte. Mein besonderer Dank gilt meinen Freunden Jürgen H., Philip B. und Michael W., die mir zu diesem Buch besonders beratend zur Seite standen. Und auch an all meine anderen Freunde, die dieses Buch erst noch zu lesen bekommen: Ihr wisst, wer ihr seid. Danke, dass ihr mir so wahre Freunde seid.

An meinen Kollegen und Freunden von Menschen für Menschen in München, Äthiopien und in Österreich. Vielen Dank für die langjährige Zusammenarbeit und dass ich in den vergangenen zehn Jahren so viel von euch lernen durfte.

Ein besonderer Dank geht an meinen Agenten Timo Korsmeyer. Danke, dass du mit mir diesen langen Weg, ganze vier Jahre, bis zur finalen Entstehung dieses Buches gegangen bist. Danke auch an Artist Network für eure Unterstützung. Ein weiterer Dank geht an meinen Autorenagenten Felix Rudloff. Danke an den Goldmann Verlag und das gesamte Team, allen voran an meine Lektorin Doreen Fröhlich: Danke für die tolle Zusammenarbeit.

Ein ganz besonderer Dank geht an Sarah Borufka, für deine tatkräftige Unterstützung bei diesem Buch. Ich hätte mir keine bessere Co-Autorin wünschen können.

Zuletzt möchte ich einer ganz wichtigen Person, ohne die ich dieses Buch überhaupt nicht hätte schreiben können, meiner Partnerin und Schwester Sali, aus tiefstem Herzen danken.

All ich wäre nichts ohne dich.

Unsere Vision

Wir wollen eine Brücke zwischen Äthiopien und Deutschland schlagen, um aufzuzeigen, dass Frauen überall die gleichen Visionen haben und wir diese durch gegenseitige Unterstützung erreichen können.

Noch immer sind Frauen in Äthiopien auf vielfältige Weise benachteiligt. Vor allem auf dem Land müssen sie schwere Arbeit leisten, verfügen nur selten über ein eigenes Einkommen und sind deshalb komplett von Männern abhängig. Sie tragen im wahrsten Sinne des Wortes die Hauptlast der Armut.

Unser Ziel ist es deshalb, ihnen mit unserem Verein nuruWomen e. V. eine Perspektive zu bieten, sie in ihrer Selbstwertschätzung zu stärken und ihnen die Möglichkeit zu geben, sich eine unabhängige, selbstbestimmte Existenz aufzubauen.

Mit Mikrokrediten und Schulungen unterstützen wir sie bei der Umsetzung ihrer unterschiedlichen Geschäftsideen, damit sie sich und somit der ganzen Familie ein Einkommen sichern können. So schaffen die Frauen sich aus eigener Kraft eine Unabhängigkeit.

Pro verkauften Buch geht 1 € an nuruWomen e. V. Wir danken allen, die uns durch den Kauf dieses Buches bei unserer Vision unterstützen.

Sali & Sara Nuru

Spendenkonto:
nuruWomen e. V.
IBAN: DE77 1005 0000 0190 7459 67   @nuruWomen_
BIC: BELADEBEXXX   www.nuruWomen.org

Um die ganze Welt des
GOLDMANN-*Sachbuch*-Programms
kennenzulernen, besuchen Sie uns doch
im Internet unter:

www.goldmann-verlag.de

Dort können Sie
    nach weiteren interessanten Büchern *stöbern*,
    Näheres über unsere *Autoren* erfahren,
    in *Leseproben* blättern, alle *Termine* zu Lesungen und
    Events finden und den *Newsletter* mit interessanten
    Neuigkeiten, Gewinnspielen etc. abonnieren.

Ein *Gesamtverzeichnis* aller Goldmann Bücher finden
Sie dort ebenfalls.

Sehen Sie sich auch unsere *Videos* auf YouTube an und
werden Sie ein *Facebook*-Fan des Goldmann Verlags!

www.goldmann-verlag.de
www.facebook.com/goldmannverlag